面向“十三五”全国高等院校公共管理类规划精品教材

领导科学艺术

主 编 李 雷 陈元进 王 莉
副主编 张泽金

中国商业出版社

图书在版编目(CIP)数据

领导科学艺术/李雷，陈元进，王莉主编. —北京：中国商业出版社，2018.2

ISBN 978-7-5044-8054-5

Ⅰ.①领… Ⅱ.①李…②陈… ③王… Ⅲ.①领导艺术-通俗读物 Ⅳ.①C933.2-49

中国版本图书馆 CIP 数据核字(2013)第 057482 号

责任编辑：蔡 凯

中国商业出版社出版发行

010-63180647 www.c-chook.com

(100053 北京广安门内报国寺 1 号)

新华书店经销

北京市书林印刷有限公司印刷

* * * *

开本：787×1092 毫米 1/16 印张：12.5 字数：270 千字

2018 年 2 月第 1 版 2018 年 2 月第 2 次印刷

定价：36.80 元

* * * * *

(如有印装质量问题可更换)

前言

人们常常说:做领导工作，要讲究领导艺术。人们还把一些成功的具有普遍指导意义的做法，直接称之为领导艺术。其实，人们说“某人很有领导艺术”，是要表明“某人很有领导技能”，是从“技能”的角度来认识领导艺术的;人们说“做领导工作要讲究领导艺术”，是要表明“做领导工作要注意方式方法”，是从“方法”的角度来认识领导艺术的;而人们把“抓中心环节”等做法直接称之为是一种领导艺术，是要表明领导者从错综复杂的事件链条中，找出并紧紧把握住中心环节，不是一件容易的事情，需要知识、经验、才能和智慧，这是从领导者“素质”的角度来认识“领导艺术”的。

那么，什么是领导艺术？它的含义究竟是什么呢？

所谓领导艺术，是指领导者在领导活动中表现出来的领导技能。这种技能，主要体现在领导者根据具体情况，对领导条件和领导方法的得心应手、出神入化的运用上，它是领导者知识、经验、才能和气质等因素的综合体现，也是领导活动中技巧性和科学性的完整统一。由此可见:

第一，领导艺术是领导者在领导活动中表现出来的领导技能，它包括领导才能和领导技巧两方面的含义。这种领导技能和取得卓越的领导效能是密切相关的。领导者只有在领导活动中，尤其是在艰难、复杂、多变的情况下，取得了卓越的领导效能，才能称之为具有领导艺术。

第二，领导艺术是领导者对领导方法的得心应手、出神入化的运用。领导艺术是比较抽象的概念，但不是虚无缥缈、不可触摸的东西，它与领导方法的关系是很密切的。领导方法和领导艺术，各有自己的特定含义，不应混为一谈。但是，两者也不是截然不同的东西。当某种领导方法的运用需要创造才能的时候，或者是强调要把某种领导方法运用得恰到好处的时候，这种领导方法才称得上领导艺术。

第三，领导艺术是领导者的知识、经验、才能和气质等多种因素的综合体现。掌握和运用领导艺术不仅要以领导者的知识和经验作基础，而且还要以领导者的才能和气质为前提。很难想像，一个缺少渊博知识和丰富经验，不具备高超才能和优良气质的领导者会掌握和运用好领导艺术。离开了领导者的知识、经验、才能和气质等因素，是无从谈及领导艺术的。

第四，领导艺术是领导活动中的技巧性和科学性的完整统一。领导艺术，作为领导者应当掌握和运用的领导技能，虽然同领导者个人的运用技巧关系很大，但领导艺术并非是领导者个人主观臆造的，而是符合客观发展规律，遵循一定科学原则的活动过程。因此，领导艺术不仅具有领导者个人的技巧性，而且还具有符合客观规律的科学性，是两者的有机统一。

领导艺术具有鲜明的特点：一是领导艺术具有多样性。所谓多样性，不仅是指不同领导领域和领导层次有不尽相同的领导艺术，更主要的是指同一领域、同一层次的领导者，由于个人的知识、经验、才能不同，对客观事物的了解和掌握程度不同，在处理同类事物时，运用的领导艺术也有所不同。即使是同一领导者，在不同时间、地点和条件下，面对不同的领导对象或出于不同的目的，处理同类事物，往往也会运用不同的领导艺术。需要指出的是，领导者在运用领导艺术时，由于气质、性格、胆略等心理因素的不同，会形成各种不同的领导艺术的风格，这种多姿多采的风格各有千秋，大可不必强求统一，也很难有高低优劣之分。领导艺术的多样性，给领导者施展才华提供了无限广阔的天地。二是领导艺术具有灵活性。所谓灵活性，是指领导艺术不如一般的领导科学理论那样具有比较严格和固定的模式与程序。例如，决策有它的科学方法和程序，选贤任能也有一定原则和方法，领导班子的结构和各种组织体制都有一定的模式，领导艺术不同于这些，它的特色是高度的灵活性。在大多数情况下，领导艺术的运用，都是根据不同对象、不同时间、不同地点、不同条件的变化而变化。当然，领导艺术并不排斥领导科学的一般原则，而是以非模式化的特殊方法和手段，来实现领导科学的原则要求，它是一般领导科学原理的灵活运用。三是领导艺术具有创造性。领导者在领导活动中，遇到的实际情况是错综复杂的，而社会的发展又是日新月异的。在这种情况下，领导者要解决前进道路上遇到的一个又一个新问题，不仅要掌握一般的领导方法，而且必须运用领导艺术，不断作出新的创造。领导者的创造性如何，是衡量其领导艺术水平高低的一个重要标志。

作为一名领导者，掌握和运用领导艺术在实际领导活动中具有十分重要的作用：一是掌握和运用领导艺术是实现有效领导的迫切需要。领导工作是领导者带领人民群众改造客观世界的一种实践活动，是一个从不断确定领导目标到实现领导目标的活动过程。从确定领导目标到实现领导目标，需要经过一系列的中间环节，其中领导艺术的运用，就是十分重要的环节。领导者的领导艺术水平不同，技巧熟练程度的差异，关系到预定目标能否实现和实现的程度。领导者只有在领导活动中，科学地、熟练地运用各种领导艺术，才能正确地实施领导职能，灵活地运用领导条件，逐步地提高领导效能，从而有效地实现确定的领导目标。二是掌握和运用领导艺术是领导者组织指挥全面建设小康社会的迫切需要。在领导活动中，往往会出现这样的现象：同一层次的领导者，为完成同样的工作任务而运用同样的领导原则和工作方法时，有的就得心应手，事半功倍；有的却手足无措，事倍功半。这是为什么呢？究其原因，主要就在于领导者的领导艺术水平的高低。邓小平同志曾指出：一个部门工作的好坏，要看这个部门的领导者善不善于领导。在全面建设小康社会的历史时期，各级领导者面临着十分艰巨而复杂的任务，要做好一个地区、一个单位或一个部门的领导工作，领导者身上的担子是很重的。这不仅需要丰富的经验、渊博的知识和强烈的事业心，而且还要有远见卓识、多谋善断的才能和善于组织实施、讲究方式方法的技巧等。而这些恰恰都是领导艺术的学问。各级领导者如不努力掌握领导艺术，就不能很好地实施领导职能，组织和指挥全面建设小康社会的重任就很难担负起来。领导者应当充分认识领导艺术对于做好领导工作的重要意义，努力掌握领导艺术这个各级领导者都需要的基本技能，并且在实践中不断地提高运用领导艺术的水平，以适应全面建设小康社会的需要。三是掌握和运用领导艺术是建立领导科学理论体系的迫切需要。完整的领导科学理论体系，不仅要具有领导工作的基本理论和一般方法，而且要具有把这些基本理论和一般方法灵活运用、不断作出新的创造的领导艺术。否则，领导工作的基本理论和一般方法就会沦为空谈。进行决策，必须遵循一定的原则，掌握它的理论和方法。但是，懂得了决策的理论和方法，并不等于能做到神机妙算和“运筹帷幄，决胜千里”。选贤任能也是这样，明确了人才的重要性，也掌握了选贤任能的原则和方法，并不等于能做到知人善任。因此，领导科学既要讲领导工作的基本原理和一般方法，又要讲善于运用基本理论和一般方法解决实际问题的领导艺术，这是建立领导科学完整的理论体系的迫切需要。

本书由武警北京指挥学院李雷（第一、二、四章），乐山职业技术学院陈元进（第三、六、七章），内蒙古经贸学校王莉（第八、九章）担任主编，广西商业技师学院张泽金（第五、十章）担任副主编，全书由李雷统稿。

因编写时间仓促，且尚有不少课题需继续深入探讨和开拓研究，今后必然会逐渐完善和提高。此外，加之作者的业务素质和技术水平以及实际经验有限，书中难免有疏忽、遗漏之处，恳请读者提出宝贵意见和建议，以便今后改进和修正。

编　者

2018 年 2 月

目 录

前言

第一章 领导思维艺术 …… (1)
第一节 领导思维的本质 …… (1)
第二节 领导思维的原则 …… (6)
第三节 领导思维的方法 …… (9)
第四节 领导思维的技巧 …… (18)

第二章 领导决策艺术 …… (26)
第一节 领导决策的本质 …… (26)
第二节 领导决策的原则 …… (33)
第三节 领导决策的技巧 …… (38)

第三章 领导用人艺术 …… (47)
第一节 领导用人的本质 …… (47)
第二节 领导用人的原则 …… (51)
第三节 领导用人的技巧 …… (53)

第四章 领导用时艺术 …… (70)
第一节 时间的概念与本质 …… (70)
第二节 领导用时的原则 …… (74)
第三节 领导用时的技巧 …… (80)

第五章 领导授权艺术 …… (86)
第一节 领导授权的本质 …… (86)
第二节 领导授权的原则 …… (90)
第三节 领导授权的技巧 …… (94)

第六章　领导沟通艺术 ………………………………………………………… (97)
第一节　领导沟通的本质 ………………………………………………… (97)
第二节　领导沟通的原则 ………………………………………………… (106)
第三节　领导沟通的技巧 ………………………………………………… (112)

第七章　领导批评艺术 ………………………………………………………… (117)
第一节　领导批评的本质 ………………………………………………… (117)
第二节　领导批评的原则 ………………………………………………… (120)
第三节　领导批评的技巧 ………………………………………………… (127)

第八章　领导协调艺术 ………………………………………………………… (135)
第一节　领导协调的本质 ………………………………………………… (135)
第二节　领导协调的原则 ………………………………………………… (141)
第三节　领导协调的技巧 ………………………………………………… (145)
第四节　领导协调的运用 ………………………………………………… (149)

第九章　领导激励艺术 ………………………………………………………… (153)
第一节　领导激励的本质 ………………………………………………… (153)
第二节　领导激励的原则 ………………………………………………… (159)
第三节　领导激励的技巧 ………………………………………………… (162)

第十章　领导形象艺术 ………………………………………………………… (173)
第一节　领导形象的本质 ………………………………………………… (173)
第二节　领导形象的建设过程 ……………………………………………… (177)
第三节　领导形象的设计 ………………………………………………… (180)
第四节　树立领导形象的技巧 ……………………………………………… (189)

■ 第一章 领导思维艺术

恩格斯指出："一个民族要想登上科学的高峰，究竟是不能离开理论思维的。"[①]在领导活动中，领导者要通过思维活动进行分析和处理各种复杂的问题，若能自觉地掌握运用科学的思维方法和技巧，不仅勤于思维，而且善于思维，注意提高思维的效率，将有利于领导者进行实践活动。

领导思维艺术形成于社会实践中，现代社会实践创造着现代思维艺术。现代思维艺术对现代领导活动的方向、层次和速度都具有重要影响，有时甚至具有决定性影响。可见，领导思维艺术的精湛，是领导者能否有效地开展领导活动实现领导目标的重要主观条件。因此，现代领导者要正确地实施领导，提高领导效能，必须在领导实践活动中，自觉地掌握和运用思维艺术，不断提高领导思维的水平。

人的行动总是受思想支配的，领导活动的实质是思维活动。领导艺术水平的高低取决于领导者的思维能力。因此，做一个合格的领导者，必须掌握思维艺术。

第一节 领导思维的本质

研究领导思维艺术，首先要了解领导思维的含义、特征、构成要素和作用。

一、领导思维的含义

从字面上考察，思维中的"思"可理解为思考，或想；"维"可理解为方向，或序。从而，思维就是沿着一定方向的思考，也就是有一定顺序的想。这种对于思维概念原义上的理解，至少对于创造行为而言是很有意义的。思维是一种极为复杂的心理现象，具有许多重要的属性或性质。遗憾的是，人们对于思维的定义，至今还没有完全一致的看法。不仅不同门类学者从不同学科角度出发对思维具有不同的认识，而且同学科的研究者如果站在不同角度也会对思维产生不同的看法。比如，英国著名的创造学家迪博诺认为"思维是为了某一目的对经验进行有意识的探究"；我国有的心理学家则认为"思维是大脑机能对于客观环境的反映"，"是在社会实践中或感觉经验的基础上产生的理智认识"。思维是人脑对客观事物的概括的、间接的反映，它反映客观事物的本质和规律。思维是在人的实践活动中，在感性认识，特别是在表象的基础上，借助于语言，以知识为中介而实现的。实践活动是思维的基础，表象是从

① 《马克思恩格斯选集》第4卷，人民出版社1995年版，第285页。

对客观事物的直接感知过渡到抽象思维的一个中间环节，语言是思维活动的工具。总之，思维是人类认识世界的一种高级的反映形式，是以已有的知识为中介进行推断和解决问题的过程。这个过程包括分析、综合、比较、抽象和概括等环节。思维的基本形式是概念、判断和推理。了解了思维的含义，那么领导思维的含义就好理解了。所谓领导思维，就是指领导者对客观事物的概括的、间接的反映。

二、领导思维的特征

领导思维基本上具有认识性、时代性、间接性、逻辑性、广阔性、灵活性、缜密性和创造性等八个特征。

(一)认识性

领导思维的认识性特征，来自人的认识中三大问题里的两个。认识中的三大问题，即思维问题、价值问题、真理问题。领导思维本身就是思维问题，因此领导思维的认识性特征由价值原则和真理原则构成也就成为很自然的事。价值是主体和客体之间的一种关系，是客体的属性满足主体的某种需要的一种关系，若客体对于主体具有积极意义就叫正价值，若有消极意义则叫负价值。真理是主体对客体的正确反映，是不依赖于主体而与客观对象相一致、相符合的认识、知识。真理本身也具有价值性，还具有客观性、具体性、相对性、绝对性等。但其中首先是客观性，也就是说真理首先都是客观的，是具有科学性的。真理的价值性和真理的客观性是统一的。

(二)时代性

领导思维的时代性特征，来自社会存在是后推前、新代旧历史地变化运动，历史永不停息地记录下时代前行的足迹，每一时代的管理思维无一不是一种历史的产物。领导思维的时代性，使其产品管理实践和管理思维都具有时代性，由此也就有了领导实践史和领导思维史这份文化遗产。时代性也包括当代性，当代实际存在着的各种关系，或者说随时代的发展变化而变化的各种关系存在，是领导思维发展变化的决定因素。脱离所处时代，自我感觉超越时代的领导思维，并不能为现实服务，解决不了实际问题，应该说即使其“有”也是个“虚有”。脱离所处时代，不想解决新问题，落后于时代的领导思维，同样不能为现实服务，同样是“有”如同“没有”。时代性决定着领导思维既不能去狂想，也不能不应变。就时代性中的当代性这一点而言，当代性更要求领导思维要客观地认识现实。

(三)间接性

间接性，就是非直接地，而是以其他事物作媒介来反映客观事物。思维是凭借知识经验对客观事物进行的间接的反映。领导思维的间接性体现在三个方面:首先，思维凭借着知识经验，能对没有直接作用于感觉器官的事物及其属性或联系加以反映。其次，思维凭借着知识经验，能对根本不能直接感知的事物及其属性或联系进行反映。思维的间接性使人能够揭示不能感知的事物的本质和内在规律性的关系。再次，思维凭借着知识经验，能在对现实事物认识的基础上进行蔓延式的无止境的扩展。假设、想像和理想，都是以这种思维的间接性为基础的。领导思维之所以有间接性，关键在于知识与经验的作用。没有知识和经验作为中介，思维的间接性就无法产生。因此，研究领导者的思维及其能力，必须要研究他的知识结构。当然，思维的间接性，也反映了思维与记忆的相互关系。有了记忆，才便于积累知识，丰富经验。记忆是知识经验的储备，又是运用知识经验进行思维、认识、解决问题的前提。没有记忆，就失去知识经验这个思维的中介，也就失去思维的间接性。

（四）逻辑性

领导思维的逻辑性，是领导者在思考问题时遵循逻辑规律，遵守逻辑规则的必然结果。逻辑的同一律、矛盾律、排中律和充足理由律等是客观事物的规定性和必然联系的反映，是从思维活动中总结和概括出来的一般规律和规则。对领导者的思维活动和语言表达有着制约和逻辑规范的作用。领导思维活动，就是为了正确地认识客观事物，正确地反映客观事物之间的必然联系，从而达到正确开展领导工作的目的。由此可见，领导者去思考问题时无论是使用概念进行判断，还是进行推理，都必须遵守这些逻辑规律和规则。

（五）广阔性

领导思维的广阔性，是指领导者能够全面地观察和处理问题。思维有广度、有深度、有力度，能研究和把握事物的各个方面和各个联系，能把事物所处的环境和条件联系起来考察问题，而不是孤立地、静止地、片面地看待事物。领导思维的广阔性主要表现在以下几个方面：一是领导者在思考问题时思路一定要宽广。思路宽广看问题才能全面。如果思路放不开，思考问题的面很窄，往往会出现认识上的片面性，在这种认识基础上的决定和行为，也往往会发生错误。二是领导者在处理问题时视野一定要开阔。视野开阔就是能够从整体出发观察问题，把要办的事情及其相关的问题都控制在视野之内，及时发现问题，并采取各种措施和办法，圆满地解决问题。三是领导者要经验丰富，在遇到难题时有办法。领导者经验丰富是思维广阔性的基础，丰富的实践经验和广阔性思维的有机结合，又为领导者在遇到难题时有办法、有点子提供了实践经验和思维上的主观条件。

（六）灵活性

领导思维的灵活性，是指思维敏捷、应变能力强，能迅速适应客观事物的发展变化，相机而行，灵活地解决问题。领导者思维的灵活性主要表现是：在思想上不把事情看成是一成不变的，思想不僵化，思维技巧不固定化，处理问题能根据不同情况灵活应用原则，不机械、不呆板。在领导工作中，能够随时观察客观事物的变化，根据变化了的情况，灵活地运用已有的知识和经验，机敏、准确、灵活、及时地处理问题，觉察快，反应快。在具体工作上能够一切从实际出发，针对不同问题、不同时机、不同场合、不同对象，采用不同的方法解决问题。

（七）缜密性

领导思维的缜密性，是指思维主体遵守逻辑思维规则，思考问题全面、周密、严谨。领导思维的缜密性，主要表现在对工作的统筹谋划、工作计划的制定、工作的部署安排和对工作全过程的检查监控上。领导工作面临着复杂的客观环境，因素众多，动态多变。如果对客观事物认识不深，思考问题不周密严谨，就难以从“一堆乱麻”中理出头绪来，就谈不上所制定的目标计划的正确性和可靠性。领导者制定的工作计划，即使是正确的，在实施过程中也要不断地周密思考，因为计划的实施会碰到内部的、外部的、上级的、下级的等各种因素的影响和干扰，如果考虑得不周到细致，正确的计划就难以顺利实现。领导者在工作的谋划、安排、检查、落实中需要运用各种思维方法，发挥各种思维能力的作用，这是一个繁重而复杂的脑力劳动过程。如果领导者稍有懒惰，或者运用思维方法不当，思维能力不强，也会影响对问题思考的周密程度。

（八）创造性

领导思维的创造性就是在思维领域内追求“独到”和“最佳”，在前人、常人的基础上有新的见解、新的突破。领导思维的创造性具体表现为两个方面：一是思维具有独创性，不满足于“上传下达”，“循规蹈距”，重复上级的指示和别人的经验。而是在上级指示和别人经验的基础上刻意求新，运用领导者的聪明才智，寻求新的解决问题的方法，即使是上级没有想到的、别人没有涉及的，也能提出自己独到的见解。二是思维具有发散性的特点，在一个问题面前，能提出多种方案和多种设想，扩大选择的余地，因而，能够超出常规地进行思维。

三、领导思维的构成要素

领导思维作为一个整体结构，通常应当包括六种因素：思维的目的，思维的过程，思维的材料，思维的自我意识，思维的品质，思维中的认知因素与非认知因素。

（一）思维的目的

领导思维，首先是领导者特有的理解和解决问题的有目的的活动。这种活动产生的根源，是人们在长期的发展过程中，在社会工具劳动和语言交往的推动下，由于人脑的不断发展以至产生质变，使人们从自然的、生物的适应活动，发展到改造世界的实践活动。领导者能自觉地、能动地预见未来、计划未来，有意识地做好领导工作和不断提高自己的思维能力。正像马克思所说：“蜜蜂建造蜂房，不管怎样精巧，它和人类建筑师最大不同点是，人类建筑师在建造一座房子之前，这座房子已在他的观念中完成了。”

（二）思维的过程

领导思维是在感性认识的基础上形成的理性认识。它和感性认识有共同的地方，即都是通过分析和综合过程来实现的。而领导思维中的分析、综合过程，则产生了新的质变，即在一般的分析、综合的基础上，产生了抽象的概括、比较和分类以及系统化和具体化等一系列新的、高级的、复杂的、主要是在人脑内进行的思维操作能力。

（三）思维的材料

领导思维的材料分为两类，一类是感性的材料；一类是理性的材料。感性材料包括感觉、知觉、表象等，思维是凭借这些感性材料，特别是表象来进行的。理性材料，主要是指概念。概念是思维的细胞。概念的形成和发展，与判断和推理是不可分割的。概念既是判断和推理的基本单位，又是判断和推理的集中体现。

（四）思维的自我意识

自我意识是意识的一个方面、一种形式，即关于作为主体的自我意识。领导思维活动由三个因素组成：一是人；二是任务，即思维的课题或目标；三是策略。自我意识的功能主要表现为：一是对思维课题的认识，定向或注意提高思维活动的自觉性和正确性；二是控制思维活动内外的信息量，排除思维课题外的干扰和暗示，删除思维过程中多余或错误的因素，提高思维活动的独立性和批判性；三是及时调节思维活动的进程、活动的效率和速度。

（五）思维的品质

领导思维的发生和发展，既服从于一般的、普遍的思维的规律性，又表现出个性差异。这种差异体现为领导思维活动中的智力特征，就是思维品质，又叫做思维的智力品质。思维品质是领导思维的一个重要理论问题，又是培养领导者思维能力、发展智力的一个重大突破口。

（六）思维中的认知因素与非认知因素

领导思维属于认识过程，当然它属于认知因素。过去人们往往习惯于把思维和非认知因素割裂开来，事实上领导思维中的认知因素与非认知因素之间存在着十分密切的关系，俗话说“天才出于勤奋”，最能说明两者之间的关系。就是说，要使领导思维能力获得较好的发展，没有勤奋这种意志的性格特征是根本不可能的。古今中外许多杰出的人物，无论他们从事工作的领域有多大的不同，但他们的共同点是长期坚持不懈、刻苦努力，顽强地与困难作斗争。理解非认知因素的作用，能正确引导被管理者如何发展思维。

四、领导思维艺术的作用

思维艺术对人们的实践活动产生巨大的作用。科学的、先进的思维艺术，能够指导领导者正确地认识世界和改造世界；陈旧的、落后的思维艺术，会阻碍领导者正确地去认识世界和改造世界。领导者是社会活动的指挥者和组织者，他们的思维艺术如何，对一个单位、一个部门、一个地区甚至整个国家工作的成败优劣会产生重大的影响。

（一）领导思维艺术能够保证领导活动的正确方向

领导者在领导活动中，发挥着决策、指挥、协调的作用。领导者正确、科学的思维艺术，能引导领导活动健康地朝着既定的方向、既定的目标发展。如果领导者的思维艺术不适当，就会把领导活动引向歧途，费力越大，离开原定目标就会越远。

（二）科学思维艺术是领导者选择最佳决策方案的主观条件

领导活动离不开决策。正确而科学的领导决策不是对单一方案的决定，而是要对各种可行性方案进行比较选优。领导者必须依据科学思维艺术，根据环境特点、现有条件提供的可能性和以往的经验教训等，进行分析、思考、判断，作出抉择。这就要求领导者思维准确、方法科学，努力避免千虑一失的现象，选择最佳方案。

（三）科学思维艺术是提高领导效能的催化剂

领导者在领导工作中会遇到种种矛盾，需要解决种种问题。能否及时、高效地处理这些矛盾，解决这些问题，将直接影响到领导绩效。思维能力强、思维方法科学的领导者，往往能够在成功地解决矛盾、处理问题的过程中，把领导活动一步一步推向既定目标。相反，思维能力弱、思维艺术单一的领导者，往往害怕矛盾，回避矛盾，结果使问题成堆，矛盾激化，领导绩效平平。因此，领导者要在领导活动中取得优异成效，必须经常进行思维艺术的锻炼，以提高思维方法的科学性。

第二节 领导思维的原则

思维是一种非常活跃的运动，它的激发因素和能力表现形式大多是非理性的，这就更增加了它的动态性。但是，同任何其他活动和游戏中有规则一样，思维也有自己应遵守的原则，否则，思维就会由有序走向无序，由严密的逻辑思维走向逻辑混乱，就同个人的任性、固执、偏狭、幻想或盲发异想等毫无区别了。领导思维的原则具体表现以下几个方面。

一、独立性原则

所谓独立性，就是指领导者在进行思维时，不拘泥于旧框框，不迷信于权威，不屈从于压力，不去扭曲思维和实践的规则，而只坚持实事求是、遵循真理的道路。也就是说思维是在“不唯上，不唯书，只唯实”的状况下进行活动的。

思维的独立性原则不仅表现在排除外界因素干扰方面，也表现为领导者自身的思想解放、打破常规方面。每个人在进行活动和思维时，一方面，他要尊重事实，从当前的客观情况出发；另一方面，他还受到自己头脑中已有思想、观念的影响。那么，如何正确地看待这一方面，就关系到领导者的思维独立性问题。有些人至死也不愿放弃自己头脑中的旧观念，有的人过于谨小慎微，放不开步子，影响其独立性思维的展开。例如，在19世纪末20世纪初发生的“物理学危机”中，就有一大批著名的物理学家，因信奉经典物理学，认为经典物理学关于原子不可分的观点是绝对正确的，以至于在新物理学出现之后，他们仍抱着旧观念不放，而变得消极、悲观，惊呼“物质消失了”、“世界不可知”。其中有的人竟为旧信念而殉道。这里，哪还有独立性思维可言！守着陈旧观念不改的领导者又怎能不以此为戒！

独立性原则在思维中至关重要。没有独立性，就没有进取、创新。但是，这里强调的独立性，不是封闭状态下的独立，也不是故意标新立异状态下的独立，更不是独出心裁地去闭门造车，或是故意与别人唱反调。相反，它却要求领导者必须借鉴别人的经验，在借鉴别人经验的基础上，再根据自己的已有知识和经验，形成自己的新颖别致的思路。

在领导思维过程中，领导者必须既注重他人的经验、现有的理论，又不囿于它们；既注重自己的经验和知识，又不惟我独尊；既要克服思想上的唯唯诺诺现象，又要克服思维上的封闭自恋现象。只有辩证地对待上述各方面，领导者才能形成自己的新颖别致的思路。

二、求异性原则

求异性原则是指领导者不能满足于常规和跟在他人后面亦步亦趋，必须具有求异、求新的心理，在求异、求新中发现思维的火花，发现改变现有状况的时机和机遇，是一种在异中求新、新中求变的原则。

领导者在思维中遵循求异性原则，才能使事物的发展取得异乎寻常的成功。例如，西汉名将——“飞将军”李广，有一次带领一百多名骑兵，与匈奴数千骑兵相遇，而且匈奴占领附近山头处于有利阵势。在这危急关头，李广命令部下继续前进，冲到匈奴阵地近前才停下来，同时又命令士兵皆下马解鞍，众人不解。李广镇静地说：我们把马鞍卸下，叫他们知道我们决不后退，这样会造成敌人的错觉。果然，匈奴以为这支部队是汉军诱兵，怕遭袭击，未敢贸然出击。到了午夜时分，汉军便全部撤走了。在敌我悬殊的紧急关头，按照常规的思维方法，一是立即撤退，但会遭到敌人截杀；二是冲入敌阵拼命，但有全军覆灭的危险；三是求援，但远水难解近渴。李广临危不惊，提出的这种出奇退敌的方法，从领导者思维艺术上说就是遵循了求异思维的原则，因而取得了成功。而这种求异性原则在政治、经济、文化、外交等各个领域都有广泛的运用。如果没有列宁关于社会主义能够在一国胜利的求异思维，就不会有俄国的十月革命；如果没有邓小平关于建设有中国特色的社会主义的求异思维，就不会有今天改革开放的大好形势；如果没有自然科学家们的求异思维，恐怕人类至今还会停滞在茹毛饮血、结绳记事的时代。大量事实说明，求异思维原则是创造性工作的先决条件，是社会发展、人类进步的重要杠杆。

可见，人们在思维活动和实践活动中，不能满足于现状，或满足于某一方面的长足发展，而要在现状和单方面发展的基础上寻求新的突破，寻求不同于现状的新的方面和关系。这种新的方面或关系对于现状来说，既是新，是多样性，又是异。所以，求异原则在一定意义上，就是求新原则或求多样性原则。

但是求新、求异不是单纯为了求新、求异而做，即不是为了出风头、突出自己或引起别人的注意。如果个人，不论是普通群众，还是领导者，不在工作中动脑筋，进行思维，而是在个人得失、名声等方面做出了许多新奇的事情，这不是思维中的求异性，而是对求异性原则的误用和歪曲。如此这般，只会闭塞自己的思路。

三、跳跃性原则

领导者思维活动要有跳跃性，超脱常规思维，要善于省略事物的次要步骤，抓住事物的本质和结论，或是善于超越思维的时间跨度，抓住不同时期事物的相同处，从而以最快的思维速度去揭示和攻克未知。

跳跃性原则的客观依据是事物发展连续性和跳跃性特征。一方面，任何事物都有从产生、发展到衰亡的过程，事物与事物之间又是因转化而生成的。比如美国作为一个独立国家有一个形成、发展的过程，美国今天的民主是从过去的种族歧视和黑奴制发展而来的。过去与现在之间虽在时间上相隔若干年，但在源流上有一致之处。另一方面，事物的发展并非都是循序渐进的，有时以跳跃的方式进行，而跳跃的两端尽管时间跨度大，但又有一定的联系。事物的连续和跳跃，使思维的跳跃成为可能。

正确运用思维的跳跃性原则，不仅能提高思维功率和思维速度，更能够攻克思维堡垒，能够指导我们的实践取得创造性的成就。我们不妨先看万有引力定律发现的这一实例。谁都知道，牛顿发现万有引力定律得益于一个苹果落地这一最最平常而又不平常的事件。说它平常，是因为在一般人看来，高处的东西若没有东西支撑，肯定是要下落的，人也总是行走于地球表面的；说它不平常，是因为苹果下落、人行走于地面有其更深刻的原因。这两个方面就体现了两种不同的思维方式，前一种是常规思维，即考虑的是，苹果落地可能是瓜熟蒂落，可能是什么东西碰掉的，等等；后一种是创新思维，即牛顿想到的是，苹果落地可能同物理学领域一个堡垒有关，以跳跃的方式，把两件事情联系在一起，而省掉了一个次要步骤和方面。正是借助于创新思维的跳跃性，牛顿发现了万有引力定律，攻克了思维堡垒。这就显示了跳跃性原则在思维实践中的魅力。

同任何事物的运用会带来正反面作用一样，对跳跃性原则使用不当，就会给实际工作带来负面效应。为避免这种情况出现，要注意两点：其一，我们应该客观地应用扩大思维的方法。在考虑问题时，我们不要局限于事物产生、发展的历史过程，一一寻察，也不要局限于就事论事，因为这种做法，表面上看是非常认真、细致，实际上接触对象有限，联想区域狭窄，从而会限制思路，降低思维的成功率。但是，我们也不要主观、随意地加大思维跨度，拓宽接触面和联想区域，这样只会导致破坏思维的跳跃性原则，导致诡辩论。其二，要以一定的科学知识为基础。在进行思维的跳跃时，应有一个条件，即我们对有关的知识已经掌握得比较全面、透彻，对事物发展的趋势也有了较正确的预测。否则，在对事物的有关认识和发展趋势毫无了解的情况下，进行思维的跳跃，只能是胡思乱想，东拉西扯。因为，对事物一无所知，根本就谈不上对事物的思考，又怎么谈得上跳跃性思考。

四、实践性原则

实践性原则是指人们在进行思维的过程中，必须参与实践，必须在实践中促进思维能力的进一步发展，在实践中检验思维成果的正确性。没有实践，思维的发展就失去了动力，就不会有新的思维。没有实践，思维的其他原则就会变形或是被误用，比如独立性原则就会变成“孤僻性”原则，实践性就会变成主观中的多样性，跳跃性就会变成臆想中的胡乱联系。所以，实践性原则是思维中的根本原则，它的贯彻、实行与否直接关系到其他原则的贯彻与否，并且它统揽着其他原则。

作为领导者，必须坚持以实践作为思维的基本依据，不能离开实践去胡思乱想，而应该借助于实践来引导思维，扶植和发展思维。离开了社会实践，就根本谈不上思维。比如撒切尔夫人等各国前领导人，退出了政治生活实践，他们就不会再具备当年的政治敏感性和敏锐的思维能力。因此，作为领导者，一方面要把自己的方法拿到群众中去，听取群众的意见和反映，从而不断地修正自己的方案；另一方面，思维的成果要在实践中接受检验。思维是在已有知识和经验的基础上，运用逻辑抽象能力、想像能力及直觉顿悟能力而发生的。但由于认识的主客观条件的复杂性，就使人的认识难免发生偏差，思维活动也会有出轨的危险，而认识成果的对与否，思维活动本身无法验证，只有实践才能检验思维活动成果的正确性。

当今的领导者不仅要在理论上保证实践性原则的重要地位，而且要把它贯彻在行动中。比如，领导者在每一项重大决策制定前，要先调查研究；实施前，要先小范围试点，从实践中找出不完善的地方，根据实践作出修改、补充。如此这般后，才能推广实施。只有这样，才能进行新思维，做出创造性成果。领导思维的几个原则是紧密联系在一起的，交互发生作用的，所以，每一项原则都是领导在进行思维时所必须遵守的。

第三节 领导思维的方法

一、马克思主义哲学的思维方法

马克思主义哲学的思维方法，是辩证唯物主义的思维方法，是领导者科学思维方法的基础。马克思主义哲学的思维方法，运用于管理的思维过程中，主要有以下几种方法。

（一）一切从实际出发的思维方法

一切从实际出发，这是辩证唯物主义的基本观点，表现在思维方法上主要有两方面要求：其一，思考、研究问题必须根据实际情况。领导者的思维方法，决不能是唯心主义的随心所欲的自由想像，而是建立在辩证唯物主义的思想路线上。领导工作，只有正确反映了客观事物及其规律时，才能开创新的局面，达到改造世界的预期目的。反之，就会失败。其二，思考、研究问题必须根据实践需要。领导者只有根据领导实践的需要，在领导活动中创造出成果，这样才有意义。因此，领导者在思考、研究工作时，都不应回避所需要解决的重大问题，应把主要力量放在研究、解决实践中提出的实际问题上。

一切从实际出发的思维方法，还要求领导者不唯书，不唯上，要唯实，要有理性的思维能力。回顾马克思主义发展的历史，就是一部在坚持基本原理基础上不断突破创新的历史。没有突破和创新，就不能发展，就没有生命力。不唯书，不唯上，要唯实，要求领导者在思考、研究问题、作出决策时不能脱离实际，一味地照搬照抄上级指示，而必须根据中央的路线、方针、政策，创造出适合于本部门、本单位实际情况的具体办法。那种离开本部门、本单位的实际情况，离开领导者的创造性，照搬照抄上级指示，起“留声机”、“收发室”作用，是一种“佐证型”的思维方法。因此，领导者只有从“佐证型”思维方法转变为一切从实际出发的思维方法，才能实现科学的、有效的管理。

（二）全面分析的思维方法

唯物辩证法认为，任何事物内部各要素间是相互联系的，任何事物和周围其他事物也是相互联系的，第一个事物的过去、现在和将来也是相互联系的，整个世界是一个相互联系的统一整体，联系具有客观性和普遍性。唯物辩证法关于世界是普遍联系的观点要求领导者在管理实践中要运用联系的、全面分析的思维方法。正如列宁所说：“要真正地认识事物，就必须把握住、研究清楚它的一切方面、一切联系和‘中介’。我们永远也不会完全地做到这一点，但是，全面性这一要求可以使我们防止犯错误和防止僵化。”①毛泽东也反复强调，要全面地看问题，切忌片面性。但是，实际上有些人往往只想到矛盾的两个方面，而忘记或忽视了这一矛盾以外的其他矛盾以及它们的总体联系。这样来了解全面性，单就一个矛盾来说，无疑是合理的。但就事物的全部复杂性和整体性来说，仍是片面的，是只见局部，不见全局的表现。

我们现在所面临的、需要认识的事物，一般都不是单纯的一种矛盾，而是许多矛盾和许

① 《列宁选集》第4卷，人民出版社1995年版，第453页。

多方面的综合体，要把握和研究它，就不能孤立地只看到其中的一个矛盾及其两个方面。不仅要看到本单位或本部门内部各要素的相互作用、相互制约、相互影响，也要看到本单位、本部门和周围其他单位或部门的相互联系。顾及诸矛盾的总体联系，对事物作系统考察和总体规划，就是全面分析的思维方法。领导者在进行决策和确定管理目标时，既要科学安排管理客体中的人、财、物、时间、空间和信息的关系，又要考虑在实现管理目标的过程中，所带来的政治效益、军事效益、经济效益、环境效益和社会效益，使这些相互联系的效益有机地统一起来，不能只追求单一或几个效益，而破坏或降低其他效益。领导者的思维方法，如果不全面处理问题，如果不顾及"左邻右舍"，就很难达到预期的目的。

（三）过程论的思维方法

任何事物都是运动变化的，在事物的运动变化和发展过程中，从变化和发展的状态来看，事物的变化和发展总是要经历一个从量变到质变的转化过程。从事物发展的方向道路来看，事物是一个经过肯定、否定到否定之否定的过程，是一种螺旋式上升和波浪式前进的过程。在实践中把握事物发展的前进性和曲折性，这就是过程论的思维方法。事物发展过程的特点，要求领导者要用过程论的思维方法把握事物发展的全过程。从领导者确定管理目标到最后实现管理目标，需要一个量的积累过程，需要做艰苦细致的工作，不能急于求成。

对领导者来说，把事物看成是发展的，而不是停滞不前的，这一点还比较容易做到。但自觉地把这种发展看作是一个过程，那就并不容易了，因而常常会犯"急性病"。我们党一再强调，搞建设不能急于求成，改革不能急于求成，治理整顿也不能急于求成。"全面、协调、可持续发展"的科学发展观既是对我国社会主义建设经验教训的科学总结，也是过程论思维方法的体现。

事物发展不仅是一个过程，而且是一个曲折前进的过程，要求领导者不仅要注意量的积累，当量的积累达到一定程度时，而且要敢于把事物推向新的阶段，使领导目标上升到更高层次，达到新的高度。同时，由于事物的发展过程不是"直线"型上升，而是"曲折"型前进的，领导者在管理过程中要遇到各种困难和挫折，不可能是一帆风顺的，要准备走曲折的道路，要有克服重重困难的充分思想准备，克服简单化的思维方法。

（四）矛盾分析的思维方法

辩证唯物主义认为，世界上一切事物都充满着矛盾运动，通过事物的矛盾斗争，推动事物不断地向前发展。辩证法所讲的矛盾是一个带有广泛意义的哲学范畴。凡是具有对立统一关系的事物都属于矛盾关系，矛盾存在于自然界、人类社会、人类思维的每个领域，矛盾的普遍性要求领导者在进行领导实践中，要注意运用矛盾分析的思维方法，敢于正视所遇到的大量的矛盾，善于去观察和分析各种事物的矛盾运动，并根据这种分析，指出解决矛盾的方法。不要害怕矛盾，回避矛盾。

辩证唯物主义还认为，矛盾还具有特殊性，矛盾是普遍存在的，但每一个事物的矛盾在存在的内容和表现形式方面又各不相同，又有自己的个性。事物的存在纷繁复杂，千姿百态，但又可以相互区别，就在于矛盾的特殊性，矛盾的普遍性存在于矛盾的特殊性之中，共性存在于个性之中。

用矛盾分析的思维方法观察和处理问题，就要承认领导者中仍然存在着矛盾。但是在现实生活中，并不是所有领导者都能做到这一点，有些基层管理者，无论碰到这样或那样的具体矛盾，都不同程度地存在“听到矛盾心发愁，碰到矛盾绕道走”的现象。也有的领导者对具体矛盾的特点不进行具体分析，并采取适当的方法加以解决，而常常是采取主观片面的简单化方法，使本来应该可以解决的矛盾，不仅没有能够及时解决，反而节外生枝，增加了新的矛盾。因此，领导者要认识到，在现代化建设的过程中，存在着不以人的意志为转移的现实矛盾和矛盾斗争，只有运用矛盾分析的思维方法去观察和处理问题，并坚持不同矛盾用不同的方法去解决的原则，才能正确地解决现实的矛盾。

二、辩证逻辑的思维方法

领导者掌握辩证逻辑的思维方法是提高自身思维能力和科学思维方法的必由之路。

辩证逻辑的思维方法是人们进行理性思维所遵循的原则和方法。辩证逻辑的思维方法是以辩证法为核心，由不同层次的认识方法所构成的体系，其中每一种方法都是辩证的，都有它的特殊功能、运用范围和限度。辩证逻辑的思维方法主要有以下四种。

(一)归纳和演绎相统一的思维方法

归纳和演绎是立足于个别与一般辩证关系上的逻辑思维方法。

归纳法是从个别，经过分析、比较，上升到一般的思维方法。要从个别中寻找一般，从个别中寻找共性，就得运用归纳法。归纳法表现在逻辑上就是归纳推理。

归纳法又可细分成许多具体的表现形式，比较常用的有四种:(1)典型归纳法。典型归纳法是通过对具有代表性的典型范例，上升到一般性结论的思维方法。运用典型归纳法要特别注意在选择典型时要慎重，要在同类事物中进行比较，从而找出正确的、能够代表这类事物的少数事物作为典型。如果所要归纳的事物不典型，那么，归纳的结论就不具备一般性的意义了。(2)简单枚举归纳法。这种方法是根据对某类事物部分对象的考察，发现它们具有某种属性，而没有遇到与此相矛盾的情况，从而得出该事物都具有某种属性的结论的归纳推论。① 这种思维方法适合于研究对象的数量大、范围广，不可能也不需要对这类事物的每个事物都进行考察的情况下使用。用此种方法处理问题可以收到事半功倍的效果。当然，为了保证归纳结果的可靠性，考察对象不能太少，要尽可能多地收集考察对象，并注意考察对象中是否具有相反例证。(3)科学归纳法。科学归纳法是对某一类事物部分对象的必然属性或事物间的必然联系进行考察认识，从而得出这类事物所有对象具有某种属性的一般结论。科学归纳法结论的可靠性，主要靠实践和思维的力量去把握事物的本质和必然联系，所考察的数量与结论的正确程度不一定是考察对象越多，结论越正确。考察对象数量少，但只要研究深刻，概括正确，就能把握这类事物的本质。(4)统计概括归纳法。这种方法是从要研究的全体对象中，抽取一小部分进行试验，然后进行数据的分析，得出一部分对象的统计特性，再推出整体的统计特性。

演绎法不同于归纳法。演绎是从一般性的前提到个别性的结论的思维方法。演绎法客观根据仍存在于客观事物之中，由于客观事物是共性与个性的辩证统一，共性存在于个性之

① 《逻辑学词典》编委会编:《逻辑学词典》，吉林人民出版社 1983 年版，第 827 页。

中，一般存在于个别之中，因此，通过反映事物共性的一般，就可推出个别事物的结论。演绎法是一种逻辑推理，它由前提、逻辑规则和结论三个部分构成。演绎法是构成理论体系的重要工具，一切用公理构建的理论体系都要借助演绎法，演绎法可以使原有的知识得到扩展和深化，是进行科学预见和帮助论证某些科学发现的重要手段。

归纳与演绎是人们思维中应用最广泛的方法，也是管理中经常使用的思维方法。因为人们认识事物的过程总是要经历由个别到一般，再由一般到个别的过程。归纳与演绎这些思维方法，虽然存在于人的主观世界里，但它不是主观自生的或人脑固有的，而是客观事物，是个别与一般的辩证关系的反映。客观事物中的任何一个事物都是个别与一般的辩证统一。客观事物是个别与一般、共性与个性的辩证关系反映在思维方式中，也决定了归纳和演绎之间的辩证关系。归纳是由个别到一般，演绎是由一般到个别。两种思维方式有所不同，但在思维过程中，演绎离不开归纳，归纳离不开演绎，两者是相互联系的。为什么说演绎离不开归纳呢？因为归纳是演绎的基础。演绎是由一般原理推出个别事物结论的思维方法，而演绎的一般原理是由归纳从个别到一般的思维运动过程中概括出来的。同样，归纳也离不开演绎，因为任何归纳都需要一般原理作为指导。人们在归纳过程中是有目的的、有选择的。为什么要归纳？归纳什么？都离不开演绎的指导。归纳的结论，需要演绎进行补充和修正。因为归纳具有一定的局限性，归纳的结论不一定都是事物的共同本质，归纳需要演绎进行论证、补充和说明。归纳和演绎不能相互脱离，它们在人们思维过程中是相互依赖的。

在领导的实践中，领导者要注意把握归纳和演绎辩证统一的方法。如果我们只重视演绎而忽视归纳，就会对当今时代涌现的新事物视而不见，甚至认为它们是“离经叛道”，犯教条主义的错误。反之，如果我们只重视归纳而忽视演绎，就会看不到理论的指导意义，滑到经验主义的泥坑中去，认识只能停留在现象上，甚至被假象所迷惑，也就不能揭示事物的本质和内在联系。因此，把握归纳与演绎的辩证统一的思维方法，对于从事领导的各项实际工作都有重要意义。

(二)分析和综合相统一的思维方法

分析是把事物的整体分解为各个组成部分，然后分别加以认识的思维方法。综合是把事物各个部分有机地联系起来加以考察的逻辑方法。

分析和综合的关系是客观事物中部分与整体辩证关系的反映。部分与整体的辩证关系，决定了分析和综合的辩证关系。

分析和综合是相互区别的。在思维过程中，分析是把整个对象分解为各个部分，从中找出本质的联系；而综合的过程是把整体的各个因素再组成一个统一的整体，从整体上去认识事物本质的过程。分析和综合是两种不同的思维方式。

分析和综合又是互相依赖、互相渗透和互相转化的，因为综合要以分析为基础，没有分析就没有综合。没有分析，不了解认识对象的各个部分，得不到认识对象各个侧面的细致的规定，就无法进行综合。因此说，没有分析就没有综合。同样，分析也离不开综合，只有在综合的指导下，才能进行正确、有效的分析。要对事物各个部分做出正确的分析，必须把各个部分放在整体中去考察，必须看到各个部分之间的联系，把它们看成是一个矛盾统一体中各个部分，分析的结果才可能是正确的。

分析和综合在一定条件下是可以相互转化的。在思维过程中，为了具体了解认识对象，需要首先对认识对象进行分析，分析达到了一定的程度，思维的进程就开始倒转，由分析到综合。经过综合得出对事物整体的和本质的认识后，又要开始新的分析。因此，分析和综合在思维过程中，是相互转化、不断转化的过程，也是对事物认识不断深化的过程。思维活动的分析——综合——再分析——再综合循环往复，就是思维发展的渐进过程。

在领导的实践中，领导者要善于在分析的基础上进行综合，现代科学和实践都是互相联系的大系统，它们在各个方面都互相交叉着，影响着。如果我们的领导者对各方面的因素不进行综合的考虑，只满足于局部的分析，并用它来盲目地指导自己的行为，那么就会使事情走向反面。现代科学和实践的高度分化都伴随着高度综合的相反过程。因此，只有既看到分化的一面又看到综合的一面，用分析与综合辩证统一的思维方法来指导领导的实践，才能适应现代化建设的需要。

(三)抽象和具体相统一的思维方法

具体是思维对事物多方面属性的综合。由于客观事物都具有多种多样的属性，这些多种多样的属性相互联系着处在同一个整体中，在人的大脑里反映了这些属性，就形成对事物的具体认识。在认识事物过程中，通过各种实践活动，先形成感性具体，然后经过抽象形成理性具体。

抽象是思维把事物整体中某一方面的本质抽取出来，是对事物某一方面本质的认识。对某一方面本质的认识，必须先要认识研究对象的各个方面的特性，形成各种抽象的规定。

在认识过程中，经常要运用从感性具体到抽象规定，再由抽象规定到理性具体的辩证思维方法。感性具体只是对事物现象的反映，因此，要通过分析，从中抽出那些必然的、本质的东西，然后对事物的各种属性、特点和关系加以规定。但每个抽象的规定只反映事物各种属性、特点和关系的一个方面。要全面而又具体地认识事物，必须把事物各方面的抽象规定联系起来，在理性思维中把事物的各种属性、特点和关系作为整体完整地、具体地再现出来，即由抽象规定上升到理性具体。

领导活动中，离不开领导者的科学决策。决策方案是在调查研究、科学预测基础上提出的。但调查研究是一个过程，开始于具体的对象，然后形成对事物这个侧面和那个侧面、这个环节和那个环节的判断认识。但这时的认识还是片面的，只有在这个基础上，把对事物各个侧面、各个环节的认识在思维中统一起来，形成理性的具体，把对象在思维中复制出来，才算达到了主观与客观的统一。根据这种具体的认识，才能做出正确的决策，从而避免各种片面性。

有一个中型汽车修理厂，连续五年都完成了每年上缴100万元利税的任务，因此连续五年被上级评为先进单位。这个厂的厂长，每年都受到上级的物质奖励，并多次被评为劳动模范，他还经常到一些单位介绍经验。为了表彰他的功绩，上级提升他到市交通管理局任副局长。为了使这个单位的生产任务不出现滑坡，并保持先进，局里又派了一个很有能力的干部到这个厂任厂长。

新厂长过去在上级机关工作，对该厂情况有所了解，但因不分管这里的工作，所以他第一步安排是了解厂里的情况。按照他的计划，先从汽车配件购买开始，然后，按配件仓库出入库管理，修理一、二、三车间，财务管理，人员管理的顺序一步一步了解情况，目的是熟悉情况，并为自己尽快进入角色、开展工作创造一些条件。可是当他了解汽车配件购买情况时感到购进配件的手续、账目和权限都比较乱，特别是当他深入到配件仓库后，更感到这个厂的情况名不副实，问题还不小。于是他停止了继续了解情况的工作，把初步了解的汽车配件购买、配件库房的管理问题，向局长作了口头汇报，并请上级派人协助他调查汽车修理厂的基本情况。局长同意了这个新厂长的要求，给他派了两个干部。新厂长又从厂里抽调了四个比较优秀的干部，由他自己牵头，分成了三个调查小组。第一组负责调查该厂配件购买和配件仓库的情况，第二组负责调查了解三个车间的生产及有关情况，第三组负责调查了解财务管理情况。他要求三个调查组拿出有客观事实根据、有分析、有建议的调查报告。三个调查小组经过近一个季度深入细致的调查，都拿出了各自的调查报告，查清了这个厂存在的问题。新厂长又与三个调查小组分门别类地进行分析研究。第一组调查分析认为，汽车配件的购买管理混乱，计划性差;不按需求订货，有很大的盲目性;进货权限分散，没统一起来。第二组调查分析认为，该厂仓库里的老旧汽车配件积压严重，有近200万元的汽车配件已形同废铁，使用这种配件的几种轿车在全国都已基本淘汰。这种过时的汽车配件还长期占着库房，造成库房使用浪费。第三组调查分析认为，该厂财务管理制度不严格，经费使用批准权限不集中，尽管主要由厂长审批，但书记、副厂长甚至机关领导都有批小钱的权力。特别严重的是三角债问题，厂里从银行贷款和从别的单位借款350多万元，车主修车欠款300多万元，而且有一半是多年积下的死账，这样一计算厂里实际赤字200万元。在各调查小组分析研究的基础上，新厂长又召集有厂领导和调查组成员参加的会议，听取了三个调查组的情况汇报，从总体上分析了汽车修理厂的目前形势，研究了厂里存在的问题。大家一致认为，汽车修理厂近三年的先进是虚假的。主要问题:一是指导思想不端正。在连续两年被评为先进后，生产走了下坡路，但为了保住荣誉，不敢暴露问题，弄虚作假。二是管理混乱。在配件购买、库房保管、财务管理等重要工作环节上疏于管理，制度松弛，有章不循。三是用人不当。特别是在近几年提拔使用在重要岗位上的人，照顾关系多，看能力素质不够。四是主要领导工作精力不集中，跑关系、搞形式主义过多，真抓实干的精神越来越差。会后，根据会议研究的情况，向上级写了调查报告。交通局长看过报告后，专门听取了调查组的汇报，并表示局里要专题研究和处理汽车修理厂的问题。

以上这个例子就是新厂长上任后，运用分析与综合相统一的方法，搞清了汽车修理厂存在的问题。首先，他在运用分析与综合相统一的方法时，准备工作比较充分。他刚上任，本来是想熟悉一下厂里的情况，但当他感觉到问题比较严重时，立即停止了个人的行动，经请示上级，成立了调查小组，制定了调查方案。二是他在运用分析与综合相统一的方法时，抓住了重要环节。他把配件购买、仓库管理、财务管理作为重点，这样就抓住了关键。三是他在运用分析与综合相统一的方法时，注意把分析与综合紧密地结合起来。在工作步骤上先进行小分析，同时进行小综合，然后进行大分析大综合。在工作分工上，有专项问题的小组分析和综合，有调查后三个组合起来分析和综合。四是他运用分析与综合相统一的方法，是以客观实际情况为基础的。分析与综合之前，做了大量调查工作，以搜集来的客观材料为根据，分析与综合的结论都产生在调查研究之后，而不是感觉一点问题，发现一点问题，就轻易地匆忙下结论。

(四)历史与逻辑相统一的思维方法

历史方法是通过考察对象的自然进程来揭示出对象规律性的方法。历史方法要求按照一定的时间顺序，追踪事物发展的全过程，需要收集和使用能说明历史发展的各种资料、大小事件和各种具体细节，注意各种偶然因素的影响。

逻辑是指人的思维对客观事物发展过程的概括和反映。逻辑方法是以理论形式反映客观事物规律的理性思维，运用逻辑方法需要舍去历史发展的曲折过程和一些无关紧要的具体细节，抓住历史发展过程中一些内在的、本质的联系，来揭示历史发展的规律。

历史与逻辑的方法在人的思维活动中是辩证统一的。恩格斯对此曾作过精辟的论述："历史从哪里开始，思想进程也应当从哪里开始，而思想进程的进一步发展不过是历史过程在抽象的、理论上前后一贯的形式上的反映。"①历史和逻辑的统一是具体的统一。一方面，如果没有逻辑的方法，历史的方法就是盲目的，使历史方法变成了历史材料的杂乱堆积，就不能揭示历史发展的必然规律。另一方面，如果不对历史进行研究，逻辑的方法就失去了内容。

领导活动中，同样需要历史和逻辑相统一的思维方法。领导者无论干什么事，特别作重大决策时，都要从研究历史、了解现状、考虑未来出发，把历史、现在、未来结合起来，在理论上、逻辑上做出正确的结论。这样才能符合客观实际，并以此来达到巩固和提高效率的目的。

有解放军某部一个师接到上级干部部门通知，说该师的一个团政委要提升任用，让他们上报一名团政委的接替人。师政治部根据团职优秀干部名单和近期掌握的情况，提出了两个候选人，并把另一个团的副政委列为第一人选报给了师政委。因为是一个团的主官位置，所以这位政委对上报接替人选问题非常重视，也十分慎重。于是他带领干部科长，亲自下部队考核，重点放在了政治部提出的第一人选上。

他来到部队后，首先找这个团的领导和机关干部分别谈话，了解对这个副政委的看法。大家都说这个副政委思想理论水平不错，工作肯动脑筋，能团结人，群众关系也比较好，有比较强的工作能力，有创造性，对自己要求也很严格。这位师政委通过谈话，对这个副政委的情况有了一个概括性的了解。在这个基础上，他又把团长和政委找来，作了进一步的了解。让他们具体谈谈这个副政委思想理论水平怎么个不错法？能团结人的具体表现？工作能力比较强强在什么方面？对自己要求严格有哪些表现？并让团长、政委都要举几个具体事例来说明问题。根据谈话要求，团长和政委从这个副政委当营教导员、政治处主任开始，举了许多具体事例，对每个问题都作了比较详细的回答，师政委听了很满意。师党委听了考核情况介绍后，一致同意上报这个副政委为团政委。

这位师政委考核干部，就是运用历史与逻辑相统一的方法。当他找团领导和机关干部谈话后，对这个被考核干部形成了一个概括性的看法，这种概括性看法是撇开了许多细节，把主要的本质的情况抽出来加以认识的结果。这种结果是运用逻辑的方法得出来的。这位师政委又把最了解情况的团长和政委找来，提出几个问题，让他们举出具体事例来说明，这实际是运用历史的方法，了解这个被考核干部的工作过程。当团长和政委从这位干部历史上的表

---

① 《马克思恩格斯选集》第2卷，人民出版社1991年版，第122页。

现，并用具体事例作了回答后，就使这位师政委从历史和逻辑的统一中，比较完整、全面地了解了这个被考核干部的情况。

三、自然科学理论的思维方法

20世纪40年代以来，现代科技革命迅速发展，产生了系统论、信息论、控制论等自然科学理论，为人类提供了一系列科学的思维方法。自然科学理论的思维方法主要有系统论的思维方法、信息论的思维方法和控制论的思维方法。

(一)系统论的思维方法

系统论是由美籍奥地利生物学家贝塔朗菲在20世纪40年代创立的。系统论的思维方法是以系统论为其理论基础，同信息论方法、控制论方法密切联系，互相贯通，它在科学思维方法中具有极其重要的作用。

系统论的思维方法是从系统观点出发，从系统与元素之间、元素与元素之间以及系统与外部环境之间的相互联系、相互制约、相互作用中，综合考察研究对象，以达到对事物的最佳处理的方法。系统论的思维方法的原则具有整体性、相关性和有序性。整体性原则体现了任何系统都是由部分组成，是各个部分相加的总和。在领导活动中，它要求领导者要立足整体，统筹安排，“由上而下”、“由总而细”，即从组成整体各个元素的结合上，来保证整体的良好性能。为保证整体具有良好性能，各要素要服从整体的需要。相关性原则体现了系统的部分与部分之间存在着各种各样的相关性，它要求领导者必须扩大视野和思路，从多方面来综合解决所面临的问题，注意事物相互关系的复杂性。要从传统的单项研究转入对事物的多项研究，从线性研究进入非线性研究，从结构研究上升到多方面的研究。正确处理系统中各方面的关系，促进系统的正常发展。有序性原则体现了系统的联系并不是杂乱无章的，而是按一定的规律和先后程序展开的。在这方面，领导者如果掌握了事物内部各要素间和事物间联系的前后顺序，认识事物发展的历史过程，按照科学的逻辑程序，就可以更自觉地对事物进行管理，达到预期目的。因此，把这些原则运用于领导活动中，就能使我们的思维方法更科学化和更具有活力。

(二)信息论的思维方法

信息论是由美国贝尔电话研究所的数学家C·E·申农创立的。根据信息论和信息观点所确定的研究客观事物系统的性能和运动规律的科学方法叫信息方法。运用信息方法的基本要求是:以信息概念作为分析问题和处理问题的基础，应当完全撇开对象的具体运动形态，把系统的有目的的运动过程抽象为一个信息变换的过程。信息方法告诉我们，正是由于信息流的正常流动，尤其是因为有反馈信息的存在，才能使系统预定的目的实现控制。

信息方法一般可分为信息获取、信息传输、信息处理、处理结果的输出四个步骤。信息获取是指将系统所需要的信息测定出后，使之变成数据，经传输线路送给处理装置进行必要的处理。信息传输是保证获得的信息在系统中流通的手段。为了使信息正常传输，必须在系统中设置通信系统，即由各种类型的信道组成的信道网。信道是连接两站或两设备间的信息通路。为了提高信道网的利用率或保证信息传输的可靠性，可以利用直接信道方式，也可以利用迂回信道方式。信息处理是将从信息获取设备传送过来的初始信息，用一定的设备或手段按照既定的目标和步骤进行加工处理。处理结果的输出是指在信息控制系统中，对已加工处理的信息，以一定的方式将处理的结果输送出去。

在现代社会，信息与能源、材料相提并论，被誉为当代科学技术的三大支柱。信息论的思维方法就是运用信息的观点，把系统的运动过程当作信息传递和转换过程，通过对信息系统的分析和处理，以达到对某个复杂系统过程的规律性的认识。信息论的思维方法的产生，促进了人们思维方法的科学化、现代化，对思维方法的变革产生了重要影响。

信息论的思维方法的运用，直接关系到管理决策的科学化。因为信息是思维的“原料”，没有原料，思维的“加工”就成为无源之水，更谈不上思维“加工”的敏捷性了。因此，获得迅速而准确的信息，是领导者迅速作出决断的基础，领导者如果闭目塞听，不知外界信息的变化，瞎子摸鱼，按老经验办事，决策就难免失误。

(三)控制论的思维方法

控制论是美国数学家N·维纳创立的。控制论是研究技术装置、生物机体和人类组织等系统之中控制和通信的一般规律，它撇开对象的物质和能量的具体形态，撇开过程的物质或能量交换的方面，仅从生物体和技术装置中控制的功能类比方面，研究对象和过程的各组成部分间信息的传递过程。信息的传输与交换过程形成了控制论的中心。控制论的思维方法，是施控系统如何实现对被控系统控制的方法，它要求在动态过程中，不断实现施控系统的“目的”。控制论的思维方法不是单一的，它由反馈方法、信息方法、择优方法、黑箱方法等组成，其核心是反馈方法和信息变换过程，偏重于系统的信息调节和反馈过程来实现控制。控制论的思维方法充分体现出动态性、随机性、目的性和调整性，它是现代科学思维的一个重要方法。

在领导者的管理实践中，要对领导客体的运动过程进行控制，不能不使用控制论的思维方法。要想有正确的控制，必须有正确及时的反馈，这样才能及时纠正偏离领导目标的部分，即使领导主体作出正确的决策，由于领导客体在执行过程中，不能正确执行而发生偏离，若有完善、敏锐的信息反馈，及时反馈到决策者，也可能得到及时的修正，否则，将会造成不可挽回的重大损失。失去控制，根本不能实现决策目标。所以，领导主体在管理过程中应注意运用控制论的思维方法，以适应运动变化着的领导客体。

在现代化建设中，控制论的思维方法的作用越来越重要。因为我们现在所面临的情况错综复杂，需要解决的问题千变万化，要求领导者运用控制论的思维方法变革旧的思维方式和观念。要实现正确的控制，就必须有准确、灵敏的反馈，使控制系统及时发现目标，协调行动、方案、计划，以适应变化的环境。

第四节　领导思维的技巧

一、发散思维技巧和收敛思维技巧

(一)发散思维技巧

发散思维是指沿着不同的方向、不同的角度思考问题，从多方面寻找解决问题答案的思维技巧。在一个问题面前，尽可能提出多种设想、多种答案，以扩大选择的余地，并不追求惟一的答案，而是可以得出很多个答案。发散思维体现了思维的开放性和创造性。

发散思维的具体表现形式，主要有多向思维、侧向思维和反向思维。多向思维要求从多方面想问题，发挥思维的灵活性和创造性，使思维不局限于一种形式和一个方面。侧向思维要求从不同侧面思考问题，触类旁通、举一反三。例如，牛顿从苹果落地领悟到地心引力，鲁班从草拉破手得到启发，发明了锯子等等，都是侧向思维的结果。反向思维要求从反面思考问题，思维在一个方向受阻时，就从反方向试试。这是对立统一规律在思维领域的反映。

发散思维有以下三个特征：

第一，流畅性。流畅性是指发散性思维用于某一方向时，能够举一反三，迅速地沿着这一方向发散出去，形成同一方向的丰富内容。例如，曲别针的用途，发散思维的过程是:把纸制文件别在一起;作发夹用;可用来代替西装领带上的别针…… 这就是发散思维的流畅性。

第二，变通性。变通性也就是发散思维能从思维的某一方向跳到第二、第三、第四或更多个方向，使方向越来越多，方向可供选择和考虑，从而形成立体思维而编织成思维之网。变通性使发散思维沿着不同的方面和方向扩散，表现出极其丰富的多样性。变通的过程就是克服人们头脑中某种自己设置的僵化框架和陈旧观念，按照某一新的方向来思索问题的过程。例如，鸡蛋不能立在桌面上，这是日常思维。哥伦布把鸡蛋立在桌面上时，人们都不相信。其实，很简单，他把鸡蛋按在桌面上，就立住了。所以，思维的变通过程就是变革头脑中某些僵化的思维技巧，从新的角度去思维。

第三，独特性。独特性也就是发散思维能形成自己与众不同的独特见解。独特性是发散思维的最高目标，是在流畅性和变通性基础上形成的。

从以上发散思维方式的表现形式和特征，可以看出发散思维是多方向性和开放性的思维方式，它同单一、刻板和封闭的思维方式相对立。它承认事物的复杂性、多样性和动态性，在联系和发展中把握事物。发散性思维仿佛具有更多的“触角”，不拘泥于一个方向、一个框架而向四面八方延伸，使领导者的思维纵横交错，构成丰富多彩的、生动的“意识之网”，可以迅速、灵活地“编织”多种多样的“意识产品”。

(二)收敛思维技巧

收敛思维是指以某个问题为中心，从不同的方向和不同的角度，将思维指向这个中心点，以达到解决问题的目的。收敛思维指向恰与发散思维相反，将各种思维路径从四面八方向一个确定的问题集中，向着一个既定的目标前进，最后的结果是殊途同归。收敛思维也是一种具有创造功能的思维技巧。通过收敛思维，人们可以从不同的角度，不同的领域，从人类的知识库中去发现、寻找不同知识之间的共性和联系，为解决共同的问题而综合各种知识的价值和智力功能，创造出最佳的解决问题的办法。收敛思维的最大优点在于：它能去发散思维之粗而留其精，去发散思维之伪而存其真，提其纲，挈其领，收思维之纷而理之，集思维之束而用之，使思路逐步清晰，慢慢缩小，本质渐渐显露。

收敛思维有以下三个特征：

第一，同一性。同一性是指它是一种求同性的思维，是和求异相对而言的思维。这种思维活动从过去的传统经验中引出解决问题的方法，要求人们从相同的方面去考虑问题，希望用老办法寻求解决问题的答案，因而，往往习惯于同一方向的知识积累和记忆。

第二，程序性。程序性是同一性在严格性上的表现。由于收敛性思维总是从同一方面考虑问题，所以对这一过程也就赋予了严格的程序，先做什么，后做什么，一步接着一步。所以收敛思维在其正确运用时，能使问题的解决有章可循，办事比较简化，效率较高。

第三，比较性。比较性是指它以一个目标为其归宿，即在现有的几种途径、方案、措施中，通过比较，寻找一个较合适的途径、方案、措施。收敛思维本身并不去创新，不去设计各种不同作用的方案，但是对于已经设计出来的方案，它会按照严格的程序进行审查、比较，评头品足，以确定对目标实现的利弊。

（三）发散思维技巧与收敛思维技巧的区别和联系

在思维过程中，发散思维和收敛思维是两种不同的思维技巧，两者是有明显区别的。从思维方向讲，两者恰好相反，发散思维方向是由中心向四面八方扩散，收敛思维方向则是由四面八方向中心集中。从其作用上讲，发散思维更有利于人们思维的广阔性、开放性，使人的思维极限尽量放宽，更有利于在空间上的拓宽和时间上的延伸；而收敛思维则有利于集中各种思维成果的精华，加强对问题认识的全面性和系统性，有利于对解决问题取得突破性进展。

发散思维与收敛思维不仅有着明显的区别，而且它们之间是相互联系、相互依赖、相互补充的。一方面，如果只有思维的发散过程，而无收敛过程，尽管可以爆发出许多创造性思维的火花，但由于不能统一，无法形成集中的思维力量，使思维失去控制，而陷入无序状态，甚至变成混乱的思维。另一方面，如果只有思维的收敛过程，而无发散过程，只沿着同一方向进行求同思维，就会对新事物、新领域和新要素视而不见、听而不闻，使思维陷入呆板、保守和僵化，从而抑制思维的创造性，不利于正确的思维。因此，人类的思维过程是一个发散——收敛——再发散——再收敛不断循环往复的过程，从而使思维上升到更高水平。

在领导活动中，领导者应该自觉地把发散思维与收敛思维有机结合在一起，这样才能使自己的思维减少片面性，才能使工作更有成效。

二、纵向思维技巧和横向思维技巧

（一）纵向思维技巧

纵向思维是一种历时性的比较思维，它是把事物放在自己的过去、现在和将来的对比分析中，发现事物在不同阶段上的特点和前后联系，来把握事物本质及其发展趋势的思维过程。掌握纵向思维方式是非常必要的，因为任何一个事物都有一个历史发展过程，在其发展过程中具有一定的规律可寻。运用纵向思维通过对同一事物的过去和现在相比较，进而从过去和现在比较中推断出将来，从而有助于把握事物的发展趋势预测未来。这对领导者进行科学决策，规划未来，指导下属做好工作有重要作用。

纵向思维具有三个特征：

第一，历时性。所谓历时性，就是按时间的先后顺序来考察事物，由过去到现在，由现在到将来。历时性揭示事物发展的过程性，在考察事物的起源和发生时具有重要作用。通过历时性纵向思维，可以追溯事物发展的历史渊源和确定事物发展的历史顺序，以便更好地把握事物的规律性。

第二，同一性。所谓同一性，就是指在作历时性的比较过程中，所考察的事物必须是同一的，具有自身的稳定性和可比性，即考察的是同一对象的过去、现在和将来。这种同一性的纵向思维，一般是由共同规律的作用而产生的事物之间的比较。如果违反了同一性特点，思维的结果就会失真。

第三，预测性。既然纵向思维是由过去到现在，再由过去和现在去推断将来，并把对将来的推断作为指导现在的行为，那么，它就具有预测性。纵向思维的预测具有可能性和偶然性，即可能发生，也可能不发生，可能按照预测的趋势前进，也可能脱离预测趋势，另辟他径。在现代社会，由于事物变化速度加快，周期时间缩短，事物的未来发展通过可能性很快便可转化为现实性。因此，对事物可能性的预测便显得越来越重要。预测对于指导人们的行为、进行决策、规划未来，起着越来越大的作用。

(二)横向思维技巧

横向思维是一种同时性的横断性思维，它截取历史的某一横断面，研究同一事物在不同环境中的发展状况，在相互比较中找出该事物在不同环境中异同的思维技巧。横向思维把事物放到普遍联系和相互作用过程中，去考察事物运动特点和它的本质。它能够揭示出纵向思维过程中不易察觉的问题，能够在相互比较中发现自己的弱点，不满足于现状，激励自己奋发前进。横向思维方式在当代具有特别重要的作用。我国实行“对外开放”的方针就是横向思维在对外政策上的应用。它要求管理者放宽视野，在思考每一个问题时，不能只放在本地区、本部门、本单位的狭小范围内来思考，而是要大大扩展思维的参考系数，在世界范围内作横向考察，这样才能看到自己的优势和不足，从而做到扬长避短，获得生机和活力。

横向思维具有三个特征：

第一，同时性。所谓同时性，也就是把时间概念的范围确定下来，然后再研究在这同时过程中各方面的相互关系。明确时间范围之后，便可以开展横向比较和研究。

第二，横断性。所谓横断性，是指对事物的横向比较，即把研究的客体放到事物的相互联系中间去，放到“关系”中间去考察。横断性可以充分地展开事物各方面的相互关系。俗话说：“不怕不识货，只怕货比货”，“不比不知道，一比吓一跳”，就是最简单的横向比较。横向思维是发现自己弱点，不满足于现状，激励自己奋发前进的刺激剂。

第三，开放性。所谓开放性，要求把自己置于越来越多的事物、关系的比较中来思考问题。比较的方面、关系越多，发现自己的优点和缺点也就越充分。所以它总是处于一种不断开放的过程中，不断增加和外界的联系，不断输入、输出和转换信息，使自己增强活力，得到提高。

（三）纵向思维技巧与横向思维技巧的区别和联系

纵向思维和横向思维是沿着不同方向运行的比较思维。纵向思维偏重于从时间和历史的角度进行比较；横向思维则截取历史的某一横断面进行比较。在实际思维过程中，两者既有区别，但又是统一的。因为客观事物的本身既有历史、现在和将来的纵向过程，又有同自己周围事物的横向联系，存在于纵向和横向的交叉关系中，而纵向思维与横向思维正是客观事物的纵向关系、横向关系及其相互交错的反映。

纵向思维和横向思维在思维过程中各有其特殊作用，纵向思维可以从历史的比较中，看到自己取得的成绩，提出自己发展的目标。譬如，我国每年的财政预算，都是通过对前一年财政经济状况比较以后，在决算的基础上提出的。这些都是纵向思维的具体应用。纵向思维也有局限性，这是因为在自我的封闭性比较中，容易盲目乐观和"夜郎自大"，缺乏奋发进取的精神。

横向思维的作用表现在：它可以克服和弥补纵向思维的局限性，跳出自我的狭隘圈子，把自己放在全局或局部整体运动中去比较，在与他人、其他单位先进或落后的比较中，重新认识和评价自己。另外，横向思维能开阔视野，发现自身的差贬，产生积极进取的紧迫感和激发自强不息的奋斗精神。横向思维也有其局限性，往往使我们只看到自己的问题和差距，因而产生消极心理和自卑情绪，从而丧失信心。因此，领导者的思维活动，既要有横向思维，也要有纵向思维，并使两者辩证结合，发挥各自的特点，克服和弥补各自的局限性，全面把握事物发展的规律，以增强管理思维活动的科学性、全面性和准确性，使领导者能够进行科学的决策和正确地规划各项工作。

三、动态思维技巧和静态思维技巧

（一）动态思维技巧

动态思维是一种运动的、调整性的、不断择优的思维技巧。这种思维技巧，根据不同的环境和条件来改变自己的思维程序和思维方向，对事物进行调整和控制，从而达到优化思维的目的。动态思维过程要具备信息、反馈、控制和变动四个要素，通过对四个要素的有机组合，构成思维的动态过程。

动态思维特征主要表现在以下几个方面：

第一，流动转化性。动态思维属于流动的、转化的思维方式。它要求在思维的过程中，对思维进行动态的调节和控制。因为，一切事物及其内部要素都处在运动之中，因而思维的目标、方向和程序只具有相对的意义，它必须紧随客观事物的变化而作出相应的反应。动态思维不像静态思维以已有的、固定的、重复的对待事物，而是强调"变"，在运动中协调，在变动中前进。

第二，对比择优性。动态思维在思维过程中考虑任何一项工作，都可以有各种可能的方案与措施、可能的办法与过程，并在这些方案、措施、办法和过程中选择比较优化者而用之。因为，每一项事物都有几种发展的可能性，这是择优的基础。择优的程序是依据发展变化的情况，从各个角度考察分析，充分估计可能出现的各种情况、各种可能性，然后对各种方案、行动计划和措施进行可行性分析，进而比较它们之间的优劣程度，从中作出正确的选择。这就要求坚持从实际出发，提出多种方案，进行多方预测和论证，从中选出最佳方案，才能实现决策的科学化。

第三，整体广泛性。动态思维的整体广泛性特征表现在思维过程中，使信息、反馈、控制、变动这些要素相互协调，采取系统思维方式，从多个思维起点、指向、角度和层次出发，寻求多个思维效果，把整个思维过程作为多因素、多变量、多层次、多角度的统一体。这就要求在思考问题、认识事物时，思维方式不能单一化，应该形成立体网状的系统思维，去认识和解决工作中的问题。

第四，时效紧促性。动态思维要求领导者必须具备时间观念。时间观念来自对“时间就是资源”的认识。它要求领导者在管理活动中具有时间的紧迫感，抓住工作中的时机，努力取得工作最大的效能。如果领导者时间观念不强，抓不住时机，就会贻误工作，造成失误。

第五，开发创新性。这是动态思维的一个基本特征。它能最大限度地获取信息，经常与外界进行信息交流，并以科学的态度进行积极的探索和创新，破除和改变过时、陈旧、不适应形势发展的种种观念和僵化的思维。动态思维既要求开放，又要求创新，使领导者在信息化的时代，突破旧观念，打开新思路，从而创立新概念，发现新规律，去开创新的局面。

（二）静态思维技巧

静态思维是从固定的概念出发，循着固定的思维程序，达到固定的思维成果。静态思维过程可以重复或再现，可以周而复始，是一种被动的思维。它包括绝对化的静态思维和相对化的静态思维两种方式。绝对化的静态思维是一种封闭的僵化的思维方式，在自然经济条件下，绝对化的静态思维是占统治地位的思维，它使思维主体缺乏能动性，思维空间狭小，思维节奏缓慢。绝对化的静态思维的特点是传导性和封闭性，思想容易僵化，它是与现代化生产方式不相适应的相对化的静态思维，是对客观事物在运动过程中“相对静止”、“稳定”的反映，是静态思维不可缺少的另一个方面。相对化的静态思维寻求思维过程中的稳定因素，稳定的程序，使思维趋于规范化、重复化和定型化。因此，从总体上说，静态思维在一些程序性很强的事业和工作中，如财务程序、法律程序等，都起着很大作用。

静态思维特征主要表现在以下几个方面：

第一，固定性。是指确定思维对象的不变性，“是”就是“是”，“否”就是“否”，一是一，二是二，严格遵循着形式逻辑的“同一律”，要求排除矛盾。因此，它立足于范畴、概念的固定化，并在此基础上考虑问题。静态思维的固定性反映了事物在一定条件下的稳定性，可以防止思维过程中的诡辩论和相对主义的出现，因而具有它的合理性，尤其是对一些本来就比较稳定的事物，就更有重大价值。

第二，重复性。是指思维过程中可以在下一阶段又周而复始地开始。静态思维的重复性是客观事物本身“种”、“族”、“类”的延续、过程的同一性的反映。例如，领导者决策的过程，总是先要收集信息，进行比较，确定目标，拟订方案，进行预测，最后拍板定案。静态思维的重复性把这些稳定的要素固定下来，构成一个相互连接、可以再次重复的思维过程。

第三，被设计性。是指它可以由人们去设计一个程序，然后使静态思维按设计的程序运转。静态思维的被设计性是由它本身的固定性、重复性决定的。既然静态思维可以固定、重复，我们掌握了它的规律也就可以把它设计出来，让电子计算机等“人工智能”按照被设计了的思维过程运转。因此，静态思维的被设计性是现代科学技术得以迅速发展的基础，通过“被设计了”思维过程，把人的部分思维交给“人工智能”，就可以局部地扩大人的思维能量，使电子计算机亿万次地重复这一过程。

第四，排他性。静态思维的固定性、重复性、被设计性又决定了它的排他性，即它对事物的考虑是从已有的程序和过程出发的，相容的就予以吸收，不相容的就加以排除。它不考虑被排除事物是否合理，是否应该排除，其思维中心围绕着自己固有的技巧运转。这种静态思维的排他性是日常生活中普遍存在的，每当人们把自己的思维技巧、框架、程序固定下来，就会对事物失去新鲜感，把同自己的思维框架所不容的东西排除出去。

静态思维的这些特征决定了它自身的优缺点。它的优点在于可以使思维准确化、定型化和程序化；可以重复、再现，可以摸索到事物发展中比较稳定的东西。它的缺点在于每前进一步都可能陷入思维的僵化、死板中，都有可能使思维失去活力。因此，领导者在思维过程中，应该把静态思维与动态思维结合起来。

（三）动态思维技巧与静态思维技巧的区别和联系

动态思维与静态思维，是领导思维活动的两种技巧。在人们的思维过程中，两者是统一的。静态思维以“静”为主，动态思维则以“动”为主，动态思维不能脱离静态思维，因为动态思维离开了静态思维，就会成为冒险的和无序的思维，使思维失去稳定性，引起思维的振荡，导致思维活动和思维体系的混乱。因此，动态思维一定要与静态思维结合，以严格化和程序化静态思维作为基础，并以静态思维所提供的大量具有规律性的参数为依据，进行动态调整；静态思维也不能脱离动态思维，静态思维是在一定条件约束下的动态思维。如果把静态思维固定化、单一化，就会出现思想僵化，变成形而上学的单一思维。在领导实践中，领导者要把动态思维和静态思维结合起来，以动为主，动中有静，使自己的思维具有活力和创造性，以适应时代发展的要求。

四、后馈思维技巧和超前思维技巧

（一）后馈思维技巧

后馈思维是用历史的联系、传统的力量和习惯的原则来制约现在，使现在按照历史的技巧继续重演的思维过程。后馈思维往往表现为有一定的指向性，是把现在往历史上引导，是一种倒向的指向性思维过程，习惯于后馈思维的人，都用历史上形成的尺度来衡量周围的事物，把自己封闭在由传统和习惯所形成的狭小范围之内，这是后馈思维的集中性过程。后馈思维要求不冒风险，照旧例办事，又是保护性的思维过程。

在工作实践和日常生活中，后馈思维是很普遍的。当提出某些新理论和改革不合理的旧制度时，往往考虑历史上有无先例。如果没有先例，无章可循时，就会表现出不理解，或者认为办不得。由于后馈思维是以过去的思维样式要求现在，如把这种思维方式固定化、绝对化，用它指导实践，社会就会倒退或停滞不前，这是后馈思维的消极作用。因此，我们必须反对把后馈思维固定化、技巧化。同时也应该积极利用后馈思维的合理因素，发挥它的积极作用，在现实与历史的比较中获得有益的借鉴。如我们建设中国特色的社会主义，就要认识到，这个特色本身就包含着中国历史、传统习惯中遗留的合理因素，这样才是后馈思维的正确运用。

后馈思维具有以下三个方面的特征：

第一，指向性。领导者的思维同其他人的思维一样，都具有一定的指向性，所不同的是领导者后馈思维的指向性是把现在引向过去，引向历史。后馈思维总是以历史上某个阶段、某种情况为“兴奋中心”，以“要恢复到某某时的情况”的思维过程出现。它对现在的看法、评价和态度，总是力图使现在回复到历史上的某种程度的“理想状态”。这样，后馈思维的指向性使领导者行为产生两种结果：一是对现实的弊端表示不满，要以过去的成功经验和优良传统“改变”现实，这是积极的；二是对历史理想化，厚古薄今，轻视现在，这是消极的。总之，后馈思维是一种倒向的指向性思维。

第二，非现实性。习惯了后馈思维的领导者，往往用历史上形成的或由前辈习惯了的旧尺子来衡量现实周围的事物。他们目光的焦点在过去，如果见了新事物，就想法在它里面找出旧的事物来，或是在一切旧事物中找出与之相同的事物来，如果他在新事物中找不出旧的熟悉事物的痕迹，或是在一切旧事物中找不出一个与之相同的事物来，就不知所措，就不去接受新事物。后馈思维的非现实性，会导致领导者越来越封闭和僵化，把自己圈在由传统和习惯所形成的“封闭圈”中。

第三，保险性。领导者后馈思维既是已有先例、有章可循的思维，又是时过境迁没有现实性的思维，因而是一种保险性思维。无论是肯定型的后馈思维，还是否定型的后馈思维，都要求照旧办事，不求创新，不冒风险。这是一种无所作为的保护性的思维。

(二)超前思维技巧

超前思维也就是预测性思维，是人的思维能动性的表现。它是用将来可能出现的情况对现在进行弹性调整的思维技巧。我国在现代化建设中提出的面向未来，面向世界，面向现代化，既立足于现在时代的现实，又着眼于未来，用未来的发展来调整我们的现在。这正是超前思维的体现。

超前思维是一种可能性的思维，它立足于现实的规律基础上，对未来的各种可能性进行分析，既要考虑现实的可能性和不现实的可能性，又要分析好的可能性和坏的可能性，并由此作出预测，供大家比较认识，力争好的可能性，而避免坏的可能性。超前思维又是一种调整性的思维，一旦把未来描述出来，就对现实起指导和调整的作用。超前思维还是一种模糊性的思维过程。它是对各种可能性的预测，具有不确定性。

超前思维具有以下三个方面的特征：

第一，可能性。超前思维的指向是未来，而未来对于现实来说，仅是一种趋势或可能。所以，超前思维只能是一种可能性的思维。它是立足于现实规律性的基础上对未来的各种可能性进行分析，并作出预测，为领导者决策和行动提供正确的方向性指导，力争好的可能性而避免坏的可能性。

第二，调整性。超前思维一旦把未来描述出来，确认了一种较好的可能性之后，领导者就以此对现在的事物和行为起到指导性、调整性的作用。因为，作为领导者在指导人们行动之前，行动如何进行、所要达到的目标、所带来的效应和影响等观念已存在于领导者的头脑之中，才能用来指导自己和影响人们，使之主动地调整自己的思想和行为，使“未来”在现实中诞生。

第三，模糊性。超前思维既然是对各种可能性的预测，它就具有一定的模糊性和不确定性。超前思维可以作为领导者思考问题、处理问题的重要方式，但不能成为领导者全部活动的思维出发点，需要同其他思维方式结合起来。否则容易使领导活动失去坚实可靠的现实基础。

（三）后馈思维技巧与超前思维技巧的区别和联系

后馈思维和超前思维是以不同尺度为标准的思维活动技巧，具有各自不同的特征。后馈思维是用历史、传统和习惯的尺度来限制现在，力图使现在成为过去的再现和重复。而超前思维是用未来的尺度来引导现在，使现在不断地向将来过渡。可见，两者是以不同的尺度为标准的。

后馈思维和超前思维又是相互联系的。因为历史、现在和未来是个时间序列，思维过程不能把时间序列割断。思维活动要求有历史的尺度，体现其历史感，同时也要有未来的尺度，体现其未来感。离开历史的角度，就会缺乏前进的基点，因为前进是历史上的前进。离开未来的尺度，前进就没有目标和方向，那么这种前进就成为盲目的行动。所以说，后馈思维和超前思维是相互联系、相互制约的。譬如，在全面建设小康社会的过程中，都需要超前思维，这样才能指导中国特色的社会实践。然而，这种超前思维不能是无限度的超前，它必须立足于现实的基础上。从过去、现在和未来的联系上进行思考，这样才能更好地发挥超前思维的作用。

后馈思维和超前思维的区别与联系告诉我们，在思维过程中，我们必须充分认识两者各具的特征，利用各自的优点进行思维。同时必须把两者统一起来运用。如果把后馈思维绝对化，就会使思维僵化，使实践处于停滞状态。如果把超前思维绝对化，就会脱离现实和历史，变成幻想主义和理想主义。所以，片面强调一方而排斥另一方，都是错误的。只有把两者有机地结合起来，做到既有历史，又有未来，以这样的思维指导实践，才会使现代化建设跃上一个新台阶。

第二章 领导决策艺术

决策艺术自古有之，它是指领导者在一定的知识和经验的基础上形成的非规范化的各种决策技巧、手段和技能。它是领导者聪明才智、学识水平、胆略志向和阅历经验的综合反映，是领导者的素质、才能在决策方法上的体现，有较大的经验性和随机性。在领导艺术体系中，决策艺术处于核心地位，因此，作为一名领导者，必须认真研究并掌握科学的决策方法和艺术。

第一节 领导决策的本质

一个月黑风高的夜晚，数千盗贼啸聚而来，围攻某城。满城军民极为惊恐，问计于县令，县令若无其事地说："围城的盗贼只是一群乌合之众，没有攻城略地的野心，不过是想抢劫财物罢了。如果我们能坚守到天明，他们害怕救兵到来，必然撤退。"然而，守城兵丁不过数百，如何能坚守到天明呢？县令说自有妙计。他一面下令全城青壮百姓协助守城，一面命令更夫提前报更，刚到四更时分，已打了五更。盗贼以为即将天明，顿时气沮，一哄而散，于是县令下令打开城门，追杀盗贼，大获全胜。

下属为什么要将决定自身行动的权力交给领导者？为什么要唯领导者马首是瞻？这是因为他们深信，作为领导者会做出比自己更正确的决策。

毛泽东曾经说过："领导者的主要职能就是出主意"，出主意就是决策。不仅政治家，商界领导者同样容易判断失误。戴姆勒—奔驰公司的 CEO 约尔根 · 施伦普力促并主导了克莱斯勒和戴姆勒—奔驰的合并，在新公司艰难运转了将近 10 年之后，戴姆勒公司最终被迫将克莱斯勒的股份出让给私人投资机构。雅虎公司的 CEO 杨致远坚持认为自己公司的价值远高于微软公司所给出的估价，因而拒绝考虑微软收购雅虎的建议，他的固执代价沉重：股东损失 300 亿美元，自己也因此丢掉了工作。那么什么是决策呢？决策是领导的基本职能，决策是否科学合理决定了领导活动的有效性，果断而正确地做出决策是领导者具备良好领导力的象征。

一、决策的含义

所谓决策，是指对若干准备行动的方案进行选择，以期优化地达到目标。决策有广义、中义与狭义之分。广义的决策指决策是一个过程，包括作出最后抉择前后必须进行的一切活动。其中包括搜寻信息进行预测，在正确预测的基础上确定目标，拟订方案，对多种方案进行选择、拍板，最后根据拍板确定的方案进行规划，以及对方案进行追踪反馈等等。它既是一种社会实践活动，又是对客观规律及相应条件有所认识，并在掌握其前提下与主观意志参与所进行的一种认识活动；中义的决策是指确定目标、拟订方案和对多种方案进行抉择；狭义的决策是在几种方案中作出抉择，即“拍板定案”。我们一般所探讨的决策大都指广义的决策，即决策的一般过程。决策是领导过程的开始，也是最实质的领导。它贯穿于整个领导过程中，一切领导活动都围绕它或随之而产生。一个重大决策足以决定整个组织的命运，决策能够决定着随后发生的领导行为，能够带来重大现实结果，事关全局的长远利益，它直接构成最重要的领导内容。可以说，没有决策就没有领导，最常规、最重要的领导活动就是决策。领导首先是靠决策来实现的，领导过程的起始环节是决策，领导工作要正常进行，都必须首先从决策开始。而领导决策通常是人们行动的依据和指针，它规划和指导着人们的具体行为，直接影响到行为的方向、内容和结果，直接造成群体或组织乃至社会的某种必然。这种必然是人为的、可控的、有强大主观因素参与而产生的现实结果，其影响具有根本性。决策的含义实际上包含了以下内容：

(1)决策针对明确的目标。目标必须明确、详细。决策前必须明确所要达到的目标，并仔细辨清组织的整体目标体系中包含的多个具体小目标，也应明确所要解决的问题。如果一开始就缺乏明确的目标，将会导致整个决策过程偏离方向，最终导致不正确的决策结果。

(2)决策有多个可行方案。决策必须在两个以上的备选方案中进行选择。如果只有一个方案，那就不用选择，也就不存在决策。这些方案应该是平行的或互补的，能解决设想的问题或预定的目标，并且可以加以定量或定性的分析。

(3)决策是对方案的分析、判断。决策面临若干个可行方案，每个方案都具有独特的优点，也隐含着缺陷，有的方案还带有很大的风险。决策的过程就是对每个可行方案进行分析、评判，从中挑出较好的方案，进行实施。管理者必须掌握充分的信息，进行逻辑分析，才能在多个备选方案中选择一个较为理想的合理方案。

(4)决策是一个整体性过程。决定采用哪个方案的决策过程，不是短暂的时段，而是一个连续统一的整体性过程。从初期搜集信息到分析、判断，再到实施、反馈活动，没有这个完整的过程，就很难有合理的决策。实际上，经过执行活动的反馈又进入了下一轮的决策。决策是一个循环过程，贯穿于整个管理活动的始终。在整个决策过程中，应随时重视决策的有效性，随时纠正偏差，以保证决策的质量。

二、决策的类型

决策活动有各种各样的特性，以这些特性为标准，可以对决策进行划分，得到不同的决策类型。特性的多样性决定着决策划分的多样性。

(一)按照决策的重要程度划分，可以分为战略决策、战术决策及业务决策

战略决策，是所有决策问题中最重要的决策，是指具有全局性的、长期性的、作用大和影响深远的决策。例如企业长期发展战略、企业营销战略、产品开发战略、技术改造和引进、组织机构改革等，均属此类。战略决策一般需要经过较长时期才能看出决策后果，所需解决的问题复杂，环境变动性较大，往往并不过分依赖复杂的数学模式及技术，定量分析与定性分析并重，对决策者的洞察力、判断力有很高的要求。在战略决策中，找出关键问题比利用复杂计算更为重要。

战术决策又称管理决策，属于执行战略性决策过程中的具体决策。例如，销售、生产等专业计划的制定、产品开发方案制定、员工招收与工资水平、更新设备的选择等方面的决策等均属此类。战术决策旨在实现组织内部各个环节活动的高度协调和资源的合理利用，以提高经济效率和管理效能。它不直接决定组织的命运，但其正确与否，也将在很大程度上影响组织目标的实现程度和工作效率的高低。

业务决策又称执行性决策，是日常活动中有关提高效率和效益的决策，一般由中、基层领导作出。例如生产管理、销售管理、劳动力调配、个别工作程序和方法的变动、企业内的库存控制、材料采购等，均属此类。

以上三类决策的重要性不同，各级领导层应有所侧重。高层领导者显然应侧重于战略性决策，并吸收部分中层和基层领导者参加；中层领导者应侧重于战术性决策；而基层领导者则侧重于业务决策。

(二)按照决策问题提供信息的完备程度，可将决策分为确定型决策、风险型决策和不确定型决策

确定型决策意味着每个备择方案都有惟一的确定结果，方案结果的确定性是此类决策的主要特征。这是一种理想的决策问题，只要目标明确，领导就可以作出精确的决策。货物运送方式的选择(运费最小为目标)，用一块铁皮制造容器涉及到的容器形状的选择(容积最大为目标)，用几种稀缺资源制造单位利润不同的产品涉及到产品数量组合的选择(利润最大为目标)等都是确定型决策。

风险型决策意味着每个备择方案都有多个概率明确的可能结果，方案结果的风险性是此类决策的主要特征。这类问题大量存在于管理实践中，领导者根据目标可以借助于期望理论和效用理论作出决策。在各种情况都有一定概率的条件下对新产品产量的选择，在成功与失败都具有一定概率的条件下对新技术研制方案的选择，在各种判决结果都有一定概率的条件下是否提起诉讼，在观众人数仅具有一定概率的条件下是否举办音乐会等都是风险型决策。

不确定型决策意味着每个备择方案有多个可能结果且概率不明确，方案结果的不确定性是此类决策的主要特征。更多的实际决策属于此类决策，领导者在目标的指导下根据某一准则进行决策，此时的决策更多地受决策者心理导向的影响。人事决策方案的选择等都是不确定型决策。

上述三类决策都属于经常性的领导决策。信息完备，风险程度降低，决策相对容易；信息不完备，风险程度增加，决策相对困难。随着领导层次的提高，决策的风险程度在增加。

(三)按照决策问题是否例行或重复出现，可将决策划分为程序化决策和非程序化决策

这是决策理论学派的创始人西蒙对决策所作出的划分。程序化决策意味着决策可以程序化到呈现出重复和例行状态，可以程序化到制定出一套处理这些决策的固定程序，以致每当它出现时，不需再重复处埋它们。为什么程序化决策趋向重复性和反复性？其道理很明显：假如某特定问题反复出现多次，那么人们就会制定出一套例行程序来解决它。

非程序化决策意味着决策可以非程序化到使它们表现为新颖、无结构，具有不寻常影响的程度。处理这类问题没有灵丹妙药，因为这类问题在过去尚未发生过；或因为其确切的性质和结构尚捉摸不定或很复杂；或因为其十分重要而需要用现裁现做的方式加以处理。如在

2008年四川汶川发生地震时，各级领导对抗震抢险进行的一系列决策，就是非程序化决策的一个极佳例证。

三、决策的特点

决策具有目标性、未来性、择优性和责任性等特点。

(一)目标性

决策目标性是指决策活动的最终指向。思考、决策、解决问题是人类行为的根本，而人类行为总是有目标指向的。决策的任务就在于解决组织的问题，实现组织的使命。决策，大到决定组织的发展方向，小到解决组织的日常问题，都应有明确的目标。每当决策时，领导都应回答“为什么要作这个决定”的问题，否则，决策就会陷入就事论事的泥潭中。科学决策是以目标制定为起点的。决策目标不仅为决策指明了方向，为行为的方案选择提供了衡量标准，而且为决策实施情况的控制提供了依据。可以说，没有目标，决策则无从谈起。

(二)未来性

决策未来性，又称风险性，指未来行动的不确定性。决策是现在决定的未来行动，包含着风险和失败的可能性。信息的不完备性和决策者的有限理性决定着决策的风险性。但领导的基本任务就是作决策，缺少了决策，组织就不会进步。优秀的领导都勇于接受自己作出的决定所带来的可能风险，乐于在此起彼伏的“决策风浪”中享受成功的喜悦。

(三)择优性

决策择优性是指在多个方案中作出抉择。现代决策理论的创始人，著名管理学家西蒙在他的《管理行为》一书中说:“有人把决策者理解为站在十字路口的人，他的责任就是从多个方向中选择一个方向。”决策是在特定条件(若干个预选方案)的情况下寻找优化的目标和达到的途径。因此，决策是在目标的引导下，对现有的多个行动方案进行评价和筛选，最后优选出一个特定方案的过程。如天津引滦入津工程的成功就是个很好的例子。1981年5月，中央决定，密云水库要确保北京用水，今后不再为天津供水。天津市用水，要靠滦河下游的潘家口水库解决。但在究竟如何引滦入津时，专家制定了通过南北两条线路的两个方案，两个方案各有利弊:南线方案，投资少，工期短，但只能解决天津的燃眉之急，不能解决长期问题;北线方案，投资大，工期长，但能彻底解决天津用水问题。两种意见经过多方面争论比较，特别是用决策目标——解决天津用水问题来权衡利弊，南线方案优点固然不少，但致命弱点就是不能从根本上解决天津用水的问题。最后，天津市领导经反复研究拍板定案，决定采用北线方案。

从理论上讲，供选择的解决办法的数目是无限的，但从实用上讲，只有有限数目的办法是独立的并可以用语言清晰地表达出来的。择优性排斥只有一个备选方案的“决策”。

(四)责任性

决策责任性是指领导者对决策后果负责。根据权责一致原则，行使决策权的领导理应对决策后果承担责任。这种责任可能是道义上的或政治上的，也可能是行政上的或法律上的，决策过程应有明确的责任机制，以便确保“择优”的实现和决策目标的达成。在现实生活中，个体决策的责任主体是明确的，但群体决策的责任主体往往含糊不清，这种现象应当引起注意。

四、决策的程序

（一）明确问题和目标

决策的第一步是发现问题，这些问题应分清主次，是战略决策还是一般业务决策，由哪些决策者承担任务等，必须马上了解该问题的关键问题出在哪里、何时解决以及解决这一问题的利弊如何。在确定问题的同时，确定目标。决策目标就是解决问题要达到的结果，它是在分析问题的过程中逐步确立起来的。对于一般性决策问题来说，决策目标可能是不言自明的。但对于创造性决策问题来说，决策目标往往需要进行开发。可以说，决策目标是对决策问题本质的概括和抽象，它规范着决策制定和决策执行工作。决策目标最终都要落实到组织的绩效上来，应该与组织目标保持一致，应该平衡眼前利益和长远利益，协调局部利益和全局利益。合理的目标是有效决策的前提，是决策活动的出发点，也是评价决策效果的依据。合理的目标应具备以下三个条件：第一，确定目标要根据主观需要和客观可能，既要合理又要合法。第二，确定目标要根据条件充足与否，分成“必成目标”和“期望目标”。前者应不折不扣地实现，后者要力争实现。第三，确定目标要正确处理总目标和分目标以及各分目标之间的关系，即主次关系、层次关系和制约关系，要把总目标和分目标、社会目标与部门目标、政治目标与经济目标、有形目标与无形目标进行合理安排处理，分清长期与短期目标、主要和次要目标的区别，并注意目标间的衔接，明确目标间的优先顺序，保证资源分配的重点，尽量排除可能的偶然性和主观因素的影响。

（二）收集有效信息

决策者为了作出有效决策，必须了解与问题相关的事实和材料，必须着手调查研究，搜集信息，并加以整理和分析。根据既定的目标，积极地收集和整理情报，建立数据库，进行比较，找出差距，发现问题。信息是决策的基础，是有效决策的保证。对于组织内外部的相关信息，都应加以搜集、整理，尤其对于一些核心关键信息，应着重注意。但我们知道，决策者都是“有限理性的人”，他们绝不会得到他们应该得到的全部事实。大多数决定不得不根据所了解到的不完全的材料来作出，这或者是因为有关材料收集不到，或者是因为要得到全部材料需要花费的时间和金钱太多，要作出一个完善的决定，并不一定要掌握全部事实。但是必须知道缺了一些什么材料，这样才能判断作出的决定有多大的风险，决定中所提供的解决问题的方针有多大的准确性。从这个意义上讲，任何决策中都有猜测和判断的成分，从而有不同程度的风险。优秀领导者没有一个是在等待掌握了完备信息之后才开始决策的，而是根据决策问题的紧急程度，当机立断地采取行动，然后追踪决策的执行，以便能够及早发现问题，并马上纠正自己的错误判断。因为他们十分清楚，哪些地方情况不明而不得不猜测行事，因而需要承担一定风险。欲根据粗糙的和不完整的信息作出精确的决策，是不可能的，也是靠不住的。但在现实生活中，有些领导者在决策时，以为掌握了全部信息，或被虚假材料所蒙蔽，或在执行决策过程中忘记了原先的未知数而不追踪决策，致使所作出的决定不能解决任何问题，反而引发了许多新的问题。

(三)拟订可行方案

确定了问题的目标，并且搜集和分析信息的过程已顺利完成，就应开始拟订可行方案。拟订方案主要是寻找达到目标的有效途径，因此必须制定多种可供选择的方案，反复比较。每个方案必须有原则性的差异。有关组织发展战略性的重大决策，必须通过各种相互冲突的意见争辩、各种不同可行方案的评判，才能作出满意的决策。拟订各种不同类型的可行方案，可运用头脑风暴法，或采用数学模型，也可建立随机模型和模糊模型。无论用何种方法拟订可行方案，应同时给出这些方案实施后可能产生的结果，包括有利的和有害的结果及这些结果出现的概率，指出其中发展演变的趋势及利弊比较。

(四)科学评估方案

方案拟订之后，决策者应该批评性地分析每个方案，并用现代评估技术对每个备选方案进行详细的定量分析和定性研究，确定各个方案的约束条件，研究这些条件对实现决策目标的制约程度，同时分析各种备选方案在政治、经济、社会和技术方面的现实可行性，并且分析每个备选方案在实施时可能存在的潜在问题和风险程度，制定应变措施。如果决策者可以透彻地分析研究上述各个方面，那么每个备择方案的优缺点就会变得十分明显。在评估方案过程中，人们经常要借助各种模型来分析研究方案的某个方面。特别是对方案的经济评估，通常会通过建立数学模型来完成。简单方案的评估模型可以在人脑中完成，但复杂方案的评估模型难以在人脑中完成，必须借助于现代科学技术构筑系统模型，以便充分全面地对备选方案进行动态的深刻分析。同时，可以运用各种决策技术，如决策树法、矩阵汇总决策、统计决策、模糊决策等，尽量科学地显示各种方案的利弊，并加以相互比较。对其中某些关键处的缺点加以修改、补充，更可对一些各有利弊的备择方案优势互补、融会贯通，取其精华，去其不足，使最终的结果更优化。

(五)选择合适方案

选择方案，对个人而言，只是下定决心作出选择的过程;对于群体决策而言，就是群体成员按照预先制定的规则(如投票)进行表决的过程。一般而言，在正规化程度高的组织中，重大事情的抉择权通常由群体行使，以使决策能代表组织各方的利益和意志，而执行中的抉择权通常由个人负责的行政长官行使，以便提高执行工作的效率。如果组织中的任何抉择权都由个人行使，必然会导致专制和独裁;如果组织中的所有抉择权都由群体行使，又必然会导致低效率和决策责任模糊的后果。不论哪种抉择形式，决策者都应对自己的抉择负责。组织应该对个人抉择责任和群体抉择责任的各种责任形式有明文规定，以保证决策的质量。

在抉择环节中，决策者一般遵守以下准则:(1)经济准则。比较各个方案，看哪个方案收效最大而费力最小，哪个方案能带来必要的变化而给组织带来的动乱或震荡最小，哪个方案能够圆满地解决问题而又引发的问题最少。(2)风险准则。就信息不完备而言，每个方案都有一定的风险，不冒风险的决策是没有的。决策者在抉择方案时必须对照每个方案可望带来的收获掂量一下它的风险。就是说，决策者应根据环境条件和自身状况对每个方案的利弊得失作出全面的权衡。(3)时间准则。抉择的时机把握很重要，什么时候出台什么方案，什么情况下出台什么方案，这不能全靠理性的分析，决策者要根据当时的情况凭自己的理解力来选择时机。一般来说，如果情况十分紧急，或者感到解决问题的火候正好，那么决策者就要当机立断，作出抉择；相反，决策者就要放缓作出决定。抉择之前，决策者要问一下自己“是否现在必须采取行动?”“何时作出抉择最为合适?”有时候，问题需要在短时期之内得以解决，那么决策者可取的方针就是要大张旗鼓地宣传这项决定，通告组织成员有重大事情就要来临；有时候，问题的解决需要作长期的不懈努力，那么决策者在开头最好是慢慢来，先迈出第一步，以便把势头建立起来；有时候，问题可以在习惯的范围内得以解决，那么决策者就可以雷厉风行、大刀阔斧地行动；有时候，问题的解决需要改变观念、习惯或制度，那么决策者起步就要稳而慢，一次只跨一步，慢慢地迈向终极目标。(4)资源准则。选择方案时要考虑行动资源的配置情况，尤其是要考虑是否有合适的执行决定的人。人的品质、性格、眼光、能力、技术、理解力和行动的敏捷程度等，决定了他们能够做什么，不能做什么。人们常说“经”是好的，但“和尚”给念歪了，这是因为“和尚”根本就没有理解“经”。决策者在选择方案时，要问一下“我们有执行这些决定的人吗?”有些人不遵守这一准则，只管宣布决定，结果决策的指令信息层层“衰减”，最终不了了之。当然，决策者决不能因为缺乏合格的执行者就接受不合理的决定，惟一正确的做法是培训人员使之合格，或者聘请组织之外的其他人。

(六)确定实施方案

实施方案既重要又困难。一方面，决定不付诸实施，决策就无任何实际意义，所作的决定只是一种“想法”而已，问题也永远不会得到解决。在这个意义上讲，实施方案阶段极为重要。另一方面，要实施方案，就必须使执行者行动起来，使其能够热情地、有责任心地、准确地去实施方案，这就要求决定内在化于执行者。在这个意义上讲，实施方案又极为困难。在完全属于个人问题的决策中，个人一旦作出选择，决定就是自己的决定，目标就是自己的目标，执行就是自己执行，决定、目标和执行完全一体化于个人，作出决定之后立即就能付诸实施，使决定生效不存在任何困难，也不需花费任何时间，此阶段仅是个逻辑阶段。但在领导决策中，决策者一旦作出选择，这个决定及其执行就游离于决策主体之外，抉择职能与执行职能通常分离开来，决策者只能推动执行者行动起来使决定生效。这时就需要解决执行者对决定的认同和认知、责任心和工作热情、准确理解和创造性等问题。传统管理是将决定指令传达给执行者作为命令而强制实施，由于一体化程度不高，导致决策执行结果并不理想；或者是决定束之高阁，久久不能起作用；或者是决定实施半途而废；或者是决定执行偏离目标；或者是严重浪费各种资源。现代管理是在民主管理思想的指导下，让执行者参与决策，特别是要参与确定问题层次、明确风险、拟订目标、创制方案、方案评估等环节使他们有机会充分发表意见，并了解整个决策情况。这样的参与决策较好地解决了前述问题，提高了决定的个人内在化程度，一旦抉择之后，方案就可以立即实施。

第二节　领导决策的原则

领导要进行科学的决策，需要遵循一定的原则。所谓原则，就是对事物根本规律的概括，反映着事物发展的方向。作为一名现代领导者在进行领导决策的过程中只有遵循和贯彻一定的原则，才能适应市场经济发展规律与要求，卓有成效地开创改革开放和现代化建设事业的新局面。

一、系统原则

系统原则是科学决策应有的思维内容。领导决策必须进行系统的思考，把要解决的问题看作是一个系统，这个系统是由若干个相互关联的子系统组成的。而决策本身又是更大系统中的一个子系统，因而不能单一、孤立地去处理问题。

奔腾的尼罗河，创造了宽广的尼罗河三角洲，也孕育了古埃及的文明，使之成为人类文明的发祥地之一。但尼罗河却常常给沿岸人民带来各种灾害、给两岸人民生活带来了许多不便。埃及人民在同尼罗河进行斗争的过程中，积聚物力、财力在尼罗河中游修建拦河工程，终于在20世纪70年代建成了著名的阿斯旺水坝。它的建成，给埃及人民带来了廉价的电力，促进了工业的发展；控制了水旱灾害，灌溉了大量农田，好处确实不少。但随着时间的推移，建坝的严重后果也相继出现了。它的建成破坏了尼罗河流域的生态平衡，遭到了一系列未曾料到的自然报复。由于尼罗河的泥沙和有机质沉积在水库底部，尼罗河两岸的绿洲失去了肥源，土壤日益盐渍化、贫瘠化；由于尼罗河河口供沙不足，河口三角洲平原从向海中延伸变为朝陆地退缩，工厂、港口、国防工事等有跌入地中海的危险；由于缺乏来自陆上的盐分和有机物，盛产沙丁鱼的渔场毁于一旦；由于大坝阻隔，尼罗河下游奔腾不息的活水变成了相对静止的“湖泊”，为血吸虫和疟蚊的繁殖提供了生存条件，致使水库一带的居民血吸虫病发病率达到80%甚至100%。这一切，使埃及付出了沉重的代价。之所以出现这样的结局，跟决定建造阿斯旺大坝的决策者只看到建坝能带来廉价的电力和灌溉农田这一有利的条件，而没有对建坝引起的后果进行科学的预测有关，致使建成的大坝弊大于利，给埃及人民带来了无穷的后患。事实告诉人们：决策者在决策过程中必须统筹全局，把握系统原则。

系统原则客观上要求决策应达到整体化、综合化、最佳化的要求。整体化要求决策不能只从事物的某一部分、某一指标去考虑问题，而必须从整体出发，从全局出发，全面考虑系统与系统之间、系统与子系统之间的相互联系和相互作用，正确处理好部门利益和整体利益的关系。综合化要求对决策的各项指标和利害得失进行全面衡量、综合分析，不仅要分析决策对象，也要分析决策对象和社会其他系统的相互作用和相互关系。最佳化要求领导者在动态中去调整整体与部门的关系，使部门的功能和目标服从于系统的总体的最佳目标，使系统达到总体最优。

二、满意原则

西蒙认为，理性决策模式实际上是一种绝对的决策准则，它的前提是“经济人”、“理性人”，它所遵循的是一种最大化原则，它所要求的是进行最佳的选择。西蒙认为完全的“经济人”和“理性人”是不存在的，实际生活中的人是“行政人”、“有限理性人”，并由此提出了决策的满意原则。决策的满意原则就是指在决策过程中不存在最佳决策，而只存在满意决策。在传统的理性决策模式下，寻求最佳决策的条件是具有能对所有决策方案进行比较的一大套标准，按照这套标准能选出比其他方案都要好的一个方案。在西蒙的有限理性决策模式下，寻求满意决策的条件是具备一套说明符合最低限度要求的标准，从而用以选出符合或超过这套标准的方案。

一些领导在选择决策方案时，常常容易犯两种极端性错误：一是片面认为决策方案应是最佳方案，不是最佳方案就不能选择。二是片面认为既然难以选择出最佳方案来，那么，随意选择一个决策方案就算了，这些都是不可取的。由于组织处在复杂多变的环境中，领导者对未来一个时期做出“绝对理性”的判断时必须具备以下四个条件：领导者应掌握一切相关信息；领导者对未来的外部环境和内部条件的变化能准确预见；领导者对可供选择的方案及其结果完全知道；决策不受时间和其他资源的约束。显然，任何领导者，不论其素质有多高，都不可能完全具备这四个条件。因此，决策就不可能避免一切风险，就不可能利用一切可以利用的机会去实现“最优化”，而只能要求是“令人满意”的，或“较为适宜的”。任何一项决策方案，都不能使人达到百分之百的满意，就一项决策而言，如能达到相对满意，利大于弊就算可以了。1962 年，赫鲁晓夫领导的苏联把导弹放到美国的鼻子底下——古巴领土上，引起了白宫一片骚动。总统的安全助理和顾问们，很快制定了六项可供选择的对策，供当时的总统肯尼迪挑选。这六项对策是：无所作为，不作任何反应；施加外交压力，使之撤出；通过各种渠道，阻止导弹安装；入侵古巴，清除后患；空袭，炸毁建设中的导弹基地；封锁古巴。在制定出这些对策的同时，也阐述了它们的可能后果。肯尼迪依据他对国际形势的理解，在这六项对策中权衡选择，最后决定采用“封锁古巴”的对策，这样既保持了总体局势的平衡，又达到了让苏联撤出导弹的目的。

三、信息原则

信息在决策中的作用非常重要，它是领导者进行科学决策的基础和前提。没有准确、全面、有效和及时的信息，决策就是无水之源、无本之木。领导决策的信息原则是指领导者要进行科学的决策，首先就必须通过调查研究和各种其他渠道获取大量的、准确的、全面的、系统的、有效的和及时的信息，在占有信息的基础上，运用科学的方法和手段加工、处理、分析、评价信息，为科学决策服务。

领导决策对信息的要求是全面、及时、准确、有效。所谓“全面”就是要收集和掌握决策所需要的全部信息。如果是国家或地区战略决策，要求有各方面、较长时间的信息，至少应该包括上级有关指示、综合国情国力、地区优势和制约因素、预测结论、历史资料等；如果是企业经营决策，要求有市场、技术、资源、人才、发展趋势等。所谓“及时”，就是所有信息必须在尽可能短的时间内进入决策活动，要不失时机、灵敏地为决策提供信息，并利用时间差，获得有价值的时效。所谓“准确”，它强调信息是真实表征了事物的客观运动规律和变化情况，否则将严重影响决策的科学性。如果是一条虚假的信息，比没有信息更糟。如抗美援朝战争期间，联合国军总司令麦克阿瑟为了获取中国是否要支援朝鲜，支援的兵力以及装备如何的情况，于是派出侦察机在鸭绿江出海口上空侦察，回来报告侦察的结果是中国只有少部分支援部队。甚至麦克阿瑟本人曾乘专机专门到了朝鲜新义州以西鸭绿江出海口上空视察，认为中国过江的部队人数不多，只不过是一支象征性的部队。其实当时中国人民志愿军大部队白天隐蔽休息，晚上才行动，而麦克阿瑟是在白天进行侦察，因此没有侦察到志愿军的实际行动。联合国军总司令麦克阿瑟错误地估计了志愿军的出国兵力，误认为中国军队是“象征性进攻”、“装备低劣”。麦克阿瑟获得的只是不准确的信息，也就导致了他决策上的错误，使麦克阿瑟“感恩节前返乡”的计划落空。因此，我们说错误的信息比没有信息更糟糕。所谓“有效”是指信息对决策有帮助、有作用，使决策更科学。在正常情况下，决策的科学性、准确性与决策所需信息的质量和完整性成正比。信息越全面、越及时、越准确、越有效，决策的基础就越坚实，决策过程中的思维广度和深度就越大，决策的科学化程度就越高。

四、环境原则

领导者在进行领导决策时离不开对决策环境的分析、判断和利用。因为领导决策是按领导决策目标来进行的，而领导决策目标的确定是依据事物所处的内外环境条件来考虑的。外部环境是领导者无法控制而只能去适应的环境，它对决策有两类作用：为决策提供机会或者对决策造成威胁。内部条件是领导者可以控制的环境因素，包括领导者的使命、组织及人力、物力、财力、信息、技术资源条件等。

从 1831 年至 1836 年，达尔文做环球考察，一天来到非洲的一个原始部落。这个部落过着原始的生活，这里有一个可怕的习俗：当妇女年老力衰时就放到深山里任其饿死。达尔文十分惊愕和不解。部落酋长说：妇女的任务是生孩子，年老就不能生了，留着也没用。当没食物吃时，一部分孩子也可以当食物吃。这个“逐老吃幼”的习俗和文明社会的“尊老爱幼”的理念相差太远，怀着悲悯之情的达尔文决定为部落做点什么。他买下了部落的一个男孩儿，把他送到伦敦培养了 16 年，然后送回这个部落，希望他能改变他的部落。一年之后达尔文再到这个部落，却找不到这个青年，问了酋长，才知道他被吃了。达尔文一脸惊愕地问为什么，酋长的回答是，他什么也不会，留着也没有用。达尔文在日记里记载了自己的这次失误，深感一个种族的积习不能靠一两个人来解决，并且，人只有适应环境才能有出路，否则，再高明也会被淘汰。这则故事给我们领导者的启示是：决策活动受制于内外环境条件，决策活动要充分利用内外环境条件，主动适应内外环境条件。除重视硬环境条件因素外，更应高度重视软环境条件因素对决策结果的影响。

五、可行原则

领导决策的可行原则是指决策方案可以在实践中付诸行动。决策目标的实现，必然要受到主客观条件的限制，如一定的人力、物力、财力等，缺少必要的条件，决策就无法实现。固然，人做工作可以发挥主观能动性，但是，发挥主观能动性不等于可以脱离客观条件随意蛮干，它只能在现有条件的基础上充分利用各种有利条件，发挥最大优势去争取，而不是可以凭空创造出任意条件来。领导者在决策时，必须充分估计主客观条件可能达到的程度，只有条件基本具备的目标，才有实现的可能。经过充分努力也无法使条件达到要求的目标，必将成为不切实际的空想。如果不估量主客观条件的可能，一味地蛮干，只能招致失败的恶果。

风险型决策没有百分之百的成功把握，必须充分分析和利用现有条件，量力而行，采取行动。如战争中无法歼灭敌人就击溃敌人，无法夺取胜利就先避敌一步，寻找机会再战。不要强不能以为能，像红军第五次反围剿那样，一心要“御敌于国门之外”，弄不好就会将老本蚀光。

六、动态原则

领导决策的动态原则又称领导决策的变化原则，它告诉领导者在进行决策时一定要有动态的观念、变化的观念，而不能用固定的、一成不变的观念去决策。事物永远在运动、在变化，这是自然界的普遍规律。领导决策只有根据客观情况的不断变化，灵活地调整决策、方略，才能达到预定目标。因此，对于领导者来说，建立科学、高效的动态决策机制是十分必要的。几十年来，日本索尼公司的经营指导思想一直是着眼于未来，立足于创新，“做别人所没有做的事，研制全世界都能接受的新产品”。公司先后研制成了世界第一台短波段晶体管收音机、调频收音机和晶体管小屏幕磁带录像机。1962 年，又生产出第一批彩色电视机，不断获得独家生意。现在，索尼公司的子公司遍布世界 20 多个国家，是世界生产彩色电视机产量最高的三大公司之一。

决策总是在行动之前作出，那么，变化的世界、变化的内外环境条件就成为决策的不确定因素，给决策带来风险性，这是领导者在决策时必须重视的问题。1962 年，英法航空公司开始合作研制“协和”式超音速大型客机，其特点是快速、豪华、舒适。经过十多年的研制，耗资数亿元，终于在 1975 年研制成功。十几年时间的流逝，情况发生了很大的变化。能源危机、生态危机威胁着西方世界，乘客和许多航空公司都因此而改变了对民航的要求。乘客的要求是票价不要太贵，航空公司的要求是节省能源，多载乘客，噪音小。但“协和”式客机却耗油多，噪音大，不能满足消费者的要求。结果飞机生产出来后卖不出去，原来的宠儿变成了弃儿。因此，领导者树立了领导决策的动态原则思想后，决策时要考虑未来可能给决策带来的有利或不利影响，做好多个预备方案的拟订、评审、排序工作，一旦情况发生变化，就可主动调整、更换决策方案，使决策工作更具有适应性。否则，就很难应对环境变化带来的不利影响。

七、民主原则

领导决策的民主原则要求领导者在决策活动中的每个阶段有民主意识、群众意识，听取群众的意见。同时，要求领导者要发扬民主作风，善于集中群体的经验和智慧。坚持领导决策的民主原则是决策必须遵循的一条重要原则。因为随着社会的发展，决策的难度越来越大，组织面临的环境越来越复杂多变，决策所涉及的专业领域和知识范围广，特别是对于重大决策，有时单凭领导者个人的能力素质难以作出科学的决策。这就要求领导者要发扬民主，集中群体的经验和智慧，才能使决策更加科学。

南水北调工程就是落实集体决策制度、实现决策科学化民主化的一个范例。近些年来，随着北方持续干旱，水资源短缺已成为制约经济、社会和环境协调发展的重要因素。为此，水利部于 2000 年 9 月，在多年调查论证的基础上提出了《南水北调工程实施意见》，重点分析了北方地区的缺水形势，就南水北调工程的总体布局、近期实施方案、投资结构与筹资方式、生态建设与环境保护等进行了论证，并征求了有关部门和部分资深专家的意见。2000 年

9月27日，国务院召开南水北调工程座谈会，提出南水北调工程的规划和实施要建立在节水、治污和环境保护的基础上，务必做到先节水后调水，先治污后通水，先环保后用水。2000年12月，国家计委、水利部召开南水北调工程前期工作座谈会，部署南水北调工程总体规划工作。此后开展了节水、治污和环境保护专项规划，沿线44座城市水资源配置规划，工程总体布局和分期实施方案拟订，水价形成机制和管理体制研究等专项工作，形成了12个附件和45项专题研究报告，在此基础上形成《南水北调工程总体规划》。在编制总体规划过程中，坚持民主论证、科学选比的原则，认真研究了社会各界和专家的建议，对参与选比的重要线路进行了现场查勘和复勘。参加总体规划的，除水利系统的10个规划、设计和科研单位外，还有有关部委的14个科研教育单位和沿线省市的有关部门，涉及经济、水利、社会、环境、农业等多个学科的科研人员2000多人。水利部先后召开了近百次专家咨询会、座谈会和审查会，与会专家6000多人次，其中有院士110多人次。水利部还将总体规划分送有关部委、省市广泛征求意见，并分别向全国人大和全国政协农业农村委员会作了汇报。2002年8月23日，国务院总拟订理办公会审议并原则同意了南水北调工程总体规划。2002年10月10日，中央政治局常委会议审议通过了南水北调工程总体规划，并要求抓紧实施。正是由于这一重大决策坚持了民主化、科学化的决策原则和程序，才保障了这项工程决策的科学性、正确性。

八、创新原则

领导决策在本质上是一项创造性活动，西蒙说过："管理的核心在经营，经营的核心在决策，决策的核心在创新。"领导决策，往往是一种非程序性决策，它所面临的问题常常是过去没有遇到的新问题，无先例可循。领导只有冲破习惯势力的束缚，敢于走前人没有走过的道路，敢于开创前人没有开创的事业，才能有所成就，有所作为。因此，领导决策是一项开创性的活动。毛泽东、邓小平在重大决策方面都具有超人的创造性。毛泽东的伟大之处，在于创造性地把马克思主义普遍原理同中国革命实际相结合；邓小平的伟大之处，在于大胆地将"社会主义"与"市场经济"这个长期被认为是对立的两极实现了对接。他们的成功之处就在于找到了符合中国实际的革命和建设之路。

创造性决策是领导者高水平的综合决策，它已经不局限于对已有方案的选择，而是从现存方案中提炼新的方案，甚至在没有充分信息的情况下，拿出一种前所未有的、有重大适用价值的新方案。战争是智慧的竞赛，取得重要作战胜利的决策，无不具有创造性。创造性决策贵在"新"，"新"是创造性决策的核心。从本质上讲，"新"是对传统观念的突破，是对客观世界的更新认识。如战争中，时间、地点、对手、装备都在不断地发生变化，新的科学技术输入战争机器之中越多，作战手段的发展变化越快。昨天还是成功的经验，今天就有可能变成陈旧过时的东西。战胜不复，只有不断地创新，才有走向胜利的希望。第二次世界大战期间的英国首相丘吉尔曾经说过："战争中每一次战斗都是独特的，需要对实际情况作深刻的分析。"最容易通向惨败之路的莫过于模仿以往英雄们的计划，把它用于新的情况中。在战争史上，由于照搬前人经历而丧师败绩的事例不胜枚举。唐朝官琯效法古制，用车战制敌，被安史叛军杀得一败涂地。20世纪30年代的法军统帅部，完全搬用第一次世界大战的经验，在法西斯德国的闪击下，一触即溃。相反，那些被人称道的成功战例，如韩信的背水为阵、刘伯承元帅的重叠设伏等等，都无不具有惊人的创新之举。

领导决策的创新应注意如下几个方面：一是在领导决策全过程中充分发挥“创新”思维，特别是在“决策目标”和“方案拟订”阶段更应重视创新活动的开展。二是注意创新与维持相协调。维持是创新的基础，创新是维持的发展；维持是为了实现创新的成果，创新为维持提供更高的起点；维持使决策保持稳定，创新使决策具有适应性。三是在创新中注意统一性和灵活性相结合。四是创新具有风险，应该允许有缺陷。只要人们不断用创新思维去修正缺陷，完善方案，总会产生新的决策方案。

第三节 领导决策的技巧

决策是体现领导水平的重要标杆。决策本身就是一个比较、选择的过程，并非是与否那么简单。它需要领导者具有深厚的专业知识、洞察秋毫的犀利眼光和勇于决断的果敢品质，又需要面对纷繁复杂的局面有进退自如的决策技巧，既要有旺盛的工作热情，又要有理智的决策态度，只有将这些有机地结合在一起，才会做出正确决策。

一、审时度势

中国有句古话：“机不可失，时不再来。”也有古人曰：“先之则不过，后之则不及。”这说明决策必须掌握适当的时机。领导者所掌握的各种信息绝非惟我独有，时机成熟了，决心仍摇摆不定、行动仍迟疑不决时，别人就可能先期登峰。不管什么行业的领导者，抓不住恰当的时机等于葬送正确的决策。

第二次世界大战爆发后，战争造成市面谷物紧张，美国政府下令不准用谷物酿酒。美国企业家哈默知道这个信息后，预测到威士忌酒马上要成缺门货。当时美国酿酒厂的股票为每股 90 元，而且以一桶烈性威士忌酒作为股息，哈默立即买下了 5500 股，因而得到了作为股息的 5500 桶威士忌酒。果然，市场上很快短缺威士忌酒，哈默不失时机地把威士忌酒改为瓶装，并贴上“制桶”的商标，把它卖出去。于是，哈默的“制桶”牌威士忌酒大受欢迎，买酒的人群排队成龙。当哈默的 5500 桶酒卖掉 2500 桶的时候，一位叫艾森柏格的化学工程师前来拜访哈默。这位客人讲，如果把威士忌酒掺上 80% 的廉价土豆酒精，数量可以增加 5 倍，而且这种混合酒的味道也不错。哈默遵照这位工程师的建议作了试验和科学分析，证实他说的不错。于是决定将所剩的 3000 桶威士忌变成了 15000 桶，并把这种混合酒定名为“金币”商标。在当时缺酒的年代，“金币”酒照样十分畅销。哈默用这 3000 桶掺入价钱极为便宜的土豆酒精，赚了更多的钱。不久，他干脆买下了一间土豆酒精厂大量生产酒精，继续大批生产“金币”混合酒，获得了较大利润。时间不长，美国财政部公布从 1944 年 8 月 1 日起，谷物开放，不再限制用谷物酿酒了，这对哈默是一场灾难。但是，哈默立即对形势作了分析，他认为第二次世界大战不会马上结束，即使马上结束，美国经济亦不会立刻好转起来，因此，谷物开放的时间不会长。哈默为了验证预测是否准确，请了一些经济专家及有关权威人士对这个问题进行研究分析，大家的结论与他的看法完全一致，于是他下决心继续廉价收购无人问津的烂土豆生产酒精，供混配“金币”酒。果然又不出哈默所料，“谷物开放”只持续了一个月就告终了，哈默的“金币”酒比以往更畅销了。

从哈默的成功不难看出，领导者要在复杂的市场环境中获取经营成功，必须有准确无误的决策；而想像要达到决策无误，必须对影响市场变化的种种因素进行研究、分析，并善于捕捉信息。一句话，要学会审时度势。时者，是指各种时机；势者，是指事物发展变化的趋势。审和度就是要分析研究。古人说："识时务者为俊杰"，就是强调要认清形势，把握事物发展变化的趋势，不做违背实际情况、逆历史发展方向而动的事。哈默生产的威士忌酒自始至终注意社会发展动态，从抓住时机购买股息到廉价购买土豆，都说明哈默是在审时度势的基础之上作出的决策，正因为他能审时度势，所以他的一系列决策才准确无误。孙子兵法说："善战者，求之于势，不责于人。"善于指挥作战的将帅，在战争中总是依靠有利形势，去造就最佳态势，争取战争的胜利。

那么，领导者怎样才能掌握审时度势的决策艺术呢？

第一，要认清形势，把握趋势。形势和趋势是领导者审时度势进行正确指挥的出发点。在每一项决策前，都要像哈默那样对形势进行认真地分析，对事态的发展趋向作出准确的判断，搞清哪些是有利条件，哪些又是不利条件。现有诸因素中哪些是必然因素，哪些是偶然因素，它们将向何种状态发展，等等。只有把这些因素分析透彻，才能制定切实可行的战略和策略。在这方面，不仅外国人有可借鉴的东西，就是我们的古人也有可学习的地方。人所共知的诸葛亮就是一个善于审时度势的人物。他的《隆中对》就是对当时的政治、军事、经济和人事各个方面进行了具体而精辟的分析，在对各种集团势力的消长，反复比较权衡的基础上，为刘备设计了一整套战略计划和具体策略步骤。在赤壁大战前，他又根据东联孙吴、北拒曹操的战略决策，对孙权阐明了天下大势和敌我双方的长短，终于以孙、刘联军的五万兵马大破曹军二十多万，初步奠定了三足鼎立的格局。

第二，要抓住时机，当机立断。在战场上，时机对指挥员来说是十分重要的。如果指挥员善于抓住各种战机，就会在敌强我弱的情况下，取得战争的胜利。反之，如果不善于捕捉战机，即使我强敌弱，也容易处于被动挨打的地位。企业生产指挥也是如此。如果领导者能抓住生产和销售的有利时机，就会一步主动，步步主动，否则，就会"一着不慎，满盘皆输"。领导者要想及时抓住有利时机，必须目光敏锐，思想活跃，有丰富的想像力和真知灼见。这样，才能善于由此及彼，见人所未见，及时发现"苗头"，从而捷足先登。掌握主动权的哈默如果没有认识到谷物开放时间不会太长，而放弃威士忌酒的生产，他就不会成为百万富翁。在大好时机面前，凡是有成就的领导者都善于利用历史性的机会，作出有利的果断抉择。机遇是非常难得的。所谓"时势造英雄"，是说时势给英雄提供了叱咤风云的机会，但能不能抓住机会，取得成功，还要看他是否能当机立断。当稍纵即逝的时机到来的时候，并不是每个人都能果断地抓住它的。犹豫迟疑，当断不断，成功就会属于别人。

第三，要机动灵活，随机应变。我们说不善于抓机会不行，但有了机会而不善于根据情况的变化而采取相应的对策，也同样不会成功。领导者要学会随机应变，善于根据客观条件的变化而迅速地改变策略，如果原先的道路在当时不妥善或行不通时，就选择另一条道路来达到目的。而且领导活动的各种因素，总是在变化的，所以领导者决定问题就要因情况之变而变。

第四，勇于创新，出奇制胜。仅仅停留在以变应变还是不够的。以变应变是被动的变，要主动应变，才能在竞争中立于不败之地。主动应变就要善于改革创新，不重复老一套，适应新情况而变化无穷。

二、科学预测

预测是决策的初级阶段，是决策的基础。为决策服务是预测的最主要功能。法国未来学家H·儒弗尔说："没有预测活动就没有决策的自由。"预测侧重于对客观事物的科学分析，决策侧重于有利时机的选择。如果说决策是事业成败的关键，那么预测则是决策成败的关键。《礼记·中庸》记载："凡事预则立，不预则废。"这一点，已为中外历史上大量事实所验证。无论是社会的、经济的、科技的，还是军事的、文化的，能否以正确预测作保证，都将影响决策的成败。

我们知道，前苏联载人宇宙飞船绕地球飞行成功之后的一个多月，美国总统肯尼迪就宣布了一个"阿波罗"计划，要在十年之内将人送上月球。这项决策是他召集了"现代航天之父"布劳恩等高级专家，经过科学的预测和充分的可行性论证，提供了决策所需的各种线索和根据之后慎重作出的。果然，这个决策执行后的八年零两个月，即1969年，美国两名宇航员登上了月球，并于5天后返回地球。尼克松称这项飞行是"世界历史上最伟大的一星期"。他任总统后，仿效肯尼迪的例子，也想在人类历史上留下不可磨灭的一章。1972年他宣布，在1976年美国庆祝建国200周年典礼上，他作为主持人，将宣布人类永远征服了癌症。但他这个计划不久便宣告破产了，据说浪费了15亿美元。他吃的正是预测不科学、论证不充分的亏。在当时对癌症的发病机理尚未弄清楚，治疗和预防的药物和途径都还十分渺茫的情况下，就贸然决策，未免邀功过于心切了。

肯尼迪的成功与尼克松的失败从正反两方面告诉我们：

第一，科学预测是人们作出正确决策的科学依据，它可以帮助领导者开阔视野，作出有远见的决策。离开了科学的预测，决策便会陷入盲目。科学预测为领导者提供有科学依据的估计和判断，使之获得可靠的超前认识，从而有预见性地作出决策。即使有的问题不能马上决策，只要领导者的立足点能面向未来，对未来发展的种种可能做到心中有数，一旦时机成熟便可迅速、果断地及时作出反应。反之，领导者视野狭窄，对事物的变化缺乏足够的思想准备，甚至事到临头才如梦初醒，于是，在紧张和慌乱中匆忙决策，这样，是很难作出正确而有远见的决策的。

第二，科学预测是决策程序中重要的一个环节。作为管理体系，它是决策系统中的一个组成部分，先有预测，然后才可能有科学的决策。肯尼迪的"阿波罗"计划之所以成功，是因为他的决策建立在专家的科学预测基础之上；而尼克松的决策失败，是建立在自己良好的心愿（攻克癌症）而不是科学论证的基础之上。所以科学的预测可以保证决策的质量，只有解决了"将来可能怎么样"的问题，决策才能有的放矢地决定"要使将来成为什么样"。如今，在科学技术飞速发展的情况下，人们可以充分利用电子计算机等先进的技术设备，对未来的发展前景作出各种预测。例如，我国的"2000年的中国"这一重大课题就是100多位专家学者搜集了大量材料，利用电子计算机测算了数以万计的数据，进行周密的定性、定量分析而形成的。其中的科学论证和预测为国家的宏观决策提供了重要的科学依据和选择余地。

第三，科学预测可以帮助领导者修正、完善决策。决策是否可行，必须接受实践的检验。

决策对未来的影响不能在短时间内显露出来，一旦发现需要修正时，已为时过晚。科学的预测已包含了对决策未来影响的评估，可以达到预先检验决策的目的。通过预测可以提供结果与现实的差距，使领导者的决策更加完善和可行。人所共知的日本索尼公司生产的第一批磁带录音机刚一问世，遭受的是严重滞销的恶运。现在人们也许会觉得当时的人很奇怪，怎么放着先进的东西不用呢？其实这在当时却一点也不稀奇，原因很简单，因为当时的人尚未认识和了解磁带录音机这一新发明的广泛用途。那么，又是什么力量使磁带录音机的命运起死回生呢？还是磁带录音机制作者之一的盛田说得好："我们知道产品的价值，我们还必须有信心使别人相信其价值。"于是他们进行了大规模的诚实的广告宣传，终于成功了。"有信心使别人相信自己产品的价值"，这便是科学预测的力量。索尼公司成功的关键不仅在于制造出第一台磁带录音机，重要的是，实现了对产品未来市场的科学预测，进而以此为依据对产品的扩大生产作出了正确的决策。

三、相机而变

领导者在决策活动中既要有原则的坚定性，又要有应变的灵活性。要善于依据不同条件和决策环境，相应地变更领导手段，调整领导任务。采取各种不同的方法去解决不同的问题不同的事件。但是，领导决策的应变绝不是随意地改变、更不能违背上级决策目标，危害高层次决策的大局。领导决策，用灵活的应变艺术，必须首先吃透"上头"决策精神，明确"上头"决策的要求，搞准当时、当地、历史上和现实的情况，区分哪些目标及决策是可以变的，哪些是已经符合实际情况而不能变的。判定可变或不可变是实行应变艺术的首要原则，恰当的灵活应变才谈得上决策艺术。丧失原则的变通决策是不可取的，也是不允许的。领导者要有敢于灵活变通的胆略和勇气，敢于承担风险闯路，重要的一点就是能把上头精神与本地、本单位的实际情况相结合，不惟书、不惟上、只惟实。对情况和问题能够全面掌握，而又把握处理问题的时机。只有这样，才能创造出有独特风格的决策。

在决策方案实施过程中，无论是追踪决策还是决策的一般修正，都要求领导者要迅速作出反应。决策目标、方案和客观情况不符，变化要快，决策方案在实施期间发生了意外情况，应急要快。"兵贵拙速，不尚巧迟，速者乘机，迟者生变。"①不论是战场还是商场，都是双方力量的竞赛，而且是速度的竞争，行动上先对方一筹则主动，后对方一步则被动。据美军估计，如果前苏联向西欧发动进攻，很可能是一场比希特勒进攻前苏联速度更快的闪击战。按前苏联装甲部队的机动力，如果没有遇到强烈的抵抗，有可能在开战后三天内进抵莱茵河，20 天内进抵大西洋沿岸。可以想像，科学技术越发展，不仅使军事上的突然性增大，也使其他领域的变化性加快，不具备快速反应能力，不能及时应变，就会造成不应有的损失。

那么，领导者怎样才能掌握相机而变的决策艺术呢？

第一，领导者要注意以"备"应变。在拟订工作方案时，要力争全面。除了必须实施的方案外，还要持有多种预备方案，不是留一手，而是力争多几手，以应付不测情况的发生。情况一旦发生变化，可以按规定方案迅速转移目标，照新方案重新实施。在预备方案中应特别

---

① ［明］王鸣鹤：《登坛必究》，卷十六。

重视虑败方案。在军事历史上，事实上的常胜将军很少，打败仗是难免的。军事斗争中的决策最主要的是“两害相权取其轻”。未败先虑败，可以预防大的损失。春秋末年，吴王阖闾让伍子胥操练部队，加强战备。伍子胥不是带领官兵先练习打胜仗，而是先练习如何打败仗。吴王问其缘故。伍子胥说:“知败者乃知胜者之母，知胜者明胜之因，则将立于不败之地。”意思是说，用兵之前，先把可败的道理多想想，再一一做好应付败局的准备，仔细研究制胜的方略，从可胜中再求得可败的原理，然后以必胜的信心率三军而作战，虽胜不可必决，而败则无全溃，战之最终必能取胜。他还说，知败而防败者必无敌，知胜而不防败者，虽然一时胜了，结果还是要败的。领导决策，欲思其成，必虑其败。虑败，才能在意外情况出现之时，沉着冷静，遇事不慌，败而不乱，为转败为胜创造契机。

第二，领导者要注意以“活”应变。客观环境千变万化，决策方案制定再周密，也难以对所有情况全部把握。只能在主体上、大的方向上保持其与客观实际情况的一致性，更多的具体情况只能靠领导者临机解决。因此，在制定决策方案时不可统得过死。俗话说“月盈则亏，水满则溢”，制定方案固定不变，认为尽善尽美，事实上就已经出现了漏洞。制定方案时，一定要保持弹性，给下级留有临机处置的余地，授予下级临机处置的权力。对那些具体的做法，在不影响总体目标、计划实施的情况下，可以概略一些，让下级充分发挥主观能动性，使决策方案有较强的应变性。

第三，领导者要注意以“快”应变。快，要着重于快速获取信息，快速改进计划方法。快速获取和处理信息，是快速应变的重要条件。领导者要建立多渠道的信息网络，及时地把握对手动向，做到敌动我明。对获取的信息要快速处理，不得中间梗阻，随意拖延。随着技术装备的改进和新技术的运用，要逐步使用计算机对信息进行检索处理，以便提高信息的利用率。在加强对信息正确处理的基础上，要快速修正计划方案，制定出新的对策，并及时向下级传达贯彻，组织实施，加强应变的时效性。

四、纲举目张

任何事物如果存在两个以上的矛盾，其中必有一个是主要矛盾，制约和影响着其他矛盾，如果解决了这个主要矛盾，其他矛盾就迎刃而解了，这正是抓纲带目、纲举目张的道理，也是领导决策常用的方法之一。

在领导决策中，领导决策者要集中主要精力解决那些带有全局性、根本性的问题，并立足于高层，对这些关键的问题进行战略思考、战略规划，作出战略决策。在大事面前来不得半点儿含糊。只要认真对待这些大事，正确决策，就能够带动解决各方面问题。即使其他无关紧要的小事有些决策有时不当，也无关大局。

那么，领导者怎样才能掌握纲举目张的决策艺术呢?

第 ，要通观全局。领导决策者要做到抓纲带目，纲举目张，首先要通观全局，在全局在胸的基础上，处理好全局和局部的关系，深刻理解每个局部在全局中的地位。为此，领导决策者要学会全面研究问题，掌握每个局部的现状和发展变化。

第二，要学会用发展的眼光看问题。既要看到全局的今天，也要看到全局的明天。要善于抓住主要矛盾，即善于抓住关键的局部。因为各个矛盾或各个局部在诸矛盾构成的全局所处的地位和所起的作用不同，有些矛盾或局部比较孤立存在，不影响主要矛盾和全局问题的解决，而有些矛盾或局部问题的解决直接关系到主要矛盾或全局工作的成败，影响其他矛盾的解决或影响其他局部的命运。因此，领导决策者一定要做到毛泽东所说的那样，“任何一级的首长，应当把自己注意的重心，放在那些对于他所指挥的全局说来最重要最有决定意义的问题或动作上，而不应当放在其他的问题或动作上。”①

领导者在决策时不仅仅要通观全局，抓主要矛盾，处理好全局和局部的关系外，还要注意处理好纲和目的关系，以更好地抓纲带目。也就是说要注意调动局部的积极性，为发展全局打好基础。纲要提起来，目要张开，使各个局部充分发挥自己的优势，使各自矛盾各自处理，以保证主要矛盾的妥善解决。

中国历史上许多有谋略的政治家和军事家用“纲举目张”进行决策的例子不胜枚举，下面就是一个比较典型的例子。西汉初年，丞相陈平、太尉周勃废除了吕氏专权之后，马上商议并推举代王刘恒做皇帝(即后来的汉文帝)。代王的郎中令张武等就此事向代王进谏说:“汉朝的大臣都是高帝(刘邦)的旧部，熟悉征战之事，多有谋略机诈，这些人的意思恐怕不止于此，只是害怕高帝、吕太后的余威罢了。现在已诛杀了吕氏诸人，京师里刚刚杀完人，现在又以迎大王做皇帝为名，实在不可相信。希望您能假称生病，不要到都城去，借此来看看其中的变化。”在众人议论纷纷、代王疑惑不定的情况下，中尉宋昌劝说道:“大臣们的议论恐怕不合适。秦朝施政不当，豪杰纷纷叛秦，千万人以为能够得到秦朝的天下，然而最后登上天下皇座的是刘氏，天下人断绝了争夺天下的念头，这是其一。高帝统帅子弟，割地而治，相互牵制，国家如磐石般坚固，这是其二。汉朝兴起，废除了秦朝的暴政，制定了法令，施行仁政，人人得到好处，安居乐业，难以鼓动他们造反，这是其三。以吕后的威严，封了个吕姓王，把持权力，独断专行，但太尉周勃拿着一个符节进入北军，振臂一呼，士兵就都袒露左胸，拥护刘氏，背叛吕氏，最后消灭了吕氏。这是上天授意的，非人力可为也。现在文臣们即使想叛乱，百姓们也不会为他们所驱使。况且朝内有朱虚侯、东牟侯这样的刘氏亲族，朝外有吴、楚、淮南、琊、齐、代诸侯国的强大外援。现在高帝的子孙惟有淮南王与大王，大王年岁又长，贤圣仁寿，闻名于天下。所以朝中大臣顺应天下人的意愿而迎接您去做皇帝，您不要怀疑。”代王于是派遣太后的弟弟薄昭去见周勃，周勃等人把迎接代王当皇帝的原因明白无误地告诉了薄昭，薄昭回报了代王，并说:“确实是这样，没有疑问了。”代王笑着对宋昌说:“果然像您所说的那样。”并且立即命令宋昌做骖乘，张武等六人乘六马快车到长安。群臣向代王拜谒称臣，代王也下拜。太尉周勃进言说:“想跟代王私下里说句话。”宋昌说:“如果谈公事，那就公开谈;如果谈私事，做王的人没有私事。”于是，太尉周勃跪着奉上天子玉玺。代王谢绝说:“到官邸再讨论这件事。”丞相陈平等人都说:“我们这些人认真地计议过了，认为大王接续高帝的皇位最为称职，天下诸侯百姓都以为这样合适。我们做臣子的为宗庙社稷着想，不敢掉以轻心。愿大王听从臣下的建议……”代王说:“宗室将相以及王侯都以为我适于当政，我也不敢推辞。”于是即位当了天子。他就是汉文帝，成为西汉初年的一位守成的好皇帝。众朝臣请代王回都称帝，这乃是从天而降的绝好机会，无论代王，还是代王属下众臣，都不会不看到这一重大发展机会将会给自己带来的巨大好处。但是否能把握住，利用好这一

① 《毛泽东选集》第一卷，人民出版社1991年版，第176页。

机会，却是另一回事。如按众大臣之纷纷议论，代王不当皇帝，众臣飞黄腾达的发展机会很可能会成为泡影。为什么？因为他们未能抓住把握这一时机的要领。后来代王当了皇帝，众臣因此而显赫，是因为代王听信了宋昌的意见，抓住了这一时机的要领。

宋昌力排众议，抓住要领，主要是：

(1)代王当皇帝，是大好机会。因为：①众大臣来请；②为刘邦嫡生子孙；③比淮南王年长；④代王“贤圣仁寿，闻名于天下”。

(2)机不可失，时不再来，要下定决心，立即行动。因为宋昌明指出大臣们议论“不合适”，并提请代王“不必怀疑”。

(3)刘邦旧臣叛乱没有可能。宋昌层层分析，步步深入，符合实际，令人信服。

还不止于此，宋昌善于拨开表象，抓住实质问题，也是他善于抓住要领的反映。当周勃要和代王私下说话时，宋昌说“做王的人没有私事”，不但杜绝了一些权臣的非分之想，而且也为刘恒开一代明君的好头。

五、善用智囊

决策是一项复杂的谋略活动，仅仅靠个人的聪明才智是无法应付复杂的局面的。纵观古今中外的历史，凡属重大的成功的决策，往往都离不开智囊人物的辅佐，勇于纳谏。周文王、周武王的军师姜尚，齐桓公的相国管仲，刘邦的谋士张良、陈平，刘备的军师诸葛亮，唐太宗时的房玄龄、魏征，元代的耶律楚材，明代的刘基、宋濂、章溢、叶深四名士，等等，都是有名的智囊人物。中国古代兵书《六韬》中提出：领兵挂帅的主将周围要组建股肱羽翼七十二人，帮助主将运筹计划。这实际上就是一个包括司、政、后各类专业人才的谋略班子。到了近代，这种谋略班子逐步发展为有科学分工的参谋机构。1805 年，拿破仑任命柏特尔为参谋长，成立了由六名将军、八名上校组成的参谋部。这个参谋部既是拿破仑的智囊，也是拿破仑得力的执行机构。拿破仑的军队之所以连战皆捷，与这个参谋部有很大关系。1806 年，普鲁士军事改革家香霍斯特创建了比较完善的参谋本部体制。到 19 世纪末，不仅在统帅部建立了有科学分工的参谋机构，而且发展到旅团一级，也建立了参谋人员的司令部。第二次世界大战期间，由于交战双方对于先进科学技术的运用，迫切需要科学家和工程师参与参谋机构的工作和决策过程。当时，美国、英国和加拿大投入战术决策研究工作的科学家和工程师 700 多人。随着社会政治经济形势的发展，现在，以经济为中心，以科学技术为手段的多学科综合的专家集体——现代智囊团，逐渐取代了过去那种以政治权术和军事韬略为专长的智囊。智囊到现代智囊团的发展变化，要求领导者不仅不能依靠个人的聪明才智去决策，就是依靠几个智囊人物参与决策也是不够的，而应该依靠多学科综合的专家集体进行决策。现今的美国陆海空军，都有科学咨询委员会或科学咨询小组，参与一些重要的战略决策。这些委员会或小组，定期召集专家开会，听取他们的意见和建议，已形成了一套完整的制度。美国著名的“思想库”兰德公司，就是 1948 年美国空军创建的。在现代战争条件下，多谋与善断已经分离，军事指挥员已经由“谋”与“断”两个作用逐步向“断”的方向转化，“谋”主要靠各种形式的参谋咨询机构帮助拟订方案，“断”则靠领导者统观全局，高瞻远瞩，作出判断。谋与断的这种分离，要求领导者必须正确认识和充分发挥专家和智囊团的作用，保证更有效地拟订科学合理的方案。

领导者要保证拟订、选定的方案科学合理，就需要克服自己的心理障碍：

一要克服排他心理。正确处理领导者和智囊团的关系，是现代领导者进行科学决策的重要一环。清醒的有作为的领导者无不重视智囊团的作用。自古以来，自以为是、刚愎自用、不听智囊意见的将帅，鲜有不败的。项羽不听范增的意见，落得乌江自刎的下场。刘备不听赵云、诸葛亮的劝阻，导致了虢亭之败。无知的领导者和自以为聪明的领导者，都容易养成自以为是的习惯。无论是多么聪明的领导者，都难免有认识不到、思虑不周之处。或受环境所限，或受时间所阻，或受敌方之骗，或受自身心理障碍影响，等等，都容易产生不足。这就需要领导者要善于虚心学习，博采众长。一般说来，领导者由于所处的地位较高，看问题的角度较为全面，了解的情况较多，和其他人比起来，可能会高明一些。但是，俗话说："三个臭皮匠，顶个诸葛亮。"智囊们从多种角度对问题的观察分析能力确实可能比领导者更高明。聪明的领导者不是排斥这些"外脑"的作用，相反，他将有效地发挥这些"外脑"的作用，以填充自己的不足。一个人的思维能力是有限的，多数人的思维能力总比一个人的思维能力大，善于把多数人思维能力相加的领导者才是高明的领导者。

二要克服从众心理。不依靠智囊团，排斥和轻视智囊团的领导者不是一个高明的领导者。反之，一切为专家们所左右的领导者也不是一个称职的决策者。领导者是决策的主人，智囊团的意见，不能代替领导者决策。约米尼在《战争艺术》一书中曾经说过，有些指挥官觉得多数人的意见要比他一个人的意见更好，这实在是一种误解。约米尼的话确有一定的道理。通常情况下，多数人的意见往往是正确的，但是，真理有时确实会掌握在少数人手里。公元前480年，希腊海军指挥官提米斯托克里斯在诸多将领的反对下力排众议，与波斯舰队决战，夺得了沙拉米斯海战的胜利。红军井冈山斗争时期，湖南省委代表杜修经附合红军第二十九团逃避斗争欲回湘南家乡的情绪，招致了边界和湘南两方面的失败。这正反两方面的经验告诉我们：领导者不能把"赞成率"或"反对率"作为决策的惟一依据，对多数人的意见要尊重，但必须有自己的主见。独立地进行思考，冷静地分析形势，既不被多数人的意见所左右，又不将个别人的见解忽略掉，全面吸收，博采众长，制定或择取符合客观实际的行动方案。

三要克服鄙微心理。领导者要扩充自己的决策思路，不仅要注意听取智囊的意见，而且应该听取各方面、各阶层的意见。群众中蕴藏着无穷无尽的创造力。第四次中东战争期间，埃军突破巴列夫防线，用水龙在沙滩上开辟通道的妙计是一名普通参谋军官想出来的。坦克的创始人是英国一名叫斯文顿的随军记者。苏德战争期间，苏军布良斯克方面军司令员波波夫有一次到前沿了解防御情况，当他问到对面是什么部队时，一位士兵向他报告说德军已换了班。波波夫问他根据什么作出这一判断，士兵说，是根据敌人走路姿势、吃饭和射击的时间、方法等变化作出的判断。波波夫派人调查，证明了这个判断。士兵生活在战争的第一线，他们对敌人的了解最直接。因此，有很多指挥员都非常重视士兵的补充信息，在头脑中没有人微言轻的思想。苏沃洛夫、拿破仑都经常到士兵中听取意见。第二次世界大战期间，英国定期在莫尔文无线电中心召开一次由将军、科学家、战士等参加的特殊会议，共同探讨发展新式武器装备的问题。发扬军事民主是我军的光荣传统，在我军历史上，干部战士群策群力、克敌制胜的事例不胜枚举。抗美援朝时的歼灭"白虎团"之战，首先我军广泛开展军事民主，发动干部战士提出各种各样的问题有数百条之多，然后，对这些问题又通过发动群众想办法加以解决。比如，为了防止夜间失掉联络，战士们就想出用磷火当识别信号，既保密又不暴露目标。广泛发动干部战士研究克敌制胜的方法，对全歼“白虎团”战斗的胜利起了重要作用。写作时，有人提倡“用笔不灵看燕舞，行文无序赏花开”。在决策上也未尝不是如此，领导者在百思不得其解之时，如果到群众当中走走，多听听他们的意见，有时一条建议哪怕是一句话，也可能会启发你的灵感，收到“投石击破水中天”之效。

四要克服求同心理。求同心理主要是指追求一致通过，全体赞成的心理。美国通用汽车公司总经理斯隆，有一次主持会议讨论某项决策，大家都有一致看法了，可是，他却宣布休会，说:“这个问题延期到我们能听到不同意见时，再开会决策。这样，我们也许能得到对这项决策的真正了解。”斯隆的作法不失为高明之举。正确的决策，不是从众口一词中得来，而是从不同的观点和判断中才能得到。古语云:“水尝无华，相荡乃成涟漪;石本无火，相击而发灵光。”不同意见的相互冲撞，可以发人思考，开拓思路;可以显露各个方案的优缺点，便于权衡利弊，好中择优。高明的决策者，应该是具有面对不同意见的勇气，做善于“求异”决策的领导者。

领导者在发挥智囊团作用时，要注意选择参与决策的对象。首先，选择的决策参与者应是对决策内容的了解者。《帕金森定律和对行政的其他研究》一书中曾举过这样的例子，决策的参与者不了解原子反应堆，对1000万英镑的工程反应冷淡，讨论无从下手;相反，对花350英镑建造一个自行车棚却能展开热烈讨论，认为可以节约50英镑。这个例子说明，决策的参与者必须熟悉决策的内容和有关知识，不了解则会老虎吞天——无从下口。其次，要注意选择对决策内容的积极关心者。决策参与者的意见应该是经过深思熟虑的意见，只有这样的意见才会对领导者有所补益。随意想像，信口雌黄，不负责任的意见只能干扰领导者的决心，甚至将决策者引向歧途。能对决策内容深思熟虑的人只有那些非常关心决策内容的人，不关心的人是不会下功夫研究分析各项决策条件因素的。因此，决策者应该寻找那些对决策内容了解关心的热心人，或者设法调动起决策参与者对决策内容的兴趣。

第三章 领导用人艺术

所谓领导用人艺术，是指领导者在领导实践中的所表现出来的高超的用人技巧。领导者的工作千头万绪，但最重要的就是两条，即决策和用人。而决策方案的实施和决策目标的实现又依赖于人才，因此，领导者注重用人技巧，选好用好人才十分关键。首先，领导者的各项决策，在决策之前需要参谋人员出谋划策，在决策之后需要有关人员再组织落实，而这些人员还必须是具有较高的组织、管理水平和专业技术水平，即管理人才和技术人才。其次，为实现领导者所确定的领导目标，大量的日常管理工作需要领导者的下属人员去做，而这些下属人员也必须具有一定的工作才干。再次，领导者在公共活动中，也需人才鼎力相助。因此，领导者在实际工作中讲究用人艺术，选用好有才能的人才，对于保证领导实践活动的顺利进行十分重要。

第一节 领导用人的本质

用人是领导的基本职能之一，也是实现领导决策的组织保证。领导者在领导活动中用什么样的人，以及如何用人，往往关系到领导工作的成败。因此，研究领导者的用人之道，是领导艺术的一项重要内容。

一、人才的含义及其特征

“人才”概念有广义与狭义之分。人才是才能较高，以其创造性的劳动成果对社会发展和人类进步作出较大贡献的人，这是狭义的人才概念。中共中央、国务院《关于进一步加强人才工作的决定》指出：“只要具有一定的知识和技能，能够进行创造性劳动，为推进社会主义物质文明、政治文明、精神文明建设，在建设中国特色社会主义伟大事业中做出积极贡献的，都是党和国家需要的人才。”这是广义的新的人才概念。

人才具有以下几个方面的特征。

(一)人才的社会性

任何人都是作为一名社会成员而存在的，这是人的社会属性。人才，尤其是具有超出一般常人的能力和作出突出贡献的人才，更是社会的需求和社会评价的产物。否则，就没有人才这一概念本身。人才的发展离不开社会，而且随着现代化水平不断发展，人才社会化趋势越来越突出。特别是担负领导工作的人才，他们是社会活动的组织者和管理者，其社会性更为直观。

(二)人才的广泛性

所谓“三百六十行，行行出状元”，说的就是人才的广泛性。随着生产社会化程度的不断提高，社会分工的不断发展，专业分化越来越细，各种各样的专业人才就越来越多。伴随着科学技术日新月异的变化，新工艺、新技术不断涌现，必然会出现更多的新的人才。社会主义制度本身的优越性应当为这种人才的产生和成长开辟广阔的道路，终将形成一个人才辈出的局面。

(三)人才的层次性

根据上述人才概念的广义、狭义之区分，可以看到人才是有层次之分的。人才大致可以分为这样三个层次：一为高素质的劳动者，即具有一定知识或技能，能够进行创造性劳动，为社会作出积极贡献的人。这个层次的人才，是人才队伍的主力军，大部分人才属于这一层次。二为专门人才。这一层次人才的突出特点是具有专门的知识或技能，在信息和全球化时代，他们进行的创造性劳动对社会的贡献要大一些，而且这种创造性劳动更多地体现在质上。三为高技能人才。他们是在专门人才之上的拔尖人才，是各类人才中知识、技能、贡献都出类拔萃的人物。这三个层次的人才，共同构成了人才的“倒金字塔”结构，发挥着各自的作用。所以，我们既要重视高层次的“尖子人才”，也不可忽视其他各层次的人才；既要重视显人才（已经显露出才华，作出贡献并已得到公认的人才），也不可忽视潜人才（未被发现和未被挖掘出来的人才）。

(四)人才的专业性

在人类历史的发展中，随着人类社会分工的渐趋明显和相对稳定，社会便产生了各行各业。在封建社会的成熟期，中国民间有三十六行、七十二行、三百六十行的称谓，还有三教九流、七十二门的说法。这是职业分工导致人才发展专业化的趋势。但是，工业社会以前，特别是在古代，由于生产力发展水平低，科学技术不发达，知识总量极为有限。杰出的人才较易掌握各类知识和技能，因此人才一般是“通才”型，如达·芬奇，不仅是个大画家，而且是大数学家、力学家和工程师；古希腊的亚里士多德，从哲学到各门具体学科，如天文、地理、数学、物理、生物，几乎是无所不知，是个百科全书式的“全才”。

在现代社会中，科学知识高度分化，学科分工越来越细。据联合国教科文组织统计，当代的基础学科已达500个以上，学科门类已超过2000多种。知识量如此巨大，这是任何杰出人才都无法全部涉足的。所以，现代社会人才的专业性越来越强是一种客观趋势。因此，在育才、用人方面，我们要根据实际，创造条件，形成优势，用其所长，避其所短，防止“求全责备”的片面性，当然，也要看到现代各学科相互交叉、密不可分的整体化特点，在大量培养多学科人才的同时，培养知识面较宽的人才，“文理兼修”，知识的整体面较强的人才同样不可忽视。

(五)人才的道德性

人才是德才兼备的人。有德无才，没有造福于人类的真实本领的人，当然不能成为人才；反过来，有才无德，也不是社会和人民所需要的人才。在对待人才问题上，人们容易重才轻德，忽视德与才的有机统一。为了防止这种倾向，我们应强调人才的道德性问题。所谓道德性，主要是指以特定的才能和专长为社会发展和人类进步服务。在阶级社会里，人才的作用总是表现出一定的阶级属性。凡是站在落后阶级一边，阻止历史前进，为腐朽没落的统治阶级服务的人，他们的才能愈强，本事愈大，对于社会和人类的进步事业破坏性就愈大，后果也就愈严重。因此，并非所有的才能都会促进社会进步，这里有一个才能使用方向问题。在社会主义现代化建设时期，人才道德性的标准，就是为人民造福，为发展生产力、发展社会主义文化、为社会主义事业作出积极贡献。

(六)人才的动态性

所谓动态，就是说人才的内涵和层次不是固定的，同任何事物都在发展变化一样，人才也会随着时间、地点、条件的变化而变化。这种动态性主要表现为:第一，人才概念本身在不同的历史时期，有着不同的内涵和衡量标准;第二，人才和非人才，各种类型和各种层次的人才，在一定条件下是可以相互转化的;第三，就个体而言，人才的出现总有一个从潜到显的过程。人才的成长总有一个从崭露头角到炉火纯青的发展过程。人才还可能有正反方面与上下层次地位的转化。

二、社会主义现代化建设人才的基本素质

人才是为社会进步事业作出积极贡献的人。因此，人才的基本素质应与具体的社会历史任务联系起来界定。在社会主义初级阶段，我们党建设中国特色社会主义的基本任务是:以经济建设为中心，坚持四项基本原则，坚持改革开放，把我国建设成为富强、民主、文明的社会主义现代化国家。为了实现这个任务，各级各类人才当然应有各自的特殊素质要求，但最重要的是要具有以下五方面共同的基本素质。

(一)政治过硬

在新的历史时期，我国面临中国特色社会主义建设的艰巨任务，需要大批优秀的人才。这种人才要求有强烈的事业心和责任感，富于牺牲精神，善于独立解决问题。从这一点上来说，良好的政治素质是人才素质的核心内容。这不仅是发展我们社会主义事业的需要，也与人才的成长规律有关。凡是与人类社会发展规律相一致的，自觉遵循人类社会发展规律塑造自己的，即与发展规律“顺向”而行的则比较容易“顺天应理”成才，并为社会所认可。这是为无数事实所证明了的真理。

(二)远见卓识

远见卓识是指遵循客观规律，正确确定目标，科学分析主客观条件，以求在既定条件下达到最大功能效果所体现的远大目光和高超的见识。它一般包括两个方面:一是政治见识;二是业务见识。政治见识是指能看得准时代和社会前进的方向，能坚持坚定正确的政治方向。业务见识是指能抓准业务领域中具有关键意义的课题，能很快辨别出业务领域中的新事物、新发现、新经验。远见卓识是同一定社会的历史条件相互联系的。它是思想品质、知识素质、科学的思维方法、开创新局面的能力等条件的集中表现。远见卓识是现代化建设人才素质，尤其是杰出人才素质的一个重要方面。现代社会活动复杂多变，领导者的影响巨大而深远，缺少远见卓识就无法取得战略的主动。

（三）真才实学

才即才能，主要包括一般才能与专门才能；学即各类知识。人才学对才能的定义是：在劳动的过程中，使知识形成的技能得以高度发展。所谓真才实学，是指人才以系统而专业的知识作基础，以科学的世界观与方法论为指导，有较强的智能，在认识世界和改造世界的活动中显示出较高的水平。主要表现在以下两个方面。

1. 既要有专长，又要有较宽的知识面

知识面较宽的人才难得。因为现代化建设的问题，几乎都是综合性的、复杂的、涉及许多具体科学技术部门，需要多学科的知识和多学科的人才综合、协作来完成。如果一个人的知识面太窄，只懂得自己专业的一部分，就会在比较复杂的问题面前无能为力，或者同其他专业的人才缺乏共同语言，很难协作配合。对于现代领导者来说，既要懂得本系统的专业知识，又要是管理工作的内行。为此，一是要选拔知识面较宽的、有一定组织管理才能的人担任领导；二是对已在岗位的领导进行知识化、专业化的培训。

2. 要有较强的智能

知识不等于智能。智能是人们运用知识去分析问题与解决问题的能力。现代知识的更新越来越快，要求人们进行有效的学习，防止知识结构的老化。但是我们不能仅仅停留于获得一定数量的知识，更重要的是要培养自己的智能，即培养运用知识解决问题的能力。那种传统的“仓库理论”（把人脑仅仅视为“储存知识的仓库”）的观点，显然已经过时了。除各类人才必须具备的专门才能外，在社会主义人才的个体结构中，一般的还应包括：观察才能、记忆才能、综合分析才能、创新才能等内容。

（四）优良作风

作风是指人在思想上、工作上和生活上表现出来的稳定态度和行为。工作作风是指人们对待工作的态度及其行为方式，是决定和影响工作效率和工作成果的重要因素。根据新时期的具体实际，现代化人才的优良作风应着重强调两条：一是要有很强的集体观念；二是要有一丝不苟的严谨态度，做到踏石留印，抓铁有痕。这是因为，现代化建设只有把许多人的创造性有机地组织起来，团结合作、共同努力，才能使事业取得成功。如果人们的全局观念淡薄或者办事马虎，就会成为限制甚至是实现共同目标的内耗因素，影响领导效率的实现。

（五）健康体魄

人们通常说的“健康是事业之母”或“健康是工作的本钱”，形象地表达了健康的重要性。作为人才，尤其是高层次的人才，其工作环境状态是超常或充满风险的工作压力，纷杂而无规律的生活方式，要应付各种意想不到的突发事件，迎接意料不到的工作挑战，这一切，如果没有健康的身体是难以支撑的。在当前激烈竞争的社会环境中，健康的心理、强健的体魄是必不可少的条件。

第二节　领导用人的原则

随着社会的发展，改革的深入，我国社会的就业方式、利益关系、分配关系以及人们的思想观念、思维方式日益多样化。与此同时，我国的人才队伍也发生了深刻变化，出现了许多新的特点。比如，人才队伍不断壮大，人才素质不断提高，人才分布越来越广泛，人才流动越来越频繁，人才管理越来越开放，人才竞争越来越激烈，人才资源配置日益市场化、国际化，等等。这些新情况、新问题，对领导用人工作提出了新的更高的要求。成熟的领导者要有爱才之心、求才之情、聚才之方、用才之能、容才之量、护才之魄、举才之德、育才之长。在用人方面领导者必须坚持以下四项原则。

一、量才任用，扬长避短

人和人都是不同的。德国哲学家莱布尼茨说过，世界上没有两片相同的叶子，更何况人。每个人都有其长处和短处，不可能十全十美。有些人才能卓越、专长精深，由于环境、性格和心理上的原因，其缺点、短处和个性往往也比较明显。如有创新精神和能干的人，往往喜欢发表见解，有朝气和锐气，但过于坚持己见，也就表现得固执和自傲。因此，要用人之所长，避人之所短，这样才能人尽其才。我们需要的是人才而不是全才，不能“因瑕掩瑜”，“因疵废人”，要不拘一格用人才。

在实际工作中我们看到，有的领导者总是抱怨部属不得力，怨天尤人；在用人上也是举棋不定，一误再误。这固然有客观上的原因，但从主观思想方法上说，恐怕就是自己“求全责备”的毛病。理想中的完人生活中是没有的。“水至清则无鱼，人至察则无徒”①，“录长补短，则天下无不用之人；责短舍长，则天下无不弃之士。”②领导者自己也不可能十全十美，不能过分苛求下属。

二、信任授权，放手用人

常言说，疑人不用，用人不疑，前提是要看准人，选好人。领导者因事择人，视能授权，一旦委以责任，就要坦诚交底，放手让其工作，并真正予以全心全意的支持，关键时刻为其承担必要的领导责任。这对被使用者来说，无形中也是一种激励的力量，从而增强其责任感和自信心，调动工作的自主性与积极性。

放手用人就要授之以权，使其真正有职有权，否则谈不上信任，还会造成工作推一推、动一动的被动局面。授权包括两部分，一是下属在其位、谋其政应拥有的权力。这应全部授之于下属，领导者不要随意干涉、插手和包办代替。二是领导者将属于自己的部分权力授之于下属。这是超出下属职权的各种自主权，可以随机处置，先斩后奏。领导者授权要把握三条原则：一要大权独揽，小权分散。重大决策权，领导者必须亲自掌握；二要按层次授权，考虑

---

①　《汉书·东方朔传》。

②　［唐］陆贽：《论人才》。

到下属的承受能力。一般不要越级授权，以免造成组织上的混乱；三要授权与指导、帮助结合起来。授权之后不能撒手不管，要给予必要的指导和帮助，以克服工作中的困难，解决工作中的问题。

放手用人要有容人的气量和胸怀，宽以待人，厚道为本，不能尖酸刻薄，气量狭小。一个领导者越成熟，就越可以兼容、认识和理解不同的人和不同的行为方式。凡有大作为者都有大的度量，干大事者必有大的胸怀，这样才能团结人、使用人。

要坚定不移地放手用人，还必须排除嫉才之风的干扰。嫉妒是人类的一种痼疾，“木秀于林，风必摧之；堆出于岸，流必湍之；行高于人，众必非之”①，“事修而谤兴，德高而毁来”②，这是自古即有的现象。从历史上看，嫉妒别人的人，常常是无所事事、无所作为的人。嫉妒心理严重的人，凡事以自我为中心。把别人的成功看作是对自己的威胁，对他人的成就看作是自己的失败。嫉妒心的实质，归根结底乃是个人主义作祟。

三、提携新人，更新标准

长江后浪推前浪，一代新人胜旧人，这是自然规律。但要打破论资排辈的传统和惯例，使人才脱颖而出，后来居上，仍需领导者具有新的观念和视野，有破格用人的魄力和气派。实践证明，凡是自觉这样做的领导者，必然给单位带来生气和人才竞争的局面；反之，则是万马齐喑、人才受压抑和人才流失。提携新人特别要注意新的人才观和用人标准。虽然不同的组织有不同的选人标准，但是也有共同的择才标准和用人哲学。这包括：(1)诚信的品质。这是现代社会选人的一个基本点和出发点，也是首要原则。(2)团队精神。目前广泛流行“员工就是合伙人”、“企业就是大家庭”的管理理念。人们并不强求员工个人能力都非常强，但必须有团队精神，服从团队利益。(3)创新精神。组织的发展必须要有创新精神。选人不仅看他是否能胜任现任工作，更重要的是要有创新精神。因为只有创新精神才能做好明天的工作。(4)学习能力。我们面临的是知识经济和学习型社会，只有较高的学习能力，才能适应不断发展的社会需要。

四、监督检查，奖惩严明

领导者要根据领导机关确定的目标、任务，经常检查督促下属的工作，及时发现工作中的政绩或游离于目标的偏差，以便总结经验，纠正错误，推动工作。领导者的监督检查是绝对必要的，并且要在有效的时间内及时进行，这也就是对下属人员的真正关心与爱护。

监督检查要伴之以适当的奖惩，该表扬则表扬，该批评则批评，立功受奖，有过必罚，依工作表现和政绩晋升。只有这样，才能形成差别境界，使有作为、有贡献的人脱颖而出，受惩罚对象与之形成更大的反差，从而激励人们上进，调动下属的积极性。反之，干多干少一个样，干好干坏一个样，干与不干一个样，形成不了人才竞争、奋发向上的局面。在消极参照系数的影响下，能人也会变成庸人，勤人也会变成懒人。

---

① ［三国·魏］李康：《运命论》。

② ［唐］韩愈：《原毁》。

第三节 领导用人的技巧

领导者用人，既是科学，又是艺术。说它是科学，因为它是可以用定量方法研究的。说它是艺术，因为它又不是完全能用数学公式表达的。有时，一个非常难用的人，到了某个人手下反而干得极好，其中奥秘值得注意。所以，在国外有一种说法，领导者的工作十分之七的时间是在考虑用人的。可见用人对于领导者是多么重要。下面略谈领导者的用人艺术。

一、知人善任的艺术

即使一个才能出众的人，也不是说什么事情都可以干，所以惟有知人善任的领导者，才可完成超过自己能力的伟大事业。然而一般人最容易犯的错误，就是过高地估计自己的能力，而不肯接受他人的忠告。领导者也最应该注意这点。所以只有当他发现部下的能力在某些方面高过自己时，才能表示他有成功的倾向。如果所用的人都是平凡庸俗、能力比自己差的人，要想成功就不是一件容易的事了。

(一)任人惟贤

在人才任用上，不光是中国，恐怕世界范围之内，都存在这样两条对立的路线:任人惟亲与任人惟贤。亲，不仅指有血缘关系的亲人、亲戚，亲近的人、亲信都应包括在内。在封建宗法制度下，血缘关系成为人才选用的依据。但科学研究已经表明，人的才能是不能通过遗传获得的。人才的任用，关键在识别与选拔。世人皆知人才之贵重，然后有“不拘一格降人才”①之愿望。做到这一点并非易事，诸如资历、级别、门第等外在条件，以至亲友、裙带之外在关系，历来是选人用人中较难逾越的障碍。

新中国刚刚建立，百废待兴，正是用人之际，能不能安排自己的亲朋故旧？俗话说:“一人得道，家中鸡犬升天。”中国官场历来如此行事。毛泽东考虑，要避免“任人惟亲”，必须采取超出“常情”的措施。当时，毛泽东身边的工作人员告诉他说:“人民政府各机关部门，由于工作需要招收了许多新人，已有许多老干部的家属和亲朋来了，只要历史上没有什么问题，一介绍也就参加工作了。”但是，毛泽东却说:“别人的亲友可以来，我的不能来。作为中央人民政府主席、共产党的主席，我要树立一种风范。”毛泽东对秘书说:“我们共产党的章法，决不能像蒋介石他们一样搞裙带关系，一个人当了官，沾亲带故的人都可以升官发财。如果那样下去，就会脱离群众，就会和蒋介石一样早晚要垮台。”他对秘书田家英说，处理亲友一般来信的原则是:“凡是要求到北京来看我的，现在一律不准来，来了也不见。凡是要求我给安排什么工作的，一律谢绝，我这里不介绍、不推荐、不说话、不写信。”他这“四不”的基本精神是，反对“任人惟亲”。

一般来信的是这样，特殊的怎么办？杨开智的父亲杨昌济是毛泽东的恩师，这且不说。更重要的是，杨家是支持革命的。在杨开慧被捕后，他们曾设法营救。开慧牺牲后，他们又

① [清]龚自珍:《己亥杂诗》。

冒着风险收殓尸体，以后又营救毛岸英兄弟，杨开智自己的女儿也在抗日战争中光荣地牺牲了。对于这样的至亲，当他提出要来京工作时怎么办？毛泽东毫不含糊，坚持照章办事。后来，杨开智听从了他的劝告。

一位领导者在感叹人才难求之时，不妨先反省自己是不是尽心尽力去访求了。

刘备虽然是汉室的远亲，但是他的家族到他那一代已经是又穷困又落魄，要靠卖草席才能维持生活了。以他这样的出身，却能够立志复兴汉室，最后成为蜀汉皇帝。原因所在是他能网罗许多人才，其中诸葛亮对他的帮助最大。

诸葛亮年轻时，他的才能就被许多人所赏识。但他却住在深山中，过着清高的隐居生活。他虽然胸怀大志，却也从不求当时的权贵任用他。但刘备很诚恳地访求诸葛亮以辅佐自己争天下，先后三次拜访了他所住的茅庐。刘备的热忱终于感动了诸葛亮，诸葛亮接受请求，担任刘备的军师。

诸葛亮到达刘备军营以后，刘备有许多杰出的部下，如张飞、关羽等都非常不满。但后来，由于诸葛亮优异的军事策略，为刘备带来了胜利，大家才渐渐地心服。刘备的事业就是因为得到诸葛亮的帮助，才能够迅速发展的。

对刘备来说，国家的兴盛衰败全在人为。由此可见，事业的成败也在于人。领导者想干一番事业，最重要的，是能够访求到合适的人才。但怎样才能访求到人才呢？那就要求领导者必须得有诚心。

或许有些人认为访求人才是要靠运气或缘分。但是，如果只是空等，而不去访求，那么人才是永远也不会找到的。天下的万物都是因为需求才会产生的，所以一个领导者必须常常有求才若渴的心，人才才会源源而至。

刘备就是一个求才若渴的人。张飞告诉他:“没有必要对诸葛亮那么礼遇。”可是，刘备还是三顾茅庐请求诸葛亮出山相助。像刘备这样的求才诚意，终于感动了诸葛亮，也使得许多勇将贤臣，纷纷慕名而来。

世界上，也许有许多领导者都在慨叹人才的缺乏。但是，在慨叹之前，不妨先反省自己，是不是尽心尽力去访求人才了呢?

对亲人的包容不算包容，对敌人的包容才是真正的包容。在中国的春秋时代，有位霸王齐桓公，他的成就全赖宰相管仲的辅佐。但管仲曾因王位继承的问题与他作对，曾经刺杀齐桓公未成。因此齐桓公即位时，曾想惩罚管仲，但后经鲍叔牙的劝说，“大王若想称霸天下，就得起用管仲”，而立管仲为相。管仲为报齐桓公的知遇之恩，在政治上大展才华，不但使齐国兵强国盛，更使齐桓公得以称霸天下。

如果齐桓公对于曾经和自己敌对的人，缺乏包容之心，又不肯接受鲍叔牙的忠言，或许就不会有日后的成就。正因为他能够包容管仲，任贤而不避仇，并将政治的实权交给管仲，这种开明的做法，为他带来了日后的大业。

身为一个领导者，必须能够不受细节或感情的束缚，凡事包容。如此，才能够揽到各种人才。如果能更进一步地使这些人才适得其所，那么功效就更大了。

不过，无论你主观愿望如何，是惟贤是举还是惟亲是用，选人为公还是为私，直接关系事业的兴旺或衰败，却是不可改变的客观规律。没有才能的庸人阻挡了贤能之士才能的发挥，其结果必然导致事业的颓败。

(二)知人善用

在人才的组织管理中，主要是挖掘潜能和调动其积极性，掌握和了解人才所具有的能力、才干、气质与他的职位和所承担的责任能力是否相适应，并通过合理的用人环节，即用当其时、用当其位、用当其长、用当其愿，才能真正调动人才的积极性，发挥其潜能。如何扬长避短，既利用人的长处，又避免人的短处，这是一个十分微妙的用人艺术问题。

首先，用人之长，任何人都不会十全十美，人有长处，也有短处，这是由于人的禀赋、环境和素质决定的。事物有长短，人才有高低，这是古往今来的客观事实。所以司马迁很有感慨地说："尺有所短，寸有所长。"清代诗人顾嗣协曾说："骏马能历险，犁田不如牛。坚车能载重，渡河不如舟。舍长以就短，智者难为谋。生材贵适用，慎勿多苛求。"这些都说明任何事物都有长短，我们要用其所长，避其所短。对人来说，任何人都不可能全部占有人类已有的知识和经验。达尔文是生物进化论的奠基人，可是他却对化学一窍不通；诸葛亮擅长运筹帷幄，可是他在阵前却无力交战。这说明每个人都有自己的长处和短处。从用人的角度来看，在"扬长"与"避短"问题上应求其所长。德鲁克在讲到这个问题时明确指出，用人的决策不在于如何减少人的短处，而在于如何发挥人的长处。中国古人也曾说"金无足赤，人无完人"、"君子用人如器，各取所长"。齐人晏婴说："任人之长，不强其短；任人之优，不强其拙。"康代陆贽说："人之才行，自昔罕全。苟有所长，必有所短。"魏征用人的主张是："因其才以取之，审其能以任之，用其所长，掩其所短。"当然，避短并不护短，扬长也还要提高。其次，人尽其才。人尽其才就是各安其位，各尽所能。工作有行业之分，职位有层次之别。人的才能大小和类别也各不相同。首先，在用人时要因人而异把他们安排在适当的工作岗位上，做到职能相称、适才适用、适人适职、并使其有责有权。这样，各类人才不能如鱼得水，他们的才智就会在不同层次、不同领域、不同岗位上得到充分发挥。也只有这样他们才能心舒畅地做好本职工作。绝不能因人设事，因事废人。或者小材大用，力不胜任，贻误工作；或者大材小用，人力有余，浪费人才。为了有效地使用人才，作为领导者，首先要了解人，而且要了解得非常 彻底。对人才的思想、性格、专业、优点和缺点等各个方面的情况了如指掌，甚至在不同时期和不同阶段，人才在想什么都十分清楚。这样才能区别对待，合理地任用人才。其次，要允许人才在国家的统筹安排下合理流动。一个优秀的人才长期在一个单位工作，容易形成轻车熟路，因循守旧，产生惰性。合理流动可以使干部在新的环境和新的条件下开视野，拓宽思路，充分发挥个人的作用，达到人尽其才，才尽其用。

一般说来，被领导者所承接的任务都是由领导和组织分配的，其工作岗位也是由领导和组织安排的。因此，能否充分发挥人才的长处，能否充分调动人才的积极性和创造性，领导起着至关重要的作用。

(三)用当其时

如果人们承认才能不能储存，那么及时使用，就成为智力开发的"时效原则"。什么叫及时呢？及时就是不失时机地在一个人才能的上升阶段，对其才能、贡献给予正确评价，包括职务的确认与晋升，职称、荣誉称号的授予等。每一个人，特别是各类人才，都有自己一生的辉煌时期。所谓用当其时，就是指怎样捕捉人才的最佳起用时机。一般说来，应注意把握两个基本条件:第一,人才的起用时间,就是指人才精力最旺盛的时期;第二,人才起用的时机,应是在能够激励人才成长和进步的时期。只有在人才把自己的成长与组织紧密地联系起来的时候,才能使人才的创造性得到最大程度的发挥。在这样的时候,就应该及时地把人才提拔到重要岗位上去。

按男同志60岁退休、女同志55岁退休考虑,人的一生能作贡献的时间不过35~40年,黄金时间是在中青年时代的20多年,其中具有创造性或关键意义的年华和时机更是短暂。江泽民在接见出席中国科学院第九次院士大会和中国工程院第四次院士大会部分院士与外籍院士时的讲话中强调:"科学技术的发展,社会各项事业的进步,都要靠不断创新,而创新就要靠人才,特别要靠年轻的英才不断涌现出来。"人的思维创造活动的最好年龄,一般是二十几岁到三十几岁。年轻人不但思维敏捷,精力旺盛,而且对知识、经验的积累和掌握也最为快捷,又最少包袱,敢想敢干,再加上其他的有利条件,所以新的发现、新的创造出在青年时期居多。我们一定要大力培养和任用年轻人。这对于我们推动科技创新、知识创新和其他各个方面的创新具有重要指导作用。在人才的使用上,必须强调用当其时,注重时效,也就是使用人才应当尽可能在人才的才能上升期内即及时使用。才能上升期也就是才能的爆发期。此时使用人才,可以对其才能的发展起到推进作用,对其实际贡献产生强化作用。达到在常规情况下不能达到的高度,从而产生更大的经济效益和社会效益。据有关资料统计:1900~1960年,有1243位科学家、发明家作出了31911项重大科学发明。就制作出的人数、项目和年龄与科技人员成功的关系曲线可知:大多数人在30岁左右即开始作出重大的发明创造,40岁以下即作出了第一项重大发明的占2/3;约60%的重大发明创造是由40岁以下的年轻人作出的。对1901~1960年全世界215位诺贝尔奖金获得者年龄统计,发现最佳年龄区在30~45岁,峰值年龄为39岁。无数事实表明,人才用当其时,才能使许多智慧的火花及时点燃而爆发无数的光和热。

历史经验告诉我们,延误人才的使用时效,还会带来人才流失的后果,于组织于事业都不利。

二、量才适用的艺术

所谓量才适用,就是指把人才安排到最能发挥他才能的适合的工作岗位上去,实现人与事的最佳配合。本来是一个人才,如果用的不是地方,那就会变成"庸才"、"蠢才"。但每个人的个性差异很大,因此,要想使每个人都能发挥其积极作用,就必须遵循量才适用。首先,用才必须发挥其专长,即把有技术专长的人才放在技术岗位上;把有组织才能的人才放到管理岗位上;把善于应变又有经商才能的人才放到销售岗位上;把技术熟练但文化程度低的人放到生产第一线上。做到用人所长、用人所愿、专才专用、偏才偏用、大才大用、小才小用,实现人尽其才,才尽其用。其次,用才不可忽视其气质和兴趣,在安排人才的工作岗位时,不仅要考虑人才的专长,而且还要考虑他们的气质类型和兴趣特征,尽可能地安排他们到最适合的工作岗位上去。通俗地说,就是因"材"施"用"。

对人才的选拔和使用应服务于经济建设,应按照革命化、年轻化、知识化、专业化的方针和德才兼备的原则选配干部、使用人才,尽量做到人事相宜、职能相称、扬长避短、整体优化。

(一)敢用比自己强的人

能当领导的人不一定是能力最强的人，即使能力再强，如果没有下属、没有人才，那么他领导组织发展的目标是无法实现的。所以成功的领导者善于也敢于任用比自己强而又有真才实学的人。美国南北战争期间，林肯基本不懂战争但他敢用被人称为“酒鬼”的格兰将军来扭转战局。尼克松敢用“自负极强”的基辛格担任国务卿，成功解决中美关系、美苏关系以及从越南撤军等重大问题。那种生怕下级超过自己、威胁自己而采取一切手段压制别人、抬高自己的做法则是“武大郎开店”，管理者应引以为戒。

(二)敢于重用有才华的年轻人

敢于创新是年轻人的特质，年轻人最富有创造力。据统计，人的一生中25至45岁是创造力最旺盛的黄金时期，不敢重用年轻人既耽误别人也影响自己事业的成功。领导者要敢于重用年轻人并不断激发其创造力，使平凡的人干出不平凡的事。1982年英阿马岛之战，英国取胜，关键因素之一就是撒切尔夫人敢于重用以优异成绩从海军学院毕业、具有良好现代军事素质、熟悉海战的年轻少将伍德沃德。领导者不要怕年轻人没有经验，经验是从实践中锻炼出来的。世界首富比尔·盖茨就得益于重用年轻人，他认为:“我招聘的一批比我年轻许多的雇员，他们才智超群，视野开阔，才使我的公司独领风骚。”

(三)要重视个人素质，更要重视群体互补效应

人的素质千差万别，作为领导者在重视普遍提高下属个人素质的同时，也应突出人才资源的开发与利用。发挥人才的创造性特征，对重大问题进行决策时应广泛听取不同意见，展开有益争论。重大决策需要一些人能坚持自己的主见，不随波逐流，因为这对决策十分重要。德鲁克说过，“好的决策应以互相冲突的意见为基础”。意见完全一致的决策不一定是好的决策，领导者要善于从不同意见中得到启发。唐太宗就善于听谏、纳谏、恐人不谏就“导之以谏”，避免异口同声。领导决策时强调“冲突争辩”，但在日常工作及人才资源配置时更要注重群体互补效应，不同特长、不同性格、不同才能的人要互补协调，不可时时发生摩擦和内讧，1+1大于2才能产生互补效应。文人相轻，互不服气，这是我国专业人才的弱点，所以，强调互补效应是事业发展的关键所在。

坚持正确用人导向，按照德才兼备、注重实绩、群众公认原则选拔干部，提高选人用人公信度。加大培养选拔优秀年轻干部力度，鼓励年轻干部到基层和艰苦地区锻炼成长，提高年轻干部马克思主义理论素养和政治素质。重视培养选拔女干部、少数民族干部。格外关注长期在条件艰苦、工作困难地方努力工作的干部，注意从基层和生产一线选拔优秀干部充实各级领导机关。

我国是人口大国但并不是人才大国，一方面要高度重视对现有劳动力的智能开发和利用，提高劳动者的整体素质;另一方面要从战略高度认识人力资源开发工作，加大人力资本开发力度，特别要加强基础教育和成人教育，在提高全民族文化素质的同时还要注重拔尖人才的培养。“入世”后我国人力资源管理面临严峻挑战，人力资源已成为激烈竞争中的特殊资源，特别是在知识经济时代，谁重视人力资源的开发、利用和管理，谁就能赢得主动、取得成功。

如何使我们的干部工作进一步形成符合科学发展观的用人导向，关键在于各级党委和组织部门必须坚持求真务实之风，用求真务实的作风选求真务实的干部。首先，选人应当以德

为先。“德”就是政治立场、党性觉悟、精神境界、思想修养、道德品质、意志毅力等。要把“政治可靠、品行端正”放在第一位，注重对政治立场、政治纪律、政治敏锐性、政治鉴别力和思想道德品质的考察。组织部门要切实把好用人关，决不能让那些意志坚强、不怕吃苦、不怕困难、不图名利的老实人吃亏，也不能让工于心计、心气浮躁、跑官要官的投机者占了便宜。要通过我们选人用人，激励更多的干部在锻炼党性、增强修养上下功夫；更多的干部到边远的地方、艰苦的地方和不发达的地方去为民造福；更多的干部在工作上着眼长远，注重基础，做出“让后人乘凉”的政绩。其次，用人应当注重才干。我们选干部、配班子，不是评先进、选劳模，不仅仅要有德，而且要有才。“才”就是知识层次、思想水平、处世能力，包括分析问题、判断是非的能力，谋划决策、驾驭局势的能力，团结协作、协调各方的能力，应对危机、处理复杂矛盾的能力，务实创新、推动落实的能力。在新的形势下，贯彻科学发展观能力和促进社会和谐能力就是“才”的集中体现。这就是说要把那些“自觉坚持科学发展、善于领导科学发展”的优秀干部选拔到领导岗位。对那些只想当官、不愿干事、没有真才实学的人坚决不用，对挑“毛病”没有、论“本事”不大，干不了事、干不成事的人也不能选用。只有这样，各级领导班子的执政能力才能具有先进性和时代性。第三，看人应当全面客观。要按照科学发展观的要求，进一步改进对领导班子和干部的考察评价办法，丰富考察手段，创新考核方式，将经常性考察、年度考察和任前考察有机结合起来，建立实绩考核与升降奖惩相结合的机制和办法，形成干部考核评价的科学机制，真正做到全面地客观地实事求是地看待一个班子、一个干部。要善于通过“由此及彼，由表及里”的综合研究和深入分析，通过听取公众评价和群众反映，透过具体的口号、数字、工程和变化，对班子和干部作出全面的客观的经得起时间检验的评价，从而有效防止和避免一叶蔽目，简单地用几句口号、几个数字、几项工程、几件事情评价一个班子、一个干部。考察干部要注重真才实学，真正做到谁有真才实学就选谁用谁，谁能胜任工作就选谁用谁，谁能干成事、干好事就选谁用谁，让有才华的人有机会，想干事的人有舞台，能干成事的人有地位。还要通过有效的形式，进一步扩大人民群众在选人用人上的知情权、参与权、选择权和监督权，把“人民信得过，群众中有威信”作为重要条件。实践证明，群众的眼睛是雪亮的，“群众心中有杆秤”，人民群众在考察干部中最有发言权。要防止把那些没有群众观念、缺乏群众感情、不敢替广大群众说话、不愿为广大群众办事、不会做新时期的群众工作，只对领导负责、不对群众负责的人用到领导岗位，选入领导班子。

三、用人不疑的艺术

“疑人不用，用人不疑”。在改革开放的今天，“用人不疑”的意义更为重大。站在改革前列的人，最容易受到攻击，改革中的一些非常规的做法，容易被人怀疑和说三道四，也可能会触犯一些人的利益，必然会引起一些人有意识的攻击。因此，保护优秀人才是领导者义不容辞的责任，保护和支持人才，是一种强大的激励手段。上级对下属的充分信任，就是对下属的最好奖赏，它将形成一股促使下属努力工作的强大动力。信任是一种催化剂，它可以加速蕴藏在人体深处的自信力的爆发，使人达到忘我的境界。一个人才，既然你在用他，就要对他表示信任，不能轻易地对他产生怀疑。这是人才使用中应该注意的一个原则问题。用人不疑是建立在调查研究、实事求是的基础之上的。人才受疑，多与进谗言者有关。为了做到用人不疑，用人者须采取措施，教育进谗言者；对造成重大后果的进谗言者严加处罚，甚至以诬告之罪论处。做到用人不疑，用人者须有气魄，一是要有容人之量，二是要有用人之胆。要容得下比自己才能高的人才，要团结任用那些曾经反对过自己或意见并不一致的人才，能够任用跟自己疏远的人才，方能够成就大的事业。气魄大的另一个重要方面是要有用人的胆量，特别是用偏才，要顶得住压力，最终让事实说明问题。

要用好人才，前提是要尊重和信任人才，使他们有施展才华的空间。1977 年，邓小平就提出，必须在全党全社会造成尊重知识、尊重人才的良好风尚。人类几千年的文明史和新中国建国六十多年来的发展进程都反复证明：知识就是力量，只有尊重知识，尊重并充分发挥知识分子的作用，社会才能有较快的发展。历史发展到今天，知识、人才已经成为一个国家、一个民族兴衰成败的决定性因素，尊重知识、尊重人才，是进行社会主义现代化建设所必需的前提条件。

使用人才必须充分信任人才。信任人才，就是要大胆放手使用人才。信任是尊重的基础，尊重是信任的一种表现。韩信弃楚归汉，刘邦不疑，拜为大将。韩信说：臣事项王，官不过郎中，位不过执戟，言不听，计不用，故背楚而归汉。汉王授我上将军印，予我数万众，解衣衣我，推食食我，言听计用，所以甘心事之。诸葛亮为了刘备父子的江山“鞠躬尽瘁，死而后已”，也是基于刘备对他的尊重与信任。信任，可以给人们巨大的精神鼓舞和无形的力量。对具有真才实学、较强组织能力，又有一定贡献精神的中青年科技骨干，要不拘一格提拔使用。趁他们年富力强、精力充沛、创造能力旺盛时期，要予以充分支持，最大限度地调动他们的创造才能，鼓励其努力实现预定的目标，使之在事业成功之后获得成就感。尊重他们的劳动，重视他们的劳动成果，正确、充分地给予评价，及时给予表扬和奖励，使之获得荣誉感。坚持信任的原则，既要引导专业人才顾全大局、协作攻关，为集体的共同目标贡献力量，又要创造条件，为充分发挥每个人的潜力和独立创造精神提供舞台。坚持信任的原则，要允许人们犯错误，允许改正错误；不念旧恶，不计较个人恩怨，不纠缠历史旧账，“不以前过为过”，重在现实表现。

现在是一个分秒必争、时间就是金钱的时代。为了缩短时间，增加效力，怕引起错误，领导者经常会不厌其烦地把工作交代清楚。我们应深入地研究探讨，一方面要能配合时代的快速脚步，同时更不能容忍部下总是处在被动的地位。用他，就要信任他；不信任他，就不要用他，这样才能让属下全力以赴。

刘邦和项羽争天下的时候，最先，项羽的力量非常强大，刘邦只是屈居关中的一个小诸侯，但由于他的军师陈平善用计谋，所以势力渐渐扩大。可是项羽也有一位多方面的军师范增，陈平为了对付他，就故意放出谣言说：“军师范增和一批重要的部将，都只是在表面上听从项羽的命令，暗中却和刘邦有来往。”

这些话传到项羽耳中后，他果然中了离间之计，开始怀疑，并派人暗中察探范增等人的言行。而这种不信任部属的作风，使得部将们一个个背叛而投效刘邦，最后项羽终于走上失败自杀的道路。

刘邦得天下后，曾经分析自己获胜的原因说：我有萧、张、韩三贤，而项羽只有一个范增，但又不肯相信他，让他有充分发挥实力的机会，最后当然是会失败的

用人固然有许多技巧，但是最重要的，就是信任和大胆地委托工作。一般来讲，一个受

上司信任、能放手做事的人，都会有较高的责任感，所以无论上司交代什么事，他都全力以赴。相反的，如果上司不信任，动不动就指示这，指示那，使下属觉得他只不过是奉命行事的机器而已，事情成败与他能力的高低无关，如此对于交代的任务也不会全力以赴了。

领导者都知道信任别人对工作会有所帮助，但却不是都能够做到的。上司在交代部属任务时，心中总会存着许多顾虑，譬如说："这么重要的事情交给他处理，他能办得了吗?"或者想："像这种敏感度很高、需要保密的事，会不会泄露出去呢?"所以领导者常会有这种微妙的矛盾心理。

而更微妙的是，当上司以怀疑的眼光去对待部属时，就好像戴着有色的眼镜，是不会看到真实面目的，也许一件很平常的事也会变得疑团丛生了。相反的，以坦然的态度信任对方，就会发现对方有很多可靠的长处。所以信任与怀疑之间，就是两种天地了。

因此，对待任何人，最重要的就是信赖，并且要抱着宁愿让对方辜负我，我也不愿怀疑他的诚意，如此可能更会赢得别人的效劳，他一定会尽全力，出色地完成交给他的任务。

现代社会最大的缺点，就是人与人之间普遍缺乏互信互敬的胸怀，因此导致许多意识上的对立，甚至行为上的争执，造成社会秩序的混乱。领导者如果能培养起信任别人的度量，不但可以提高办事效率，还可以为这个冷漠僵冻的人间，增添许多光明与和谐。

四、适度治人的艺术

从心理学的角度看，任何人都不喜欢受到批评和指责，也不喜欢批评和指责自己的人。因此，现实生活中，批评难的现象在许多单位和许多人身上都不同程度的存在。众所周知，批评就要触及到人的痛处，做法不当，就会伤害人的自尊心，使人产生抵触情绪，不仅无益于问题的解决，还会导致人际关系的紧张。正确有效的批评，是迷途上的提醒、歧途上的警示、悬崖前的"棒喝"，虽有良药苦口之感，让人感到的是关心和爱护，使人产生的是内心的感激与灵魂深处的醒悟。批评所涉及的问题属于内部矛盾的范畴。批评必须出于公心和善良的愿望，从教育、团结、帮助、挽救的愿望出发，敢于坚持原则、正视现实、揭露矛盾、解决问题。

批评要针对不同对象、时机、场合，因人、因时、因地采取灵活的方式进行。有时需要一针见血，单刀直入，直奔主题。这种批评对于问题较明显、性格较开朗的同志，效果往往比较理想。有时需要采取比较婉转、商讨或者含蓄的方式进行，不直接用过激的语言刺激对方，而采取迂回曲折的方式，进行启发、教育，以期使其幡然醒悟，认识错误，改正错误。不管何种方式的批评，都不能回避矛盾兜圈子、绕弯子，更不是不讲原则的大事化小、小事化了。批评要因人施治，对症下药，既不能将简单的问题复杂化，也不能将复杂的问题过分简单化。要求属下改正错误，不应操之过急，应遵循思想转变的规律，要用全面、历史、发展的眼光看待犯了错误的下属，不能以偏概全，无限上纲，全盘否定，一棍子打死。

赏有信，罚必果。孔明"挥泪斩马谡"虽然令人鼻酸，但领导者不能不取信于人。

三国时代蜀汉宰相诸葛亮命令马谡率领精兵，防守街亭要塞，和北方的强敌曹魏对峙。后来，曹魏大军来攻，马谡一不该疏忽诸葛亮"紧守"的指示，二不该拒绝副将王平的忠告，而仗恃着自己的才干，轻率出兵会战，结果导致严重失误，全军覆灭，街亭也因而失守。

马谡撤回之后，依照军法，身为将帅故违军令而导致失败，应处斩刑。马谡是诸葛亮一生中最喜爱的部将，以私情而论，诸葛亮心中非常不忍。可是马谡所犯的过失已经严重到动摇蜀汉根基的地步，如果诸葛亮不能明快的处置，将来无法维持民心士气。所以为了对蜀汉的全体军民有所交代，诸葛亮内心悲痛，泪流满面，终于还是下定决心，把马谡斩首示众了。诸葛亮斩马谡之后，还深深悔恨自己无法看透他人的贤智和愚昧，把防守要塞的重任交给一个轻率的将军，而贻误国家大事，所以深感自己也有连带责任。于是就亲自觐见蜀帝，自请处分，要求从宰相降为右将军。虽然蜀帝一再安慰他、重用他，但是他这一连串大公无私的明快处分，已经赢得蜀汉军民无比的敬爱，所以后来他出兵讨伐曹魏时，民心士气大振，打赢了好几场战役。

"信赏必罚"自古以来即是领导者所应遵循的法则。有功劳的，一定要奖赏，否则谁愿意卖力贡献？有过失的，一定要惩罚，否则谁会谨慎处事？切实做到信赏必罚的地步，团体的纪律才能获得有效的维护，团体中的每一个人也才会尽心尽力，不敢怠忽职守。相反的，做好事得不到奖赏，做坏事受不到处罚，人们就可以放心大胆地胡作非为，那么整个纪律及秩序都会遭到破坏，社会将成一片混乱的局面了。

信赏必罚的重点在及时和适度。立刻施行，大家才会知道效法和警惕。所谓"适度"，就是奖惩的程度要适当。大功大赏，小功小赏；大过严惩，小错薄罚。一定要在公平的范围内处理得让人心服口服，奖惩才有意义。如果因为私心，小功给大赏，或是大过而薄惩，那么所引起的后果，可能比不处置还严重。要做到真正的"信赏必罚"固然不容易，可是成功的领导者还是可以把握住分寸。以诸葛亮为例，他以身示教，不但忍心斩了最喜爱的将领，并且自请处分，以示负责。他的态度固然诚恳感人，而他的意念更是公正无私，在这种情况下所作的处分，一定可以对众人有相当的警示作用。

虽然坚信"成败操之在我"是一种主观和过度自信的危险讯号，但一个领导者绝不能是个完全的宿命论者。

批评的威力，一靠真理的力量，二靠人格的力量。批评是开展工作的一种有效方法。愿意受表扬，不愿受批评，是人们共有的一种心理状态。在实际工作中，如何使批评既能让对方接受、引起警醒，又不伤感情、增进信任，使人在愉快地接受批评中传输情感和真理，受到深刻的教育与激励呢？除了真诚相待，注重批评的方式方法尤为重要。

区别批评要适人。心理学研究成果表明，不同个性特点的人对待批评的态度是迥然不同的。性情开朗、性格外向的一般比较容易接受批评，对这些同志开展批评可以直率一点，当面锣、对面鼓，语气重一点，问题提得尖锐一些关系都不大；而性情孤僻、性格内向的一般对批评比较敏感，对这些同志开展批评语气尽量婉转一些，谈问题尽可能含蓄一些；至于那些自尊心极强、性格暴烈的则对批评一触即跳，对这些同志的批评可以采取冷处理的办法，只要情况允许，可以先放一放，然后采取迂回式、提醒式、事实教育式等方法开展批评，促其自我反省，认识问题，改正缺点。批评本身是件严肃的事情，不管批评者的态度如何，被批评者的心里一般是不会轻松的，哪怕是一次小小的批评，也会撞击他的心灵。所以，在多数情况下，一定不要给被批评者造成过大的心理压力，这有利于被批评者解除戒备心理，消除抵触情绪，诚恳接受批评。

参照批评要适事。开展正常的、卓有成效的批评，不仅要有明确分辨是非的能力，还必须有一个能够让下属也明确认识的是非标准。由于被批评者犯错误大多是因为头脑中缺乏明确的是非标准所引起的，他们自然不可能很好地认识领导所掌握的是非标准，因而也很难理解其诚心和用意，有时甚至还会产生误解、偏见和抵触情绪。因此，要帮助被批评者树立起明确的是非标准。如果将判定事物正确与否的是非标准物化为发生在批评者身边或附近的某一有过明确定论的具体事物，那么这一事物就可以成为被批评者判定自己的思想和行为是非对错的参照物，使他们在同参照物的对照比较中看到自己的错误所在。由此可见，所谓参照批评法，就是针对下属的错误和缺点，借助他人发生过并为下属所知晓的教训，运用对比的方法衬托出批评的内容，促使下属自我反省，深刻认识和纠正自己的错误与缺点。这种方法通常适用于阅历浅、盲目性大、自我觉悟和自我意识差、理智感弱、易受感化的青年干部。

触动批评要适时。这是一种措辞比较尖锐、语调较为激烈的批评，主要运用于惰性心理、依赖心理和试探性心理较为突出的人。比如精神不振、委靡颓唐、行动散漫者；被动性强、集体意识不强者；犯了错误后怀有侥幸心理，不愿正视自己的问题、爱察言观色者。对具有这三种心理状态的人进行批评，应当立足于以“情”触动，通过谈话内容和语调的强烈刺激，促使其醒悟。这种批评方式“火药味”较浓，必须慎重使用。如果运用不当，很可能使矛盾激化。我们切不可图一时的痛快，而留下不易解开的疙瘩。批评只有体现出批评者的诚意和水平，才能使批评收到良好的效果。

集体批评要适度。所谓集体批评，是针对下属拒绝批评的否定性心理，集中干部、党团员骨干和全体人员的力量，对被批评者进行批评教育，以此造成强大的舆论压力，促使其认识和改正自己的缺点与错误的方法。集体批评通常适用于头脑灵活、歪道理多、试图通过狡辩和钻空子来拒绝批评的人。这类人大都能言善辩、工于心计，他们或找种种借口推卸责任、掩饰错误，或钻领导工作和领导关系的空子来减轻、转移所犯错误的责任。运用集体批评，就可以堵塞漏洞，迫使他们在事实和舆论面前认错。集体批评刺激性强，运用不当，容易伤害被批评者的自尊心，具体运用时尤其要谨慎，不能不分对象、不分时间和地点滥用一气，更不可不分对象地频繁使用。

泛指批评要适当。这是一种只讲问题现象、不指名道姓的批评。此法适用于较为普遍存在的错误苗头，或为了教育他人而不宜公开姓名的错误现象。采用这种方式，一般是发生了带有普遍性的或倾向性的问题，不说不行，直接说又可能引出问题，所以不得不在公开场合以这种方式批评。泛指批评的好处是不伤人的自尊心，对人的压力也不是很大，也有较好的警示作用。这主要运用于讲评、会议、工作总结和基层每日一次的点名，通过不指名道姓的批评，使大家“对号入座”，并随之在思考中认识到自己的问题。这样做容易收到好的效果，有利于批评的顺利开展，从而达到既教育本人、又教育大家的双重效果。实践证明，对有上进心、有自觉性的人在非原则性问题上，在非关键部位、环节上出现的错误，采用这种方式是可行的。

直接批评要适用。这是一种开门见山、一针见血的批评。这种方法适用于两种类型的人。一种是思想基础好、性格开朗、乐于接受批评的人。对这种人直截了当地指出问题，即使是言辞激烈一些，他们也不会介意。另一种是不肯轻易承认自己过错的人。这种人对错误常常矢口否认，或搪塞掩饰，或转嫁他人。对这种人进行有理有据的严肃批评，往往可以冲破其心理防线，促使其认识错误，查找自身存在的问题，虚心地接受批评意见。但是，在不良风气占主导地位、人际关系混乱的集体里，受到环境的影响，被批评者还会产生对立情绪。所以，在风气不正的环境里，批评要特别慎重，注意在权衡利弊得失的情况下采取不同的批评方式。

批评发挥威力的前提是：批评要建立在公正、诚信的基础上。批评者要站在真理的一边，正义的一边，主持公道，扶正祛邪，以理服人。批评能否真正发挥作用，很大程度上取决于批评者的人格形象。“人不率，则不从；身不先，则不信”①。批评者清正廉洁、为人师表，才能取信于人，使被批评者乐于接受批评，修正错误。

五、正确处理人际关系的艺术

组织是由人来构成的，这些人除了要共同完成组织的整体目标，同时还要实现自己的个人目标。往往由于两个目标的不一致性，而在组织内部产生不和谐，甚至产生冲突和矛盾，造成内部人际关系的紧张，这种现象是普遍存在的。例如：评职称、评先进、评奖励工资这一类的事情，对领导的意见，对社会现象的不满情绪带到组织内部来，甚至将家庭的矛盾带到组织内部来，影响正常的工作，这就需要领导进行协调。部门的领导者应该做到：

（一）具有博大宽容的胸怀

宽容是一种高尚的人格修养。一些员工对领导总爱说三道四，只要不符合自己的意愿，便有提不完的意见，发不完的牢骚，有时还当面放几炮。遇到这种情况，领导者应当有气量，能够听取批评的意见，听取反对自己的意见。当然，我们所讲的宽容，并不是无原则的迁就，并不是主张善恶兼容，也并不是与不良的思想和平共处，而是要在坚持原则和道德规范的基础上相互理解和支持，要把对员工的宽容与对错误的批评统一起来，这样，我们才能真正建立健康、纯洁的人际关系。

墨家的创始人墨子，曾经说过：“什么是天下的公敌呢？那就是国与国之间相互攻伐，家和家之间相互争利，人与人之间相互残杀。然而，公敌是怎么发生的呢？完全是由于人与人之间缺乏博爱的缘故。每个人只知道爱自己的国家，不知道爱其他的国家；只知道爱自己的家庭，而不知道爱别人的家庭；只知道爱自己，而不愿去爱别人。久而久之，强大的人会欺侮弱小的人，富有的人会欺凌贫困的人，尊贵的人会瞧不起低贱的人，而奸诈狡猾的人也会欺侮愚蠢鲁钝的人了。可见天下会发生祸害和怨恨的原因，根本上在于人们不能互爱。所以要和平相处，就必须互爱互敬，重视对方的利益。”

在二千五百年以前，圣贤们已经给我们明白的教训，如果人人照着去做，一定会造成美好和谐的世界。可是人们不遵循这些道理，又不能实行兼爱，所以才形成世局的混乱不安。墨子常劝告世人，不要过度竞争，只要顺着自然的法则，便可以带来进步。如果只知使用武力，以暴力铲除竞争者，这就是所谓的过度竞争。

国与国之间的过度竞争，往往会导致战争；个人与个人间的过度竞争，会引起仇恨和争执，甚至做出伤天害理的事；而企业间的恶性竞争，会产生资本的独占、不平衡，小者造成中小企业的破产，或使自己身败名裂，而大者会引起社会及世界的混乱。

一个好的领导就得有忍别人所不能忍的气度，才能坚持自己的原则，以静待最好的时机。

诸葛亮率领大军北伐曹魏时，迎战的魏国大将司马懿虽然也是三国时代的名将，可是对

① 《宋史·宋祁传》。

诸葛亮灵活的战术，常常觉得无计可施。吃了几次苦头后，干脆就闭城休战，采取不理不睬的态度，来对付诸葛亮。因为他认定诸葛亮远道来袭，后援补给都很不方便，只要拖延时日，消耗蜀军的力量，最后一定可以把握战机，反败为胜。

果然，诸葛亮耐不住他的沉默战法，好几次派兵到城下骂阵，企图激怒魏兵，引诱司马懿出城决战，但魏兵在司马懿的控制下，一直闷声不响。所以，诸葛亮就想出了一招“激将法”，派人送给司马懿一件女人的衣裳，并附上一封信说：“如果你不敢出城应战，就穿上这件衣裳，我们也就回去了。如果你是一个真正的勇士，希望你堂堂正正地列阵决战。”

这封充满轻视的侮辱信，果然在曹魏的军营里激起很大的反应，那些少年气盛的部将纷纷向司马懿说士可杀不可辱，像这种欺人太甚的信公然送来，如果我们一味地沉默，未免太懦弱了。我们希望主帅赶快下令，出城和蜀军决一生死。司马懿虽然也被激怒了，但他毕竟老谋深算，知道蜀军人人怀着建功的心愿而来，斗志昂扬，在没有力竭以前，绝不好对付。所以在紧要关头，仍勉强把心中的怒气压抑下来，讲了许多精神鼓励的话，把自己的军心稳住，终于没有让诸葛亮的计谋得逞。

想一想，当时司马懿如果不能忍一时之气，贸然出城迎战，一战而败，那么结局将会如何呢？历史是不是可能会重写？人类喜欢争斗，因为自古以来即以成败论英雄，所以人们总是宁肯进攻而不肯撤退。宁肯轰轰烈烈打到剩下一兵一卒，也不肯无声无息地被看成是没勇气的懦夫。在这种心态下，坦白说，叫人忍耐，有时只是一种安慰或奢望而已。

对于企业而言，身为领导者，要有超越别人的忍耐力，不管再大的污辱加到身上，都得有“好汉打落牙齿，和血吞下去”的勇气，才能确守原则，贯彻计划。秦汉之间为老翁拾鞋的张良、钻无赖胯下的韩信，他们能成功，也都是因为具有坚忍不拔的毅力和常人不曾有的宽宏大度。

就现在的领导方法来说，我们也知道，部属犯了严重错误，上司才会严格纠正，如果只是小缺点，提醒他也就够了。到底是“严重错误”还是“小缺点”呢？要根据具体情况，具体分析。大的过失，往往是由一个不起眼的小错误引起的。蚁穴虽小，但它能使千里堤防崩溃。所以，一个公司领导，不但要顾全大局，还要着眼于小处。

问题是在于鼓励和安抚绝不可姑息养奸，必须知道小错误也好，大过失也好，造成的原因都不外乎本人的意志松懈，在不知不觉中陷入错误。在一些被忽视的小错误和小失败中，往往隐藏着经营上的巨大危机，而能不能从中悟出事情的严重性和关联性，往往也正是企业成功和失败的临界点。

总而言之，人类的利害是相通的，能做到爱人如爱己，爱他国如爱祖国，才会使世界幸福和平。身为一个成功的领导者，更应彻底实行兼爱，切忌投入过度的竞争中，要依循适当的原则，以达成共存共荣的大同世界理想。

(二)营造良好的交际环境

一个秉公办事、作风民主、尊重人、信任人、关心人的领导班子，会给一个组织带来和谐、平等、友爱、互助的氛围。好的领导班子周围，总会有一班得力的、肯卖命的员工，反之，就会出现拆领导的台、告领导的状等现象。所以，领导者首先要以身作则。

第一，领导者如果抱怨自己的部属没有牺牲奉献的精神，应该检讨自己是否会在紧要关头承担自己的责任。

所谓“无为”，只是人力上的无所作为，但制度仍运行不违，这才是领导的真义。

中国古代传说中最圣明的皇帝是尧和舜，所以“尧舜之世”被中国人当成太平盛世的代称。尧舜之世的社会情况到底是怎样呢？据说，有一次尧帝出外巡视，遇见一个老叟，一边耕田一边唱着歌：

“太阳出来就下田耕种，太阳下山就回家休息。

自己挖井汲水喝，自己耕种来食用。

天高皇帝远，哪里管得到我头上？”

尧帝听见了这首歌，心里非常欢喜。因为他了解到自己的政治措施已经收到实际效果了。尧帝认为当政的人应该“无为而治”，换句话说，就是帝王要无所作为，放任百姓依着自然生态之道，得到幸福康乐的生活。只要天下安康，盗贼和作奸犯科的事自然会平息，所以帝王虽是无为，但实际上却收到“无不为”的效果。

这个老叟能无忧无虑地专心耕种，安享自己的生活，实际上是因为政治清明，在上位的人没有横征暴敛的缘故。可是这位老叟并没有意识到这点，反而说：“皇帝哪里管得到我头上？”像这样的政绩不是至高无上的成就吗？

“无为”不是叫领导者完全撒手不去做任何事情，它有两个先决条件：一是制度的运行和个人礼义修养要达到某一个层次；二是百姓的衣食住行必须充裕供应。惟有天下一家的制度能自然运行，同时个人礼义修养有很高的水准，放任才不会变成放纵。同时百姓日常所需都有了充分供应，人们才不会被生活所逼，而做出互相残杀的事。

为了创立制度、提高个人修养、充裕物质供应，这些都必须领导者在放任“无为”以前，先预作策划，否则“无为”不但不能成为“无不为”，反而会变成天下祸乱的根源，这是身负政治重任的人所必备的先决条件。

企业经营也是一样，当企业规模还小的时候，经营者可能有办法充分掌握到每个细节。可是随着企业的成长扩大，企业便无法完全照顾到每个细节了。如果身为领导者在公司膨胀以前，能事前定出计划，建立分工制度，那么企业中的每个人就可以完全依照他在制度中的地位做事，就算领导者采取放任的态度，但制度可以造成相互牵制的作用，使得工作的推动仍有一定的方向可循。因此所谓“无为”，只是人力本身的无所作为，但制度本身则仍运行不悖，这才是领导的真义，任何一位领导者都不能不加留意。

第二，领导者必须以各种方法把自己所崇信的真理告诉别人，并身体力行，以身作则。

一生主张要探究真理、实践真理的古希腊大哲学家苏格拉底，因为在言论上触怒了当局而被判处死刑，在临刑之前，他的朋友和学生纷纷来狱中劝他越狱，并替他设计好逃脱的计划，但是苏格拉底却断然拒绝了他们的好意。

他说：“我一生中所主张的，就是要国民遵守国法。如果国法有不妥当的，应该以言论呼吁当局来改革，而不是暴力性的反抗。在国法还没改革之前，就算判决错误，我们仍然必须遵守，所以我不能因不合理的制裁，就推翻我过去的主张。我想一个人并不只是活下去就足够，还必须活得正当，而且问心无愧。”于是他从容地喝下毒液，庄严地为自己的主张捐躯了。哲学家给予大众正当的教导是很重要的，因为它可使社会走向正当的大道。但最重要的，还是要人人实践。每一样道德教训都不光是说给人听的，而是要实践的。所以不管他的论调多么高妙、道义多么高尚，听起来多么悦耳动人，如果不去行动，或是所做与所言相反，那么也就失去教诲的意义，也不再有说服力了。苏格拉底和耶稣基督、释迦牟尼、孔子都被称为人类最伟大的思想家，他们的思想观点指导了数以亿计的人格和数千年的生活方式。原因不只是他们所提出的哲理有益于世道民心，同时也是他们能以自身的实践来印证自己所主张的观点。苏格拉底和耶稣为了主张而以身殉道，他们大义凛然的态度感动了人们，使人们产生无比的尊敬与仰慕。

所以，领导者必须以各种方法把自己所崇信的真理告诉别人，同时更应该以身作则。以实际行动来教导人们。当然，有时也难免因为理想过高而不能实现，但至少应有以身作则的气魄，奋力去追寻目标的实现，否则，绝不可能受到别人的敬爱和服从。

第三，要善于做细致的思想工作，使上下目标一致，感情融通；还要善于设置合理精干的组织机构、严明的组织制度、措施，有助于成员各尽其职、相互协调，减少不必要的摩擦和挑拨人际关系的行为。

一位领导，在想推动某一件措施时，虽然坚持自己的信念去力求贯彻，也是一个好办法，但如能借助高于自己的权威力量，来说服部属，往往更能收到意想不到的成果。

正如僧人或牧师在劝告世人时，往往不说“我的意思是……”，而说“释迦牟尼认为……”或“耶稣认为……”，这个用意也就是在借助佛祖或耶稣的权威来加强说服力。人们都有相信权威的心理，所以，如果能假设以某个权威为中心，去引导人们推断事物的道理，便很容易形成一致的想法及统一的步调，才能够发挥强大的力量。

所以，领导者如果能有效地借用神明的威信、伟大的教诲，或引据传说习俗、格言谚语，去说服别人，事情将会更容易解决。

第四，身为一个领导者，不仅要秉持公正的奖惩原则，也要对规章制度保证严格地实施下去。

春秋战国时期，各诸侯国征战不休。秦国原是西陲的小国，到了秦孝公时决心变法图强，就任命当时的大政治家商鞅当“左庶长”，制定并执行新法。

商鞅一连颁布了好几项严格的法律，秦国人民都觉得吃不消，同时对那些法律的效力，心存怀疑。怎样才能使新法顺利推行呢？在新法面前能做到人人平等吗？有一次秦国太子犯了法，商鞅认为“就算是太子，犯了法也不能宽恕”，于是当机立断处罚了太子。由于他坚持“法律面前人人平等”的原则，不久，秦国人民都相信了法律的威严，而不敢犯法。所以，在商鞅当政的时期，秦国真正做到人人安居乐业，百姓不敢作奸犯科，国力也因此日渐强盛，最后终于完成了统一的大业。历史记载，商鞅所制定的法律，原本有许多过于严酷而且存在许多弊病，所以很有斟酌的余地。但幸好他在执法时能采取绝对公平的态度，所以使得大家心服，才拥护新法，这才是造成秦国富强、后来统一中国的关键。

如果一般老百姓犯了法，就不客气地加以处罚，而一旦皇室贵族犯了法，就可以不加制裁，像这样的法律，难道会有信服力吗？难怪百姓会在表面上奉公守法，暗地里却怨声载道，对政府失去信心，如此，国家怎能强盛呢？

现在是民主时代，法律是公平合理的。可是实际看到的情形却是，当某个人使用暴力犯罪时法律会去处罚他；但有影响力的团体使出无形的力量，从事政治、经济种种犯罪行为，扰乱社会安宁，执法者往往不敢严惩他们。像这样，有法律等于没有，社会组织又如何能健全呢？整个社会人心惶惶，国家建设又怎样推动呢？对于一个企业而言，不也是如此吗？

企业团体内部的规章纪律，也要公平、严格地去实施。人事管理章程和作业守则等规定，不只是新进的小职员，连公司的老板、经理也必须遵守，公司的秩序才能走上正轨，职员的士气也才能提高。因此领导者要依照事实得失，公平而严格地施予适当奖惩和惩罚，才能使整个公司建立起良好制度，使公司的经营顺利开展。

总而言之，拘泥小事而忽视大事当然不行，忽视小事而酿成大错尤其不可。领导者要能因小见大，把大小失败都当成经营上成败的借鉴，才能使事业欣欣向荣。

（三）引导公平竞争

由于竞争，直接影响到个人的切身利益，人际关系也就变得微妙和复杂起来。使同事间原本亲密的关系也有可能变得疏远起来。为此，必须引导好公平竞争。要制定明确的竞争目标，创造公平的竞争氛围，建立有序的竞争机制。竞争的目的是使组织整体增强活力，也使员工们能以平和、明智、积极的心态进入角色。另外，也要让暂时落后的员工多找主观上的原因，争取后来居上。通过这些手段，组织就会呈现良性循环的局面。

公平的赏罚，才是真正的威严；恩威并用，宽严得宜，才会事半功倍。一位当政者，要想统治好一个国家，必须要德威兼备，宽严得宜。如果只施以小惠，而没有威严，国民就会像一群在溺爱中成长的孩子不听教诲，将来更不可能成为有用的人。相反的，如果对任何事都采取严厉的态度，或许在表面上能使人遵从，但绝不能使人心服，事情也就很难顺利进行了。所以一定要有公平的赏罚，施恩于人，如此才是真正的威严。没有恩，只有威，是没有用的；而没有威，只有恩，也不会发生效力。但最重要的还是要了解百姓的想法，如果无法做到，即使恩威并施，也不会发挥真正的效用。

这真是至理名言。威是严格、责备，恩是温和、奖励。身为一个领导者，对于恩、威要能配合运用。

以企业来说，如果欠缺严格的管理，一味温和，员工很容易会被惯坏，而言行也变得随便，毫无长进；但若过分严格，往往会导致部属心理畏缩，表面顺从，实际对抗，对事情没有自主性，也缺乏兴趣。如此一来，不仅人力不能有效地发挥，整个机构也将毫无生机了。

总而言之，一个领导者在处理情况时，恩威并用，宽严得宜，才能相辅相成，收到事半功倍之效。而所谓“宽严得宜，恩威并用”的意义，并不是恩、威各占一半，而是说依事情的情况而定，恩威配合，以身作则地教导部属，如此，部属一定会乐意完成交给他的任务。

实际上，一个领导者对部属的一言一行，都应该以宽大的态度去包容，在遇到该严格的时候，也要使部属心服口服，才不愧是一位成功的领导者。

（四）加强个人修养，培养健康人格

良好的人际关系，归根结底是靠人来实现的。提高自身交往能力的途径有：

一方面要加强自我修养，优化个性品质。

领导者必须慎重考虑自己的思想行为，是不是符合社会的公义，如果符合，要怎样使员工大众认同自己的观点？大义之道，自古以来就是事业经营或政治措施上的一个重要标准，不能予以忽略。

在正确的信念之下，才能产生强大的力量。可见正确的信念，对经营者是相当重要的。

肯尼迪担任总统时，美国情报部门突然发现苏联居然在古巴建设飞弹基地，并已经完成了百分之九十。当时，肯尼迪总统非常震怒，除了下令以海军封锁古巴外，并严词警告苏联的当政者赫鲁晓夫说："古巴就在美国的鼻尖和眼前，如果你们在此建立了飞弹基地，无疑将对美国形成极大的威胁，使美国国民不安与恐慌。你必须下令把它撤走，否则美国将毫不客气地执行拆撤的工作。"

由于肯尼迪总统的态度坚决，并不惜发动战争，所以最后苏联终于屈服，把飞弹基地撤走了。这就是有名的"古巴危机事件"。当时美国似乎真的决心一战，不但以舰队封锁古巴，美军也都进入高度的备战状态，可是结果美国没有损失一兵一卒，战争也没发生。肯尼迪总统对这次危机的处理，可以说是百分之百的成功。这就是信念的力量。

肯尼迪总统之所以能把这件危机处理得那么成功，完全是因为他有那种来源于正确信念的坚定决心。他的正确信念是什么呢？简单地说，就是断然不许古巴建立飞弹基地，而使美国人民的安全受到威胁。基于这项考虑，纵使必须采取武力也绝不犹豫。因为他的信念坚强，使得远在万里之外的赫鲁晓夫也感受到危机的压力，不得不决定撤除飞弹基地。

当然，肯尼迪总统能坚持这种信念，乃是因为美国有强大的兵力作后盾。如果是个弱小的国家，尽管态度再坚决，苏联也未必会买账。而从另一个角度来看，当时苏联如果只是兵力屈居弱势，而能在意志上超越美国，可能美国想解决飞弹危机，还得花费惨痛的代价。可见徒然拥有强大的兵力是不够的，还得有正确的信念，二者相辅相成，才能发挥最大的力量。这个故事告诉我们一个真理就是：正确的信念对领导者而言，是非常重要的事。

另一方面要养成关心他人、尊重他人的心理素质和行为取向。

情感相悦是人际交往的基本需要，主动献出情感的人，往往收到"投桃报李"之效。凡是忠诚的人，都将是真正的勇者。一个信守忠诚的人必能经常保持自己的作风，不会摇摆不定，所以内心不会有愧疚之感，也才能无忧无虑、正正当当地做自己的事。如果不忠诚，内心会有愧疚，表现的态度也不自然，而使人觉得无法信赖。

无论从政或经商，道理大致相同。经营者对自己的职责和顾客心怀忠诚，尽管在成交之前会各据立场，讨价还价，但是成交后，必然皆大欢喜。如果各怀鬼胎，成交以后顾客还是会怀疑是不是被骗了，那就失去做生意的目的。所以待人处事必须以诚为本，时时刻刻让对方感受到自己的诚意，自然会得到信任。如果只是用尽心机，一味地取巧讨好，短期内虽能博得别人好感，长久以后，则不可能有好结局。尤其是施政者，内心不存坦率诚恳，只是迎合众人，虽然一时受欢迎，却谈不上为国为民作根基的筹划。

领导者想让部下心悦诚服的话，这点务必认识清楚。没有竞争的对象时，就容易失去奋斗的意志和学习的兴趣。正当他的部下为强敌的死亡而欣喜若狂时，领导却能超出一般人的眼光，而为未来着想，这实在不是常人所能考虑得到的。

"以德报怨"，是两千多年前，中国古圣贤老子的名言，历来各朝代的贤君名臣等领导人，都把这句名言奉为真理，成为中国传统的美德。例如三国时期，诸葛亮为了想让西南蛮族降服，他并不是一味地采用武力，而是采取恩惠怀柔的手段，七擒七纵孟获，最后使蛮族心悦诚服地归顺了西蜀。

用权力命令来指挥别人做事，并不是办不到的。例如领导者对某人说："你去做那件事，不然的话我要你的命。"虽然他心不甘情不愿，但为了爱惜自己的生命，可能还是会照做不误。问题是让人心不甘情不愿地做事，既得不到好效果，也可能使人心不满，隐藏祸端，最后爆发时，反而把事情闹得一发不可收拾。

一言概之，利用武力、金钱、智慧来命令别人做事，当然不会完全没有成效，只是能用道德来感化别人的话，应该可以收到更好的效果。古人有句名言说："用道德来降服众人，道德是教育别人的无声语言，每个人都会发自内心的服气。"就是这个道理。

释迦牟尼也是个道德修养十分崇高的人。佛经记载，在他的道德感化下，连发疯的大象都会驯服地跪下来。

身为领导者，虽然无法事事向诸葛亮或释迦牟尼这些伟人看齐，但至少在道德上不能有严重缺憾，才能发挥自己的潜力。

领导者不断地修养自己的道德，对于经常喜欢作对的部属，总要想办法使他服从——但不是使用任何强制的手段，否则反而徒然激起新的反抗，更是得不偿失。最好是一方面以威势行使自己的权力，另一方面不忘以恩惠德泽来使别人感动，愿衷心服从。那就是说，要修养自己的品德，也要经常去考虑对方的立场，以德动之，以行导之，才能达到预期的目的。经营者对传统过分遵循，而不肯求新求变，将失去前进的动力。

第四章 领导用时艺术

时间是人生终身相随的忠实伴侣。在信息时代，信息就是生命，而时间又是信息的生命。领导者面临信息社会的挑战，在某种意义上讲就是时间的挑战，是对自己掌握运筹时间能力、提高时间管理艺术的挑战。但是，领导者应清醒地认识到，时间的管理，实质上并不是管理时间，而是管理自己的各项活动，以提高领导的时间效能。因此，领导者增强时间观念，学习、掌握用时艺术，就更为必要和迫切了。

第一节 时间的概念与本质

一、时间概念

(一)时间之谜

“时间是什么?”古往今来，一代又一代的哲人、贤者对时间之谜进行着无穷的探索，试图从不同角度和侧面来定义时间。柏拉图认为时间是“运动着的永恒的形象”。洛克却说:“时间是一切存在的公共尺度。”牛顿相信“时间是一条川流不息、永远不变的河流。”康德则把时间比喻为人观察事物的一副眼镜，“是感性直观的纯形式”。黑格尔强调时间是他的超宇宙观念的发展。马克思恩格斯指出:“时间是一种客观的存在，是运动着物质存在的基本形式。”而贝克莱、休谟、马赫，都倾向于将时间归于人的意识的一种表现。法国哲学家柏格森坚持认为时间是人的直觉和神秘的“创造性的破裂”。爱因斯坦的答卷独具一格，他说:“时间实际上是钟的读数。这个钟可以是地球的转动、沙漏、脉搏计数、地球沉积的厚度、辐射衰变的产物，或铯原子振动的计量。它们具有的一种共同标准，都是自然的机械装置。”经济学家与管理专家认为时间是一种特殊的资源;心理学家强调时间是知觉的一个方面;作家公推时间是最出色最公正的评论家。面对令人眼花缭乱的时间定义，哲学家怀特海曾无限感慨地说:“要对时间这个大自然的创造过程加以沉思而不痛感人类知识的有限，实不可能。”时间的本质至今仍是一个未被完全解开的亘古之谜。

(二)概念上的困惑

要认识时间的本质，存在着种种困难。首先，时间不具有实形，看不见，摸不着，不能像实物一样，可以拿来进行直接观察，因此亚里士多德早在《形而上学》一书中就说:“只有当我们已经把握住运动时，才能领悟到时间。”但也有人提出质疑，既然无法找到时间独立存在的客观根据，又怎么能够相信它是客观存在呢？同时我们对时间的认识都只能通过对运动事物的感觉才能获得，怎么才能保证感觉具有完整的客观性呢？因此古希腊逻辑思辨的奠基人巴门尼德认为，时间并不附属于任何真实的事物，而只属于我们感觉中那个似乎不合逻辑的世界。人们往往由此陷入这样的困惑之中，当我们观察某一件发生的事情，总能感到时间毫不停顿地前进着，可是当我们分析它时，又总是有很好的理由否定时间存在的独立性。

其次，人们在生理和心理的经验上，都能感到时间在流逝，可是如果问时间流逝的速度是多少？这显然是一个荒谬的问题。时间要流逝就要有一个超时间的东西来加以衡量，但这个超时间本身也在流逝，那就要有一种超超时间，如此等等，以至无穷。时间本身是不是一个随时间变化的过程这一问题，往往把人引入了一个无法摆脱的恶性循环之中。

再则，时间在逻辑上要加以证明也总是出现麻烦，历来的逻辑学家们往往对时间怀有特殊的憎恶感。比如说要定义“过去”，可以把“现在”作为参照系，但又怎么来定义“现在”呢？如果用“过去”定义“现在”，那就是同义反复，如果以“现在”本身定义自己，又陷入循环定义的矛盾之中。此外，过去可以视为不可改变的、决定了的，但要在逻辑上根据某些规律，从过去中完整地推演出未来却难以确立。

面对时间概念的种种困惑，人类并没有沮丧悲观，在迈开理论探索步伐的同时，也不断运用已有的认识成果来利用和控制时间。

（三）对时间的认识历程

时间是人类文化的交叉点。人类时间观念的形成有着深厚的文化背景。让我们逆时而行，寻求一下人类认识时间的历史足迹吧。

1. 个人经验的时间观测

时间对人们的感情有着强烈的影响，因为时间的流逝总是无情地带着他们走向死亡。尽管死亡不是生命的终止，这一点至今没有一般公认的证据，但早期人类大都相信，死亡之后在彼岸世界、阴间或天国中生命是不朽的，并且最终是全体死者的复活。在东西方大量的新旧石器时代的墓葬遗址中，几乎都存在提供给死者将来使用的殉葬物品。

早期人类有关生命时间是重复的这种信念，也许是从对周围的重复现象的观察中得出的推想。日夜周转，四季循环，生活行动几乎全受着这些周期的支配。因此，一方面每个人在自己的生命中有着不可避免趋向衰老死亡的直接经验，另一方面在环境中又观察到种种周期的变化，这种矛盾在活动范围狭窄，抽象思维和判断能力还未充分发展的早期人类中是无法解决的，他们往往带着惧怕未来的心情，希望在对图腾的崇拜与原始的巫术迷信中求得解脱。

2. 历史哲学中的时间观

在公元前 6 世纪前后，人类从蒙昧之中走出来，开始有了理性的知识。由于个人对时间的经验和观察的解释截然不同，又受各种文化、哲学和宗教的影响，因此导致了循环论和单向论两种时间观。

历史循环的观点认为，时间就像一条自吞其尾的蛇，是永无休止的循环往复，宇宙时间是按交替的节奏运动着的。这些观念，在古代印度、希腊、罗马、中国以及中美洲的前哥伦比亚人中间普遍流行着。印度教中循环的周期叫“劫”，一劫亦即大梵天的一个白天，长达 43 亿 2 千万年。在古代中国交替循环的概念是阴、阳。古希腊人认为人类社会，以及宇宙，曾经是并且将继续是无数次的毁坏和复兴的交替运动。循环观点往往强调通过自我修行可以达到人生的再现。

与上述观点完全相反，在犹太教、基督教以及后来的伊斯兰教中，时间是全能之神按计划为着某种慈善的目的加给宇宙和人类的。时间被戏剧化为一条道路，它始于创世，历经罪恶、堕落和赎罪，终于得到拯救，进入天国，永享快乐。基督教等宗教的这种时间排列，虽然仍然背离自然和历史的真实，但已具有直线发展和不可逆的显著特征，在一定程度上为新的时间观念铺平了道路。

整个中世纪，时间的循环观点和线性观点一直处于激烈的斗争之中。在农业社会中，时间被看成是充裕有余，并且与周期耕作土地紧密相连。但由于商品和货币的流通，时间以价值为形式，流动性成为强调的重点。随着科技发展而造成的社会生活节奏的加快，人们认识到时间意味着时代的进步，意味着财富和金钱，因此人们相信“时间就是金钱”，必须经济地使用时间。

3. 近代和19世纪的科学时间观

牛顿站在前辈科学家的肩上，第一次建立了具有科学意义的时间观。为了描述物质世界的运动，牛顿将空间与时间从物质运动中独立出来。空间是绝对的容器，时间是一把绝对不变、均匀分配的尺子，用这两者作为参照系，来衡量物质世界的各种运动。尽管今天看来牛顿的时空观有着机械、绝对的根本弱点，但这是人类把认识时间建立在科学基础上的开始。

4. 20世纪的相对论时间观

1906年，爱因斯坦发表《狭义相对论》，抛弃了时间与运动、时间与观察者无关的旧观念，认为时间并不是绝对不变的。一切物体的运动都相对于宇宙间的绝对速度光速来确定自己的速度。运动速度越接近光速，则时间就变得越慢；达到光速时间为零，超过光速时间逆转。同时相对于两个不同运动方式的观察者，他们所得到的时间数据也具有相对性。1916年爱因斯坦又发表《广义相对论》，提出时空受引力作用会发生弯曲变化。粗略的类比，同样一里路，如在山的隆起的表面上实际测得要大于在平面上测得的距离，因此在定时的弯曲地段测得的一秒就多于在地面地段所测得的一秒。如果引力场异常巨大（如在引力坍缩所形成的黑洞中），那么在一个参照系中的有限时间，在另一个参照系中可以趋向“超无限”。

爱因斯坦的时间观又一次根本改变了人类对时间的认识，作为20世纪引人瞩目的伟大科学成果载入史册，同时也成为现代人类认识时间的新起点。在这一理论的基础上，量子力学提出了时间是离散的和非连续的观点；克分子物理学提出了时间的不对称性问题。在现代宇宙学中的宇宙大爆炸理论认为时间起源于宇宙大爆炸的一瞬间，宇宙经过不断膨胀、收缩之后，又会缩聚为一点，再出现另一次大爆炸，一切又重新开始。天文学家估计两次大爆炸的周期为800亿年。此外20世纪人类还开始研究生理时间、心理时间以及社会时间，时间研究进入了一个崭新的时期。

二、时间的特性

（一）时间是天然的

时间是一种天然的资源，这种天然的资源既不能用人工的方法来创造它，也不能用人工的方法来加工它。时间不是固体、液体、气体，它没有形状、重量、体积，它没有刚性、韧性、弹性、塑性。时间这种天然资源，在世界上没有代用品，没有人造时间。因此，时间是用任何方法生产加工不出来的，也是用任何高价购买不到的。

（二）时间是永恒的

时间是用“现在”把“过去”和“未来”区分开来的东西。时间从什么时候开始？到什么时候完结？谁也说不清。人们只知道时间是无头无尾、无始无终、无穷无尽、没完没了的东西；人们只知道时间是紧密相连、持续不断、没有间隔、永远衔接的东西。

（三）时间是流逝的

时间像大江流水一样，奔流不息，时间从来没有停止过，也永远不会停止。因此，时间不能储存下来，不能保管起来，更不能逆转、倒流，时间是一去不复返、无法失而复得的。

（四）时间是有序的

时间从过去到现在，由现在到未来，有先有后，是顺序而行。因此时间就是历史，记载着古往今来的史实，谱写着各个时代的乐章，推动着历史车轮的前进。

（五）时间是均等的

时间可以分别成均等的计量单位，每时、每分、每秒都是均等的。对于每一个人来说，在时间面前，一律平等。每一个人的每一小时，都是一样多，既不会增加，也不会减少；既不能加快流逝，也不能延缓到来。

时间的这些特性告诉人们：它既是世界上最平凡的东西，又是世界上最珍贵的东西；它既是世界上最普遍的东西，又是世界上最稀有的东西；它既是无偿地供给每一个人的东西，又是用任何代价也购买不到的东西；它既是永恒的东西，又是稍纵即逝、一去不复返的东西。对一个人来说，活了一天，就是死去了一天，活的时间越长，死去的时间越多。有的人在时间面前虚度年华、碌碌无为、老大伤悲、不堪回首；有的人在时间面前争分夺秒、硕果累累、造福人民、鞠躬尽瘁。每一个领导干部，要想有所作为，就要把握时间，多作贡献。

三、领导者的时效观念

领导者要取得事业成功，固然需要知识和才能，但知识和才能本身并不等于成功。知识和才能只有通过有条不紊地、系统地工作才能有效，时间则是才能转化为成就的限制因素。领导者欲获得成功，非通过有效的时间管理不可。为此，领导者必须树立以下时效观念：

（一）强烈的时间观念

有极强的事业心和成就感的领导者，必然对时间有极强的紧迫感。时间的消耗就是生命的消耗，时间的流逝就是事业的流逝。只有意识到它的极端重要性，才谈得上去谋求科学地管理时间。

（二）机敏的时机观念

事物并非都有重复和再现的机会，机不可失，时不再来。一项工作任务，只有在恰当的时机内才会产生瞩目的成效，且时机过后，则可能毫无价值。领导者时刻处在寻找时机的准备之中。

（三）清晰的时效观念

时间的成本效益，是指一项工作所取得的效果与完成该项工作所消耗的时间之比。一项工作消耗的时间越少，成本效益则越高。时间的价值是通过效益和效果的载体来体现的。领导者必须把时间视为资源，千方百计地减少时间支出。

（四）定量的控时观念

领导者必须定量控制时间，具备对自己时间的系统管理和定量支出的能力，勇于向时间挑战，果断地改变在支配时间上无所作为的局面，做时间的主宰者。计划手段和定量支出是时间管理的核心。

第二节　领导用时的原则

一、目标性原则

人类是天生为追求目标的人。人的生活历程就是不断地制定目标、追求目标、实现目标的过程。没有目标的生活是无序的和灰色的生活。那些感到人生无价值而厌倦生活的人，往往是由于没有目标和方向、没有要解决的意义重大的问题、没有有待去克服障碍的人。同样，有目标地使用时间和无目标地使用时间，其结果是有天壤之别的。托尔斯泰给自己生活制定的准则是："要有生活目标，一生的目标，一个月的目标，一个星期的目标，一天的目标，一个小时的目标，一分钟的目标，还得为大目标牺牲小目标。"经过长期的努力，他终于登上了19世纪俄国批判现实主义文学的最高峰。

现代管理中，目标管理、目标责任制越来越受到青睐，以目标来规范劳动者的行动，以目标来制约人们的时间使用。时间管理专家麦肯济在《新时间管理法》中大量阐述了目标管理的重要性，他指出："较有效的结果一般是通过对既定目标的刻意追求来达到的，而不是依靠机会。目标管理的基本概念就来源于这个已被证实的原则。"目标管理就是克服领导管理过程的事务主义倾向。这样，领导者就不必事无巨细地以全能者的面目出现，而只须制定目标、督促执行目标、检查目标的实施即可。正如伦敦塔特莱尔公司总经理霍·萨克逊·塔特所认为的那样："如果各项结果同计划的预期目标相结合，即说明他们有效地管理了时间。我并不关心怎样去实现它们。然而，当各项结果不符合预期的目标，管理时间中就存在着一系列的问题。"

当然，这些有赖于正确而科学地选定目标，并进而寻找最佳目标，实行目标的层次化、具体化。目标既不能过高，也不能过低，过低有损于工作进程，过高会使人产生可望而不可即之感，不能激发工作的积极性。目标的选定与目标值和期望概率这两个因素有关。使目标值与期望概率达到最佳配合、融洽的目标一般是最佳目标。选好目标并非一件易事，它是一个复杂的决策过程。它不但要考虑到社会的需求、社会的承受力，而且还要考虑本部门现有能力大小等一系列参照系数，同时还要善于注意尽可能详细完备地占有与此相关的各种资料和统计数据，进行反复分析、比较。

目标一旦确定，还要考虑它的可行性、具体操作性问题。即要将总目标分为许多前后相关的层次性目标、阶段性目标。按目标的实际价值，列出目标清单，其中包括成果目标和过程目标，将这些目标按次序排列，分清主次、轻重、缓急，并选出这一区段的最优化目标，即可以立即执行的目标。这样，就能达到目标的定量化、具体化。目标管理中还要注意的一个问题是目标的确立与修正、控制是一个统一的过程，通过执行过程中的信息反馈，及时修正、完善目标。

二、计划性原则

确立目标是为了有计划地行动，有计划地工作。目标的具体实施、实现是在计划性的工作中完成的。

在管理中我们常看到这样的领导者，他们在行动中不进行认真、冷静的思考，没有详细的行动计划，工作过程中要么凭习惯办事，要么想当然或随波逐流，不是主动地去开展工作，而是消极地应付，工作毫无起色。而高超的领导艺术的重要一条就在于工作有计划性，这不仅是经验之谈，更是时间管理的一条重要原则。正如美国托莱多城圣查尔斯医院院长马克·邓多所说:“我认为计划是时间管理的要旨。每日计划是重要的，月计划和年计划也是重要的。如果能对三种计划进行通盘考虑，时间管理将取得更大成功，全面管理效能将得到更大的提高。”

有的领导者也许认为制定计划过程是对时间的无谓消耗，从孤立的过程来看，的确如此。但若认真而理智地思考，从全面的观点出发，他们就会发现，在制定有效的计划中每花费1小时，在实施计划中就可能节省3~4小时，并会得到更好的结果。如果你没有认真作计划，那么实际上你正计划着失败。

现在，在西方的管理领域，“每日计划法“、“每日工作时间记录法”相当流行。这种方法的采用就是将计划具体化、简单化、可操作化，使每天的工作内容更加明确。每日工作时间记录包括:列举当天要完成的目标或最重要的任务;确定每项活动的优先顺序;分析今后怎样更好地安排这些活动。“每日计划对于有效地利用个人的时间是必不可少的。它应该于前一天下午或当天开始工作时制定出来，并与近期的目标和活动相一致。”这已成为许多成功领导者的共识。

关键性的问题在于如何制定好计划，有了可行性的计划，是控制不必要的时间浪费，提高效率的前提。一般地讲，制定计划要有如下步骤:①确立目标;②探寻达到目标的各种途径;③选定最佳途径;④把最佳途径转化为每周或每日的工作事项;⑤编排每周或每月的工作次序并具体执行;⑥定期检索目标的可行性程度，以不断调整计划，完善计划。计划制定出来并不等于万事大吉，主要的是要执行计划，使计划中的目标成为现实。只计划不行动与只行动不计划一样是错误的。实践是检验真理的惟一标准，只有在具体的工作中才能发现计划的利弊。同时，对计划执行过程中的某一区段进行总结也是相当重要的，只有这样，才能达到扬利弃弊，以此实现计划的最优化。

三、总体性原则

不管是目标的确立，还是计划的制定，以及对计划的检验、评估，都要求我们要从全局出发、从整体出发，看是否在总体上达到了时间效率的最优化。现代领导是系统性的立体的多层次网络，它要求从宏观上把握住整体目标的至上性，和阶段目标的一致性，并考虑计划实施过程中目标优先次序，以便达到工作总体的程序化、最优化。

科学实验证明，人的双眼的视觉功能大大超过两只单眼视觉功能的总和。双眼的视敏度比单眼高 6～10 倍，双眼视觉还能形成立体感，这在单眼中是绝对不可能的。这就是所谓的"整体大于部分之和"。同样，在用时过程中也要注重"总体效应"，仅仅重视各个要素的作用是不够的，应该把要素的分作用与系统的总功能联系起来考查。个别是一般中的个别，一般又是个别的一般。只注重单独的、阶段性的分目标的实现，而不考虑总体平衡，在现代领导中往往是要失败的。只有从"总体效应"着眼，才能协调人与时间的关系，对时间进行最佳运筹。

国外的时间管理专家及成功的领导者、管理人员都非常重视自己工作的优先次序安排，他们把要干的事分为必须做的、应该做的和能做的，根据工作的重要性、紧急性程度，合理地分配时间、并适当地授权。相反，不考虑计划实施过程中的目标优先次序，不切实际的时间预算，没有规定好时间利用的最后时限等都是时间浪费的重要因素。他们一再告诉领导者"应该按照优先次序列各项任务进行时间预算或分配"。

一个企业、一个单位本身是总体性的，目标系列也是由不同的、逐次的阶段目标所构成的总体。计划的实施过程同样是一个总体性的系统过程。一个领导者的工作时间期限也是作为一个总体出现的。这就要求领导者把时间用在关键部位，用在刀刃上，因为关键性的工作是影响全局的。在关键性工作和一般性工作发生冲突时，一定要放弃一般性工作或者委托别人办理，自己去做关键性的工作，并且在自己精力最旺盛的时刻去处理最重要最关键的事情。但一般的工作也不可忽视，而是放到精力稍差的时候去做。做到当紧则紧，当弛则弛，当快则快，当慢则慢，使工作时间富有弹性。

美国罗德岛巴林学院院长查尔斯·埃·休梅尔博士是强调时间管理实践的著名教育家，对"为了在最少的时间里获得最大的功效"这个课题进行了不懈的探索，提出了"紧急事件专制"概念，他认为："紧急事件专制"问题从根本上说，是优先次序问题。他说："我们生活在紧急事件和重要事件不断冲突的状态中。问题在于，重要任务一般不必当天或这一周内完成。而紧急事件则要求立即行动，刻不容缓——每天，每小时都在没完没了地提出要求、施加压力。"要想轻松地工作，摆脱压力危机，就须有总体的计划，并首先完成刻不容缓、必须当即解决的任务。

关于时间安排的总体优化，在我国古代就有光辉的典范。北宋时期，东京汴梁府皇城火灾，宫殿焚毁，宋真宗派大臣丁渭主持修复。修复一个大宫殿是何等巨大的工程，他首先遇到的是砖、木、垃圾及其他原材料的困难，当时的交通运输并不发达，且皇帝要求他尽快完工，丁渭经过再三分析、筹划，提出如下方案：在皇城前的大道上挖土，烧砖备料，解决了远道取土难的问题，把大道上的土方挖出后，引京城附近的汴水流即成运河，用船把建筑材料直接运到工地，等到皇城修复后，把碎砖、杂土等全部垃圾填入河道，修复皇城前的大道。施工结果，工效极佳。

四、集中性原则

成功的时间管理经验告诉我们要保持时间利用的相对连续性，集中某一区段的工作时间，是提高时间利用率的最佳途径。善于集中时间，而不把时间分割成零星的碎片的人往往是效率最高的人。美国管理学家杜拉克说："有效的管理者知道他必须集中他的自由时间，他知道他需要集中的整批时间，将时间分割成许多小段，等于没有时间，时间如果能集中，即使只有一个工作日的1/4，也足可办成几件大事。反之，零零碎碎的时间，纵然有3/4个工作日，也是毫无用处的。"这就是管理专家们通常所说的"帕莱托法则"：20/80定律。即事物80%的价值集中在20%的组成部分上，或者说，少数关键性（大约20%）的努力通常能够产生绝大部分结果（大约80%）。所以有效的管理人员总是把他们的实力集中在能够产生最大效果的那些关键性的少数活动上。

作为现代的领导者，他的工作量是很大的，工作内容是很丰富的，在这些内容中有重要的、非重要的，紧急的、非紧急的，迫切的、非迫切的，而时间又有限，这就要求我们的领导者在工作中做到以点带面，点面结合，突出重点，牵动一般。切不可搞时间分配上的平均主义。必须集中时间，抓住重点工作，以此来开展工作。"帕莱托法则"告诉我们，时间应该集中在那些最有效、有价值的工作上，而在那些一般的非重要性的工作上则应少花时间。正如英国教育家斯安宾所说，"时间有限，不只由于人生短促，更由于人事纷繁。我们应该力求用我们所有的时间去做更有益的事情"。

要集中做好有益的事情，必须选择、确定好哪些工作是重要的。所谓重要的工作，是指那些具有本质上的重要性，具有时间上的迫切性，它的完成与否直接影响目标全面，并产生严重后果的关键性工作。当然，最重要、最关键也并非最迫切、最刻不容缓。只有最重要也最迫切的工作才是要一定做好的，而且是必须集中时间做好的重要工作。所谓用时的集中性原则也就是要集中最佳状态下的精力，最佳时间，最合理的人、财、物的组合去做最重要、最迫切的工作。同时也包括在安排工作时，把类似工作合并在一起，以便消除重复的活动。北京奥运会的比赛场所之所以能如期完工，就在于奥运会组委会、北京市领导成功地运用了集中性原则。一是将场馆的建设作为最重要最迫切的事提上日程，二是将最好的人力、物力、财力、信息等集中于"集中的时间"之上。

时间的集中使用，还涉及到时间集中量的问题，若时间量不适当，也会造成浪费，从而使时值缩小。在西方企业界有这样一个故事：一个大银行的总裁，每月要与顾问会晤一次，但每次只晤谈一个半小时，且谈话的题目也只限一个。他从不让晤谈时间越过一小时20分，到最后10分钟，他就开始总结这次谈话大体上解决了哪些问题，并布置下次面谈的事宜。时间一到，他就站起来和顾问握手再见。有一次，顾问问他为什么每次只谈一个半小时，他回答说，"原因很简单，我的注意力只能维持一个半小时。研究任何问题超过了这个限度，我就会重重复复。而且我还知道，如果太短，时间便不够用，我恐怕会掌握不住问题的重心。"

五、效率性原则

用时的目的就在于以最少的时间投入，取得最大的时间效率。可以说，效率性原则是用时的核心原则。不管是目标的确立、计划的制定、时间的量和质的集中使用等都是为使在有限的时间里产生最佳效果。

所谓效率就是时值与所费时间的比例。时效与时值的大小成正比，与时间耗费的多少成反比。前面所分析的许多时间浪费因素都是对时效发挥的阻碍，时间浪费因素也就是减少时效的因素。但我们这里所说的效率性原则主要是指如何在相同的时间消耗中产生更多工效，以获得最大的时效。

有成就的科学家、有成绩的领导者，无不是向效率要时间的高效率工作者。爱迪生在他那短暂的一生中，先后获得1000多项发明专利。他经常说："人生太短暂了，要多想办法，用极少的时间办更多的事情。"美国威期汀豪斯电器公司前任董事长兼总经理唐纳德·C·伯纳姆是一个有名的管理专家，他在其名著《提高生产率》一书中声称："在我整个工作生涯中，我一直在宣传提高生产率之值……我随时随地都在考虑提高生产率的必要性，制定计划，从事建设，提出建议，好言诱导，撰写文章，发表讲话。"

那么，怎样才能提高工作效率呢？除了有合理的目标、可行性的计划等因素外，还需要有科学工作方法并善于运用现代新科技手段。

大发明家爱迪生思维敏捷，他之所以能取得成功也得益于他的科学工作方法。一次，爱迪生递给助手一个没上灯口的空玻璃灯泡，让助手测量它的容积，助手又是拿软尺测量灯泡的周长、斜度，又是计算，爱迪生等了一会，见还没有报来结果，他便走了过来，打量助手一眼，拿起那只空灯泡，向里面灌满水，交给助手说，"把这里面的水倒进量杯里，不就知道容积了吗?"这样，助手立即推出了数据。这个例子告诉我们，要善于科学的思考，正确的分析，运用正确的方法，就能事半功倍。

现实生活中，我们看到一些领导者整天陷入文山会海中，会议过多、过长，议而不决，使本来可以利用开会来进行互通信息、安排工作、协调各方面关系、进行决策的这一重要的工作方式变成了人们声讨的对象。这就要求领导者要善于精打细算，提高会议的效率。

六、协作性原则

时间管理学家麦肯济在对许多成功的企业家、管理者作出访问后，得出结论:关键是协作，要建立协作关系。的确，由于社会化大生产的日益高级化、复杂化，工作日程日益超载，要想在有限的生活、工作空间中延长你的生命历段，在有限的生命周期中开拓你的生活、工作空间，就要求在领导者之间、领导者与被领导者之间以及被领导者之间建立一种真诚而坦率的协作关系，善做协作伙伴。俗话讲:集思广益，众志成城。不管我们在目标计划的制定上，还是在目标计划的执行、检查、评估中，都要贯彻民主集中制原则，广泛调动积极因素，培养主人翁责任感，使每个人的潜能得到充分发挥。

成功领导者的经验告诉我们，所谓领导，就是依靠人们来完成工作，更精明地说是借助他人来达到目标。领导者只做必须该自己亲自处理的事，对于那些可做可不做的事要授权别人完成。麦肯济在论述有效时间管理的工具和方法时写道，要"鼓励协作，不自命万事通，授权。征求管理小组成员对决策的看法。不要做任何能够授权别人去做的事"等。工业心理学家弗洛里博士认为"有效的管理者避免陷入琐事。他认识到，追求尽善尽美会把未加提防的管理者拖入不必要的细节中去。他把日常工作和操作问题留给别人，自己避开细节"。的确，"能够避开琐事，不做别人能做的事，只做自己必须做的事"应成为现代领导者的基本观念。

现实中的确有一些领导者具有许多错误的用时观念。他们深信，自己亲自动手会把工作做得更快更好，并认为这样做不仅节省了布置工作的时间及最后检查工作的时间，而且完全可以按自己预想的方式一次就正确地做好工作。由于他们断定别人不能像自己那样把事情办好，便坚持做很多本应授权别人去做的事，以致他们没有时间去进行管理。有些领导者不仅存在着错误的全能观念，还存在着错误的缺我不可观念。他们断定，企业、单位一旦失去他们的参与，就无法存在下去。他们不让别人做出决策，结果使自己的办公桌堆满了文件。他们未能有效地授权，更没有进行友好的合作，结果迫使每个人都来找他们解决各种细小的问题。他们发现，甚至感到奇怪，为什么自己整天忙忙碌碌、辛辛苦苦，却未得到更多的感激呢？这一错误的观念被瑞典拉科雷跨国公司总经理保罗·德·马萨诺柏认为是“第一主角瘾”。这句话是对那些“只顾自己干各种事而不知道协作、委派”的领导者的莫大嘲讽。马萨诺本人是一个“管理问题需要共同探讨”的坚定信念者。自从他的拉科雷公司在许多国家建立分公司以后，按照马萨诺的观点，要及时同各地的人员保持有效的信息联系，了解他们正在想什么和做什么。他认为，管理过程中必须基本做到:第一要和各地人员共同制定计划，第二要共同检查实施结果并采取矫正措施。

的确，积极、有效的信息交流、思想交流是现代领导工作的一项必须环节，但毫无主题、漫无边际的闲聊则不属此范畴之列，它只会对工效的提高产生许多消极影响，浪费大量宝贵的时间。西方企业界的一些领导者总结出“隐蔽办公处”的经验，一来可集中思考、处理一些重大问题，二来也是对顺便来访的不速之客的巧妙回绝。

秘书制度的建立使领导者的工作效率大大提高，现在每一位领导者都认识到建立自己与秘书间的伙伴关系的重要性，秘书对领导者的工作日程的安排，对电话、邮件的处理，对来访者的合理挡驾，对领导者决策的制定等都取得了积极的效果。同时领导者也需要有一个好的“内务秘书”，即知情、达理、聪明、能干的“贤内助”。

七、创造性原则

领导活动本身是一项创造性的活动。从某种意义上，用时的创造性原则并非一种独立的原则，而是贯穿于上述各种原则的执行之中的。无论目标、计划的审核，合理地调配人、财、物，还是致力于工作效率的最佳化，都要求高度复杂的创造性思维。

首先，要求有一定的预见力，洞察力。活动开始之前要对活动的全过程做合理的预测，预料到可能出现的有利因素、不利因素，可能出现的中途障碍、意外事件。一般地讲，事先有所准备的活动比事后补救的活动更有效。对可能出现的意外有了一定的思想准备和物质准备，就会在实现过程中不乱手脚，从而理智地克服不利因素。麦肯济说，“预期事件出现的可能性直接伴随实现它的有计划的努力而增加”。

其次，在于目标审定、计划核准过程中的选择能力。如何选择那些对事物的运动最有影响的因素，的确是一项难度极高的活动。对某一问题做深刻分析，区分开本质和现象，不丢弃实质性东西，从而不把主要精力和时间耗费在表面的问题上。

再次，要把握领导过程的灵活性。原则性和灵活性是辩证统一的，教条式的使用原则，只能使工作无效。安排某项活动既要有统一的规划，也要有统一规划中的灵活，以便应付领导过程中的无法控制的力量，对于时间的安排要有弹性，不能过满，不能过松。对通向目标的实施过程情况进行定期反馈，纠正工作中的偏差，使计划不断完善。总之，创造一个弹性、高效、轻松、无压力的工作环境。

最后，创造性原则还表现为正确贯彻群众路线，实行“走动领导”。企业家克罗克看到办公室的工作人员整天沉浸在烟、茶、报中，不主动提出问题、观察问题的现象后，下令将全公司的管理人员的椅背锯掉，他说这样可使他们深入到基层的职员之中，了解他们的工作情况，倾听意见。他把这种经验称为“走动领导”。我们知道，认识来源于实践，服务于实践，检验于实践，不亲自深入基层而得到的认识、材料很难与实际相符，这样的材料会对计划的制定、执行产生一定的消极影响。

第三节　领导用时的技巧

在科学技术突飞猛进的时代，时间就是金钱、效率就是生命的今天，谁赢得了时间，谁就赢得了成功；谁赢得了时间，谁就赢得了未来。任何一级领导者，都不会轻视赢得时间的意义。解决领导者的时间危机，不仅需要策略，还需要技巧。本节将介绍八个方面具有可操作性的用时技巧。

一、记录时间消耗

要想赢得时间，首先必须明了时间是怎样被耗费的。而要想知道时间的耗费情况，又必须先记录时间。领导者应该养成善于记录时间消耗的习惯。办法是在做完一件事之后，立即记录下所耗费的时间，每天一小结，连续记一周、两周或一个月，然后进行一次总体分析，看看自己的时间究竟用到什么地方，从中找出浪费时间的原因。专家研究证明，凡这样做的人，对于节省时间、提高效率，收效甚大。现在人们常常把“应该”花费的时间，看成是实际已经花费的时间，而这两者往往是不相等的两个量。如果人们问一位领导者：“您今天上午做了什么，花了多长时间?”答曰：“起草报告花了三小时。”其实，在这三小时中，他喝茶、抽烟花费了 18 分钟，中途休息了两次，花费了 23 分钟，与同事聊天，花费了 27 分钟，接三次电话，花费了 5 分钟，这样总共花费了 73 分钟，实际上真正用于起草报告的时间只有 1 小时 47 分钟。可见浪费时间是多么惊人。因此，进行时间消耗记录，对时间使用进行统计分析，对于领导者提高时间利用率，是一件十分重要的工作。

这里介绍一位苏联昆虫学家柳比歇夫的时间统计方法。柳比歇夫的一生，成就赫赫，硕果累累。他发表了 70 多部学术著作，写了 12500 张打字稿的论文和专著，内容涉及遗传学、科学史、昆虫学、植物保护、哲学等广泛的领域。在这些成就中，有相当一部分要归功于他那枯燥乏味的日记本——“时间统计册”。柳比歇夫每天的各项活动，包括休息、读报、写信、看戏、散步等等，支出了多少时间，全部历历在案。连女儿找他问话，他解答问题，也都在纸上作记号，记住花了多少时间。每写一篇文章，看一本书，写一封信，不管干什么，每道工序的时间都算得清清楚楚，内容之细令人惊讶。在 1964 年 4 月 8 日这一天，他这样记录道：

“乌里扬诺夫斯克。1964 年 4 月 8 日。分类昆虫学：鉴定袋蛾，结束——2 小时 20 分。开始写袋蛾的报告——1 小时 56 分(1.0)

附加工作：给达维陀娃和布里亚持尔写信，6 页——3 小时 20 分(0.5)

路途往返——0.5

休息——剃胡子。《乌里扬诺夫斯克真理报》——15 分；《消息报》——10 分；《文学报》——20 分；托尔斯泰的《吸血鬼》66 页——1 小时 30 分。听里姆斯基——柯萨科夫的《沙皇的未婚妻》……”

基本工作合计——6 小时 45 分。

柳比歇夫从 1916 年元旦开始作时间统计。他每天核算自己花费的时间，一天一小结，每月一大结，年终一总结，直到 1972 年他去世那一天，56 年如一日，从未间断。他每天记下各种事情的起讫时间，相当准确，误差不超过 5 分钟。所有毛时间都被扣除，他只注意每天纯时间的数量，他介绍说：“工作中的任何间歇，我都要刨除。我计算的是纯时间，纯时间要比毛时间少得多。所谓纯时间，就是你花在这项工作上的时间。”经过准确的时间统计，柳比歇夫把一昼夜中的有效时间纯时间算成 10 小时，分成 3 个“单位”，或 6 个“半单位”。分别从事两类工作。第一类是创造性的科研工作，如写书、研究、做笔记等；第二类是不属于直接科研工作的其他活动，如做学术报告、讲课、开学术讨论会、看文艺作品等。除了最富于创造性的第一类工作不限死时间以外，所有计算过的工作日，都竭力按时完成。1966 年，他已经 76 岁了，用来处理第一类工作的时间，平均每天为 5 小时 13 分。天天如此！5 小时内决没有歇会儿抽支烟的工夫，没有聊天谈话，没有溜达散步，也没有听别人的谈笑风生。这是真正不打折扣的 5 小时！

学习柳比歇夫的时间统计方法，我们的领导者会终身受益。

二、即时处理可以处理掉的事情

依据效率研究专家的说法，在相同的时间内，用相同的努力做尽可能多的事情的最佳方法就是即时处理。

所谓即时处理，简单地说，就是凡决定自己要做的事，不管它是什么事，就立刻动手去做，“立刻”这一点至关重要。

立刻动手，这不仅省去了记忆、记载、或从头再干的功夫，而且可以解除把一件事总记挂在心上的思想包袱。

领导干部如果对一切事务性的工作都采用“一次性处理”，那么就省去了对一件事再花第二次、第三次的功夫。如果有信件需答复，应看完原信后立即动手写回信。如果拖延几天再写，就得再一次读原信，当然就多费了一些功夫。如果有事非得作决定，便立刻作出决定。脑海中一旦闪现出对工作有用的想法和主意时，也马上动手记下来。无论什么事，“再来一次吧”都会造成时间浪费。诚然，有些事情是需要深思熟虑的，是需要花时间考虑的。但对于不太重要的事或急事，立刻动手干则是上策。

然而，在我们的领导者中，有一些同志却有一个很不好的工作拖拉作风，本来可以随手处理的事，却拖得几天几周办不了，几天内可以办的事，却几个月不见踪影。还有的同志对需要解决的问题还有意识地“踢皮球”，你踢向我，我踢向你，这样导致工作效率极低。殊不知，被拖延的事务，将来仍然需要做，而且需要花费更多的精力去做。

中国有句格言，叫做“今日事，今日毕”。领导者要赢得时间，必须养成随手处理可以处理的事务的作风，不能依赖着明日。古诗云："明日复明日，明日何其多；我生待明日，万事成蹉跎。"把握今朝，才是我们领导者必备的工作作风。

三、抓住一天中的"高效时间"

作为一个领导者，应该明了千百年来为人们所忽略的一个道理，即时间不仅具有数量，而且具有质量，对于不同使用者，每时每刻并不是完全等效的。在人的一生中，时间存在着质量差异。比如，一生中青春是最为闪光的岁月，"青春者，人生之王，人生之春，人生之华也"。一年中，一天中的时间也存在着质量差异，古人云："一年之计在于春，一日之计在于晨。"不同的时间具有不同的效能。在有的时间里，人们精神充沛，动作敏捷，办事效率高；而在有的时间里，却变得头脑迟钝，动作呆滞，两分钟只顶一分钟。因此，有些效率问题研究专家认为："控制时效的秘诀之一，就在于要用高效时间去处理最重要、最复杂、最需要创造力的问题；而在低效时间里，去从事有周期性、重复性的日常工作，或进行调节生理、心理的闲适活动。"

时间质量上的差异，要求领导者不能按事用时，即工作事务不能按时排队去做，而要按质用时，即把最重要、最困难的工作放在高效时间去做，这是赢得时间、提高领导者工作时效的重要技巧之一。

所谓高效时间，是指一天中思维能力、活动能力最旺盛的时间。一般人的情况是这样：早晨，刚走上工作岗位，开始一天的工作，这时是记忆力最佳的时刻。随着时间流逝，工作逐步开展，人的精力也在逐渐增加，中午 12 点以前，思维力、精力、体力等活动指标均达到了高潮，能够胜任各种艰巨复杂的任务。可是不久，各项指标又迅速下降了。下午一两点钟是脑力和体力较低的时候。而下午 3－6 点，人的脑力又活跃起来，处理各种事务又非常灵敏了，到晚上 9 点，形成了一天里的第二个高峰。当然，这只是一般人的情况，具体到每个人，细微差异仍然很大，往往因人、因事而异。巴金喜欢挑灯夜战，只有深夜才能"精骛八极，心游万仞"；诗人艾青则倡行"黎明即起，闻鸡飞舞"。现在的领导者工作习惯也各不相同，高效的时间也不相同，每人都可以从自己的具体情况出发，尽量将高质量的时间供给重要的需求，最大限度地开发和利用时间能源。

四、合理地利用早晨的时间

关于早晨，有一首很优美的诗，作者是日本作家谷川俊先生，诗名叫做《早晨的接力赛》。诗中写道：堪察加的小伙，在梦中见到长颈鹿时，墨西哥的姑娘，却在清晨的薄雾中等待着公共汽车；纽约的少女，在睡梦中微笑着翻身时，罗马的少年，却在目不转睛地盯着那染红了柱顶的太阳。啊！在这个地球上，总是不知在何处又开始了早晨。我们把早晨当做接力赛，从这个经度到那个经度，可说是正这样轮流地守卫着地球。在休睡前的一瞬间，请侧耳细听，闹钟催人起床的铃声，正在哪里远远地响着。啊！这证明有谁在牢牢地接住了，你已经送走了的早晨。

读了这首诗，谁能不为早晨的魅力所陶醉？是的，早晨的时光是十分珍贵的。

重视早晨的时间，就需要合理地利用早晨的时间，应该养成早晨一睁眼便立刻跳起来的习惯，这种习惯起码可以赢得 20～30 分钟的早晨时间。不少人虽然早晨醒了，但仍躺在床上，磨磨蹭蹭，这样，半小时的时间一晃就过去了，不知不觉地把时间浪费掉了。也有些人早晨虽然一睁眼就起床了，却又把时间浪费在每天早晨必须要做的事情上，在洗脸、穿衣、找东西上多费了功夫。应该养成这样的一个习惯，在头一天晚上就事先决定好第二天早晨起来穿什么衣服，将所需要的衣服全部放在身边。还可以利用一个整理箱，把随手携带的东西全部放进去，这样做也大大有助于节约早晨的时间。

五、有效地利用零碎时间

所谓零碎时间，是指不构成连续的时间或一个事物与另一事物衔接时的空余时间。这样的时间往往被人们毫不在乎地忽略过去。零碎时间虽短，但倘若一日、一月、一年地不断积累起来，其总和将是相当可观的。凡是在事业上有所成就的人，几乎都是能有效地利用零碎时间的人。

曾任复旦大学校长、中国科学院学部委员、上海市人大副主任的著名数学家苏步青教授，他说过这样的一段话："我把整段时间称为'整匹布'，把点滴时间称为'零星布'，做衣服有整料固然好，整料不够就尽量把零星的用起来，天天二三十分钟，加起来，就能由短变长，派上大用场。"

伟大的生物学家达尔文也曾说："我从来不认为半小时是微不足道的一段时间。"诺贝尔奖金获得者雷曼的体会更加具体，他说："每天不浪费或不虚度或不空抛剩余的那一点时间。即使只有五六分钟，如果利用起来，也一样可以有很大的成就。"把时间积零为整，核心使用，这正是古今中外很多科学家取得辉煌成就的奥妙之一。

面临时间危机的领导者，如果会利用"零星布"，学会抓住半小时，那么是否就可以在一定程度上缓和时间危机呢？答案是肯定的。因此，每个领导者都需要学会有效利用零碎时间的技巧。

利用零碎时间的技巧主要有以下四种。

1. 嵌入式技巧。即在空余的零碎时间里加进充实的内容。人们由一种活动转为另一种活动时，中间会留下一小段空白地带，如出差时乘车、等车时间；会议前的片刻；找人谈话等候时间等。对这些时间可以充分利用，根据时间的长短做一些有意义的工作。1849 年恩格斯从意大利的热拿亚坐船去英国，一路上，船上的旅客大多数在无聊地饮酒作乐，消磨时光。恩格斯却一直呆在甲板上，不时地往本子上记录太阳的位置、风向及海潮涨落的情况。他利用乘船时机正在研究航海知识。

2. 并列式技巧。即在某项松散活动进行期间，同时开展又一项活动。例如做饭、散步、逛商店，都可以适当地一心两用。艾米莉·勃朗特是英国一位勤奋的女作家。年轻的时候，她的家务劳动很繁重，洗衣服、烤面包、做饭，都要她自己动手。她在厨房里干活时，每次都随身带着铅笔和纸，一边干活一边构思，只要一有空，就立即把脑子里涌现的构思记下来。

3. 压缩式技巧。把零星时间压缩到最低限度，使一项活动尽快转为另一项活动，免去很长的过渡时间。俄国大音乐家柴可夫斯基，每天一定要工作到吃饭时间才搁笔，绝不增加等候的零星时间。

4. 化零为整式技巧。即把零碎时间集中为一个整体。美国管理学家杜拉克在他的《有效的管理》一书中提出：善于集中零碎时间为一个整数是领导者赢得时间的一个诀窍。

六、尽量避免干扰

领导者应该专心致志地工作，只有这样，才能赢得时间。然而，在现实生活中，总是缺少这样的环境，外界的干扰常常打断领导者的工作，甚至使人心烦意乱。

干扰主要来自以下几个方面:(1)上级领导来检查工作(主要是指摆摆样子、走走形式的无实质内容的检查);(2)电话干扰;(3)同事来串门、闲聊的干扰。摆脱这些干扰就需要技巧。

对来自上级领导的干扰，很难避免。在我国，往往有这样的情况，上级领导来检查工作，众多的领导前往作陪，宴会作陪、检查工作作陪、游山玩水也作陪。解决这个问题特别困难，需要下级领导具有“抗上”的胆识。

对来自生活的干扰，比较容易解决，如果正忙得不可开交，即使电话铃声、门铃声响个不停，也可以不理睬它。若有必要，还可以把电话线切断。

这里着重谈谈摆脱同事或客人前来闲聊的技巧。在日常工作中，领导者偶尔与同事或下属或来访客人亲切地聊一聊，也不是不可以。但是，当这种交谈平淡乏味或庸俗冗长、不合时宜时，就应该尽量避免。要结束或避免此类情况，有时特别困难。处理不当，还会伤害对方，因此，需要讲究技巧。

这些技巧主要有:(1)避免惹人注意，尽量让别人忽略你的存在，给别人的印象是你的时间是非常非常紧张。(2)办公室不要布置得像接待厅。除非必要，尽量少在办公室里放椅子以及精巧的吸引人的海报、画报或零食等极易招引同事来访的东西。(3)起身招呼访客，这不但是礼貌，而且如果你保持站立姿势，对方就不会逗留不走。(4)回答尽量简明，以及很快将没有必要的事要谈的来访者送走。(5)尽快作结论。当交谈持续较久时，你可以说一句:“嘿！我想我该说的都说了吧!”(6)当有人对你东拉西扯时，你可打断他的话头，并委婉地说:“很抱歉，我实在听不懂，不晓得你到底要谈什么?”(7)几个人同时在你办公室闲聊时，你可以干脆言称有事而溜走，干别的事去。(8)说实话，直接告诉对方你没有时间陪他聊天。这种做法有时比暗示反而会起到更好的效果。

七、多用电话，少面谈

领导者在工作中，必然会有很多事需要与他人(包括上级、同事、下级)交换意见，商量工作，从节约时间的角度考虑，对于这种情况应尽量少面谈，而应多打电话。多多地利用电话为你的工作服务，尽量减少当面交谈，是节约时间的重要途径。

当然，不可能用电话交谈代替所有的面谈，如果非要交谈不可的话，那么，也必须事先用电话约好时间，这不仅可以避免白跑一趟，而且还可以让对方对你将要讨论的问题有所准备而节约时间。此方法还可以推而广之，不仅可以利用电话这种通讯工具，而且也可以用其他器具帮助领导者节约时间,例如利用录音机、照相机、复印机等。

八、学会“暂停”和休息

学会“暂停”和休息，也是赢得时间的秘诀之一。领导者在做一件复杂的工作时，如果一头扎进去，只知加快节奏，毫不间断地干下去，效率不一定都很高。如果在百忙之中暂停一下，拿出一点时间冷静思考，瞻前顾后，暂时中断原来的思路，探索一下新的途径，常常会收到意想不到的效果。从生理上讲也是这样。拼命干，“连轴转”，效率往往并不高。只有适当地进行调节，用片刻休息（抽支烟、喝杯茶，甚至伸个懒腰）把工作间隔起来，高度紧张的状态就会得到缓和，新的精力就会从这片刻休息中焕发出来。其结果，时效大大提高。

不仅要学会暂停，而且还要学会休息，即较长一点的暂停。人的精力总是有限的，尤其是到了一定的年纪的领导者，为了能更好、更有效地工作，就必须重视必要的休息。

最后是既休息好，又不让休息时间浪费掉，有以下一些办法。

(1) 做同一件工作的其他方面的事。例如，抄写笔记、整理资料等不需积极思考的工作。

(2) 在头脑发呆、不清楚时，可以喝点咖啡或抽支烟或者与别人闲聊几句，也可以干些不需要动脑筋的轻松的工作。

(3) 在家里工作时，也可以去打一个瞌睡或者散散步。

(4) 如果会气功者，可以做一套消除精神紧张的气功。

愿更多的领导者从上述的用时技巧中获得启迪和收益，为祖国的现代化建设大业贡献出更多的聪明和才智。

第五章 领导授权艺术

领导权力有限，但成功的领导无一不是擅长分解权力即授权者。通过合理地授权，来实现自己的“分身之术”。通过合理授权，使自己重在把握大局，轻于具体事务，能够有更多的时间和精力去抓大事，控全局。同时，合理授权还能有效地调动下属的积极性、能动性和创造性，激发下属干劲，增强下属才干，从而提高领导工作效率。

第一节 领导授权的本质

学习和研究领导授权问题，必须首先搞清授权的含义、作用、程序等授权本质方面的知识。

一、领导授权的含义

所谓授权，就是领导者把所属权力按照规定和工作需要授予下级，从而给下级提供完成任务所必需的权力。当然，这种权力的授予，并非是被动或无条件的。恰恰相反，它是主动的，有选择地进行的。所谓“主动”，就是为了提高管理效率，有意识地实行授权。所谓“有选择”，主要包含两层意思：一是对将要授予或转移出去的权力进行选择；二是对接受权力的人员进行选择。而搞好这两个“选择”，则是实行有效授权的必要前提。授权一般是在上下级之间授权。授权者对被授权者有指挥、监督权，被授权者负有用权尽责之义务。

授权是指上级领导机关或领导者授给下级部分权力和责任，以便下级有相当的决策权和行动权，能够相对独立、相对自主地开展有关工作。授权者并不是把所有权力都授给下级，而是保留对被授权者的指挥权、监督权，被授权者对上级负有完成任务的责任，负有报告情况的责任。

上级领导者给下级授权时一定要明确相应的责任，反之给下级明确责任时一定要授予其相称的权力。责权不能分离。有责无权，下级难以尽职尽责；有权无责，下级容易低效率工作，甚至腐败。

需要指出，领导者把一部分权力和责任授给下级后仍有检查监督的责任，仍有指挥协调的责任，如果下级工作出了问题，犯了错误，领导者依然有不可推卸的责任。领导者千万不要认为，授了权就万事大吉、高枕无忧了。

授权后领导者既然承担着某些责任，那么当下属因种种原因不能履行其职责时领导者应该把所授的权力收回。简言之，为了工作的需要授出的权力是可以收回的。

上面论述了授权的准确含义，下面再区分几个容易混淆的概念。

首先，授权与分工不同。分工是在领导班子内部进行的，是在同一个领导层、同级之间进行的。各个成员之间没有隶属关系，只是按其分工各负其责。而授权者与被授权者是正式的上下级的隶属关系。

其次，授权与代理职务不同。代理职务是在某一特定时期依法或受命代替某人执行公务，代理者与被代理者是一种平级关系，不属于领导者向下属授权。比如代总理在总理出国期间依法行使总理的职权，而不是总理授一部分权力和责任给代总理。

再次，授权与助理职务不同。助理是帮助领导者工作，协助领导者处理有关事务，但不承担责任。授权则不然，授权者有责任，被授权者更应承担相应的责任。

二、领导授权的作用

授权，就是领导者将自己一定的职权授予下属去行使，使下属在其所承担的职责范围内有权处理问题，做出决定，为领导者承担相应的责任。一句话，就是领导者将自己不必亲自做、下属可以完成的事情交给下属去完成。这样才能做一个有效的领导者。

（一）授权是贯彻逐级领导原则的需要

只有授权，才能贯彻逐级领导的原则，实行科学领导。现代化建设事业，纷繁复杂，头绪多，范围广。在任何一个单位的工作中，不仅有着各项重大任务，而且有许多具体事务性工作，有些事情非常紧急，迫在眉睫，必须当机立断，及时去办；有些事情突然到来，不办不行，必须妥善安排；有些事情必须上下结合，共同去办。作为领导者，不可能也没有能力去总揽一切事务，必须把许多工作交由下属办理。领导者交给下属任务，必须授予下属一定的权力，做到明责授权，责权分清。这就必须建立合理的级别系列，并正确处理各级之间的关系，精心设计职位，再根据职位任职授权，实行按级领导。否则，就会出现相互扯皮、相互推诿的不正常现象，致使任务很难完成。因此，授权是现代化建设事业所决定的，是领导工作客观的要求。

（二）授权是领导抓大事管全局的需要

领导者之所以必须授权，这是由于个人有限的体力、精力决定的。人的体力、精力是一个递减量，成年之后随着年龄的增长，体力要逐渐减弱，精力、智力和能力也逐渐衰退。管理学家研究的结果表明：一个人的体力和精力是有限的，多数人在限度之内，工作出速度，出成绩，能够胜任；如果任务超出了本身能够承受的能力，工作起来往往有力不从心之感，经常会顾此失彼、甚至可能拾了芝麻，丢掉西瓜。所以管理学家主张在同一时间内只做一件事。而事实上，需要领导者处理的问题很多很杂，常见一些单位的领导者“两眼一睁，忙到熄灯”，结果成了忙忙碌碌的事务主义者。如何解决领导者工作任务多、工作时间少的矛盾呢？行之有效的办法是授权。领导者只对直接下级行使一定的权力，不包办代替和越级处理问题。这样领导者就能够有时间用于了解情况，进行学习，联系群众，静心思考一些大事。

事实上，一个领导者做到大事小事都办得很好是不可能的。重要的是，领导者要有全局观念和战略眼光，做到在任何时候大事面前不糊涂。“议大事、懂全局、管本行”，这是领导干部在工作中应该遵循的一条原则。古罗马的法典中有一条规定：“行政长官不宜过问琐事”。一个有成效的领导者应该是一位善于有效授权的领导者。领导者能不能分清和正确处理大事与小事，有无勇气大胆授权，是领导工作有无成效或者成效大小的关键所在。

（三）授权是调动起下属积极性的需要

随着现代化建设事业的进展，被领导者越来越不是小生产式的体力劳动者，而是具有现代化科学文化知识的脑力劳动者了。就是直接生产的员工中也有许多人的劳动带有脑力劳动的因素。体力劳动可以按照简单命令行事，劳动效果也容易考核。脑力劳动者就不同了，主要是靠运用知识和智力，这些人的积极性不是靠简单的命令可以调动的。如何调动他们的积极性，使他们自觉地为共同目标而奋斗，是现代领导者提高工作成效的一个关键。当然调动下属积极性的方法很多，如深入细致的思想工作，民主的领导作风等。然而授权是一种有效的方法。现代领导工作非常强调职、责、权、利统一的原则。所有的工作人员占据一定的职位，必须承担一定的责任，要履行职责也就要有一定的职权，职权是尽责的手段。有责无权同有权无责一样，都会导致领导工作的混乱，影响领导工作的效果。

我国早期的军事名著《孙子兵法·谋攻》中在讲“知胜之道”时指出：“将能而君不御者胜”。就是说将帅有指挥才能而国君不加牵制的便能打胜仗。汉高祖刘邦本来只能带兵十万，而他的部下韩信却“多多益善”，刘邦能够正确运用韩信的长处，授予他统兵权而不加牵制，因此韩信能率百万之军，战必胜，攻必克。这个故事告诉我们，如下属有能力去执行任务，领导者应赋予他们一定的权力，不干预或牵制他们的行动。只有这样，领导者才可以充分调动下属的积极性，发挥下属的才能，才有利于领导工作按预定目标的完成。

在现实生活中，善于授权，发挥下属积极性的领导者越来越多了，这是我们事业发展的象征。但是，也确有个别领导人缺乏用人的气度，他们奉行的是“武大郎开店”的哲学，凡是我的部下，才能都不能比我高，否则就想方设法加以排斥，或借机给小鞋穿。这些领导人应该借鉴历史的教训，因为凡排斥才能高的人，自己只能成为孤家寡人，最终必定逃脱不了历史的惩罚。

三、领导授权的程序

授权是领导活动的一部分，也是一种权力转移过程，因而得有一个完整的、规范化的、相互联系的程序。领导在授权时应按这个基本程序逐步实施。

（一）做好授权准备

授权是一项十分严肃的事情，不同于一般的工作交代，授出的权力不能随意收回，否则会引起下级的思想混乱，领导者的信誉和下属的积极性都会受到损害。因此要求领导者在授权前要做好充分准备，把各种可能性考虑进去。

首先，要确定授权范围。确定授权范围就是要搞清哪些事必须亲自处理，哪些事可以委托他人，选择什么样的人去办，该给被授权者多大的权力与责任。一般说来，分散领导者精力的事务工作，上下都可支配的边界权，同时因事而产生的机动权等，都在下授之列。赋予被授权者的权力必须与其所要完成的工作相适应。如果授权范围不明确，则难以达到授权的目的。

其次，要明确授权目的。这是准备工作的基本问题。为什么要授权？授权要达到什么目的，这是领导者在授权之前必须搞清的。只有目的明确，才能确定任务，并对任务进行分解。

任务分解得越清楚，权责就越明确，权力下授就越准确合理。任务定下来后，就可以由此确定下属权力的大小幅度。

第三，要确定人选。授权目的、范围定下来后，必须认真挑选合适的人去执行。挑选合适的下级，要考虑他能否胜任这项工作，同时还要注意他是否愿意接受权力，仅有能力而不热心也是难以达到目的的。

(二)选定合适授权方式

根据领导者的动机与原因之差别，授权可分为以下几种方式。

1. 柔性授权。所谓柔性授权就是指授权者对被授权者不做很具体的工作指派，仅仅指示一个大纲和轮廓，使被授权者有较大的主动性和灵活性，能够因地制宜地处理问题，作出决定。下属如果精明强干，所处理的事务又比较复杂多变，难以定量，在这种情况下，一般采用柔性授权比较好。比如在战争这种特殊环境里，首长对派到敌人内部完成任务的下属，往往采取这种方法。在和平环境里，领导者对于派到外地执行艰巨复杂任务的下属，也可采用这种授权方法。

2. 模糊授权。所谓模糊授权是指授权者一般只粗略说明工作的范围和事项，提示所要达到的目标，使被授权者有较大的自由去独立地选择完成任务的具体方式。这种方式一般是在任务重大而又艰巨，为了充分调动下属的积极性、主动性，发挥他们完成任务的首创精神的情况下取用。

3. 惰性授权。所谓惰性授权是指领导者把自己不愿意处理的复杂而琐碎的事务，交由下属去处理，其中包括一些领导者本人也不知道应当如何处理的事务，如果上下级之间能充分信赖，而下属又有较强的独立办事能力，那么采取这种方式效果较好。

4. 刚性授权。所谓刚性授权是指领导者对下属的工作、责任、权力都有具体明确的指定和交代，下属一定要严格遵守，不能有任何变动。对于一些重大的问题或政策性很强的问题，就适合于采用这种授权形式。

5. 书面授权。书面授权是指上级领导者颁发正式文件或文字指令，明确规定下属工作的职责范围、目标任务、组织情况、职责等级规范、分层负责的办法、处理规程等等。这种授权方式，使被授权者有本可循，有章可依，工作起来也就可以得心应手了。

6. 口头授权。口头授权是指领导者对下属用语言所作的工作交代，或者依据会议所产生的工作分配。当然这种授权方式对于责任重大的事项是不适宜的，会造成权、责不清，互相扯皮、推诿的不良现象。

7. 正式授权。所谓正式授权是指依据法规及组织规定的权力的运用，即工作人员依据合法权限所得到的职位。这种情况，使授权有法可依，具有高度的严肃性和威严，任何人、任何单位都不能肆意歪曲和改变，这种方式最有利于被授权者开展工作。

8. 非正式授权。非正式授权则是指法律规定或组织体系以外的权力的运用。

领导者选用何种授权方式，要视任务的轻重，责任的大小以及被授权者个人的素质而定，不能随便授权。如果授权方式选用不当，则难以达到授权目的。

(三)权力授予

领导者在既定好人选，选定合适的授权方式之后就可以给被授权者授权。授权这一过程实质上是权力的转让，亦即对被授权者的交代。领导者必须明白，对被授权者是否交代清楚，直接影响着授权的成败。

授权是一件严肃而庄重的事，领导者应选择合适的场地并创造融洽的气氛进行授权。在实践中通常容易出现两种不正常现象：一是在一些极不严肃的场合下授权，如酒席上、娱乐时；二是授权时领导者的表情过分严肃，使被授权者感到惶恐不安，在这种情况下被授权者的情绪紧张而无法松弛，因而也就难以很好领会上级意图。

一般来说，授权的理想的场地应是双方的办公室。在作交代时必须清楚明白，不可含含糊糊，否则会使人感到无所适从。被授权者若不明白，应及时提出，授权者须作耐心解释。同时，在授权时要口径一致，不能今天这样明天又那样，绝不能随意更改，出尔反尔，只有口径一致，才能达到授权目的。

(四)及时鼓励、支持、协助

对被授权者以恰当鼓励，会使其信心大增，所以在授权时及在授权结束后应及时予以鼓励，一般做法有三：

一是称赞优点。授权过程中，领导者应对被授权者的优点予以充分肯定，使其有一种荣誉感，同时也感到领导对自己的信任，从而激发起工作热情。

二是帮其分析完成工作职责的有利条件。领导者授权后，帮助被授权者分析对其有利条件，以便减轻其心理压力，近一步增强完成任务的信心。

三是提出要求与希望。授权时要以目标为轴心向被授权提出具体要求与希望，使被授权者能很好地领会领导者的意图，以利于圆满完成任务。

除了鼓励之外，领导者对于被授权者的工作要尽力支持，并协助其解决困难。如果被授权者工作有失误，应及时帮助其改正，决不能令其难堪，更不能苛求；对于其可以决定的事，切不可再作决定或指示，尤其不能作出与其相反的决定或指示。

第二节　领导授权的原则

现代社会化生产的发展，领导者面临的各项事务纷繁复杂、千头万绪，任何领导者，即使是精力、智力超群的领导者也不可能独揽一切，授权是大势所趋，是明智之举。授权，要符合领导活动的规律，要有利于实行有效的统率与指挥。授权，应遵守一定的原则，按一定的科学程序进行。领导者要做到科学授权，不能随心所欲，而必须遵循一定的原则。授权的原则概括起来有以下几个方面。

一、合理授权原则

这是指领导者授权的动机、程序、途径必须是正当的、合理的。从动机、目的看，是为了组织工作的需要，是为了提高领导工作的效能，是为了着力于锻炼、培养干部，不是出自于自己的主观随意性，更不是搞任人惟亲，满足个人的一己私利的行为，这样做的结果是滥用权力，是以权谋私。通过合理的程序，为实现合理的目的而进行的正当授权，这是领导者授权应当首先坚持的基本原则。坚持这一原则，要求领导者给其下属授权要做到适当，也就是不要过分。如果授权过分，也就是超过合理的范围，难免要发生问题。这个原则是对授权的范围来说的，即不能把不该授的权都授出去。我国春秋初期杰出的政治家管仲在《七法》中讲过："重在下，则令不行。"说的就是下级的权力过大，超越了合理的范围，国家的政策法令就不能顺利地贯彻执行。战国末期杰出思想家韩非在《孤愤》篇也论述过："万乘之患，大臣太重；千乘之患，左右太信。"这句话的意思是说，无论大国小国，祸患源自于君主过分宠信左右臣子，让他们拥权过重。历史上有许多例子说明了不合理的向下授权造成了严重的后果。例如，法国国王路易十四，晚年宠信"外表文静、内心暴民"的神父勒泰利挨，使他滥用权力，大肆迫害反对他的冉森教徒，狱中关满了无辜的公民。我国明朝皇帝熹宗朱由校，昏庸无道，对宠臣魏忠贤授予不合理的权限，不管魏忠贤启奏何事，他都是一句话："你看着办吧，怎么办都行！"结果，促使魏忠贤大胆妄为，遍设锦衣卫，肆无忌惮地杀戮重臣名将。这些都是授权不合理的典型，是值得警醒的。

在现代企业里，也有这种授权不合理的现象。例如，领导者用人偏听偏信，放权不当，授权超出了合理的范围。结果促成大权旁落，出现难以收拾的局面，使企业领导活动受到干扰，领导工作计划遭到破坏，甚至影响到企业的经营成果，任务、目标不能达成。事实证明，领导者放权不是放任，放任就要坏事，该放多少权就放多少权，要放得适当。领导者在授权过程中，切忌大撒手。

二、量力授权原则

领导者向被领导者授权，应当视自己的权力范围和被领导者的承受力而定。既不可超越自己的权力范围，又不能不顾及被授权者的承受能力，这是就授权多少而言的，是对授权者和被授权者适度的要求。领导者在授权过程中，还要注意根据被授权者的承受能力来决定授些什么权，授多少权。对被授权者来说，也有个授权适度问题，应当做到量力而行。领导者授给被领导者的权力，一是不要超负荷，不能使被领导者承担不了、硬给他们一些不适度的权力。二是不要授权不足，不充分授权，会影响被授权者能力的发挥，这种授权，对于授权者来说，就更有其难度。怎么才能掌握得好，这要看授权者在授权时对客观形势的分析，对被授权者承受能力的判断，以及对怎样才算是授权适度的理解。领导者授权有个量力问题，被领导者接受权力也有个量力问题。如果被领导者自不量力，也难以用好权，这个原则，适合于各级领导者的授权，也是授权的一项基本原则。

三、带责授权原则

领导者授权并非卸责。权力下授，并未减轻领导者的责任。领导者授权给下属，还要把责任留给自己，这也是授权的一项基本原则。但是，领导者在向下授权的同时，也必须明确被授权者的责任，将权力与责任一并赋予对方，这种授权方式不仅可以有力地保证被授权者积极去完成所承担的任务，而且可以堵住上下推卸责任的漏洞，使被授权者也不至于争功诿过，而会忠于职守，努力工作，发挥自己的主动性和创造性。这种带责授权的做法，体现了责权一致的精神。

带责授权中的责任，包括两个方面：一个是被授权者在行使权力的过程中应遵守什么原则，这也是一种责任；另一个是对活动的结果又应负有什么责任。对于这两个方面，领导者在授权时都要作出明确的规定，都要讲清楚这既是责任范围，也是权力范围。只有规定得清楚，才能便于执行。当然，这种带责授权，并不是授权领导者的责任，最终责任还是要由领导者负的，领导者绝不能以为责任一经授出就万事大吉了。“士卒犯罪，过及主帅”。领导者必须做到：即使权力下授了，凡属自己领导范围内出现了问题，都要自觉地承担领导的责任。领导者在带责授权以后，对下属职权范围内的事，不妄加干预和牵制，但是要经常给予支持和指导，这一点必须明确。

带责授权，如果被授权者不是一个人，而是两个人以上，那就要注意把责任落在一个人身上，让其中领受最高权力的那个人承担结果的责任，这种情况一般不会遇到，因为不管怎样授权，总会有一个人领受最高权力，也就很自然地要由他来负结果的责任。对有些两个人以上的合作项目，领导者在授权中应该注意这个问题。带责授权，好处是很大的，授权就是授责，被授权者有了权和责，就会在行使权力中尽到自己的职责。这样一来，表面上看领导者是把原来属于自己的权力授给了被授权者，权力似乎小了，实际上是领导者把自己所分担的责任也放了一部分给下属，用“整体大于各部分总和”的原则来衡量，领导者的权力不是小了，而是更大了。同时，领导者责任也不是轻了，而是更重了，领导者只有认识到这个问题，才能自觉授权，才能坚持权力下授、留有责任，让能按所授的责任督促检查被授权者正确运用得到的权力，尽到应尽的责任，完成所应完成的任务。

四、以信为重原则

信任是授权、用权的关键。领导者授权有没有效果，用权能否适应，很大程度取决于信任。领导者不信任的授权，等于没有授权。放碗不放筷，想放又不敢放，放后又干涉，放了又收，收了又放，犹犹豫豫，反反复复，这些态度都是不信任的表现。坚持信任原则，领导者就要摒弃包办主义，就要彻底放权，真正做到“将在外，君令有所不受”，放手让人家去干。对于这一点，古今中外，历史上的成功者、现代的企业家，都非常懂得，不信任的授权将一事难成。我国秦朝的秦始皇嬴政，在称帝前就曾遇到过“用将”与“信将”的问题。那时候，他授权给一个名叫甘茂的将军去约魏伐韩。甘茂取得外交的成功后，派人回国对秦王说：最好不要让他带兵伐韩。原因是怕他人说坏话，导致秦王不信任他。秦王听后，愿立誓约，后来甘茂带兵去攻城，五个月没有攻下，果然有人告他。秦王欲要罢兵，甘茂提起誓约。秦王坚信不疑，派兵支援甘茂，最后取得了胜利。对这段历史，后人评论，大将立功于外，并非偶然，如果授权不信任，就什么也干不成。这句话确实不假。日本著名企业家土光敏夫也曾经讲过这样的话：“目标与方针一旦确定下来，至于完成任务的方法，就应放手让他去决定。”

我国许多著名的企业家，他们都是主张授权要坚持信任原则的。例如，香港光大实业公司，总经理下设许多“项目经理”，让这些人放手去干，在职权范围内自主处理问题。有一次，中国远洋公司为加收一笔3万美元的运输费，打电话找到北京光大公司的一位“项目经理”，这位年轻经理当即拍板同意，远洋公司的人听了大吃一惊，一再问是不是要请示一下你们的总经理。得到的回答是：“在我职权范围内的生意，我说了算！”结果，这件事很快办成了。假如这个公司在授权时不坚持信任原则，被授权者不敢这么做，恐怕这件事就很难办成了。或者即使办成了，效率也不会这么高。

五、授中有控原则

领导者授权，不是把权力放下去以后就不管了，授权是可控制的。领导者授权以后，并不会像有些人所担心的那样，会出现混乱。授权要有某种可控程度，不具有可控性的授权，那不是授权，而是领导者弃权。所谓可控授权，就是授权者应该而且能够有效地对被授权者实施指导、检查和监督。这也就是上面已经谈到的，授权者不能把自己所有的权力放给被授权者，而是只授给被授权者应具有的那一部分权力，领导者自己仍然要持有一部分权力。例如事关前途命运的一些大事、要事的决定权，直接领导的有关部门的人事任免权，以及需要直接处理的下属之间发生问题的协调权等。一些事关全局性的决策权，自然要由领导者所执掌。领导者要真正做到权力能放、能控、也能收。领导者把权力授出去以后，授权者的具体事务减少了，但领导者指导、检查和监督的职能却相对地增加了，领导者这种指导、检查和监督并不是干预，它只是种把握方向的行为。领导者注视被授权者的工作动向，及时发现被授权者工作中出现的问题，加以指导乃至纠正。其目的也是促使被授权者正当地运用权力，保证既定领导目标的完成。

我国历史上有许多高明的君主，在用将上都有这一条："将在外，君不御"。可是，话是这么说，实际上还是一种授权后的控制。越是这样，这些将帅却越要注意经常向领导汇报情况，而不能脱离领导。正如松下幸之助讲的"君不御"是有条件的，条件就是下属必须"坚持经营方针，有使命感"。《孙子兵法·谋攻》中讲的"将能而君不御者胜"，"君不御"的前提也还是要"将能"。"将能"包括：一是有能力，有搞好工作的本领；二是能够自觉地以高度负责的精神把工作做好。领导者在授权前掌握住"将能"，实际上也就是掌握了授权后的控制权。一些领导者所以在授权后显得很超脱，能够做到"轻松自如"，原因就在这里，因为他是在实行不控制的控制。

六、宽容失败原则

日本神户大学的教授占部都美写了一本书，名叫《领导者成功的要诀》。书中提出："真正的授权是以管理者宽容下属的失败为前提的。"真正的授权，就是这样，是不能怕下属失败的。领导者怕失败而不敢充分授权，一是对被授权者的潜在能力缺乏了解，二是害怕失败自己担责任，缺乏允许让下属失败的勇气。国外的一些成功的企业家，总是这样教导部属："别怕什么失败，充分行使你的职权吧！全部责任由我来负！"在他们看来，办任何事情，失败的可能性都是经常存在的，试验100次才获得的成功，还有99次是失败，怕失败，就不能坚持，就注定会失败。所以，他们对下属的失败一般都是很宽容的。授权以后，出了问题领导者很少责备下属，而是由领导者担起责任，先检讨自己，再启发大家总结经验，力争再次取得成功。他们说：要减少授权的失败，惟一的途径，就是领导者的宽容，具有允许下属失败的勇气和度量。这就是他们获得成功的要诀。

在我们国家里，也有这种情况。做得比较好的像广州白云山制药厂厂长贝兆汉，他们厂有一个药剂师，进厂才一周，贝兆汉就授权给他搞一个科研项目。这个同志因为过去受过打击，心有余悸，不敢领受这个差事。贝兆汉就对他说："你别担心，权力授给你了，你就大胆干，成功了是你的功劳，失败了由我负责！"这个同志接受了这个任务以后，认真负责，积极工作，不但完成了这个科研项目，而且又研制成了其他更好地填补国内空白的项目。试想，如果贝兆汉不是出于对被授权者潜在能力的了解，或者没有允许别人失败的勇气以及对人的宽容态度，能有这样的结果吗？显然是不可能的。

国外的许多成功企业领导者，他们大都是以推卸责任为可耻。如果一家企业的领导者，当下属工作出了问题以后，一味地予以批评，并对自己的上司说："这是某某科长做错了"，他的下属一定接受不了，而他的上司也是不会对他满意的。

授权，强调领导者应有宽容态度，绝不是无理的迁就。宽容和迁就是两个不同的概念。宽容是领导者的气质，是不计较的意思；而迁就则属于不讲原则，降低标准和条件，这两者是不能混为一谈的。

上述这些原则互相联系，构成一个有机整体，领导者只有遵循这些原则进行授权，才能减轻领导负担，调动下属的积极性，也才能在提高领导功效的同时，提高自身的领导水平。

第三节　领导授权的技巧

授权如果运用得当，可以使领导者提高工作效率，达到事半功倍的结果。相反，如果授权不足或授权过分，领导将为繁琐的事务所困扰或是完全丧失一些必需的权力。因此，领导者必须掌握一定的技巧。

一、授权的基本方法

在领导活动中，领导者应当针对具体工作的重要程度、领导管理水平、下属的思想文化水平、工作能力等条件，采用不同的授权方法。

（一）目标授权法

它是领导者根据下属所要达到的目标而授予下属权力的一种方法。领导者授权的目的，是通过授权激励下级去实现组织的目标。这是因为，任何组织都有自己的发展目标，这些目标的实现绝不是领导者个人所能完成的。领导者只有将组织的总目标进行必要的分解，由组织内部的各个管理层次及部门的所属成员，都分担一部分任务，并相应的赋予一定的责任和权力，才能使下属齐心协力，共同奋斗，努力实现组织的总目标。领导者如果按照组织目标进行授权，那就可以避免授权的盲目性和授权失当的现象发生。

（二）充分授权法

这种授权法，它既适用于工作重要性比较低、而且工作完成与否不会导致全盘工作失败的单位，也适用于系统管理水平较高，各子系统协调配合等诸种情况较好的单位。领导者在充分授权时，允许下级决定行动的方案，并将完成任务所必须的人、财、物等权力完全交给下属，并且准许他们自己创造条件，克服困难，完成任务。充分授权能极大地发挥下属的积极性、主动性和创造性，并能减轻主管领导者不必要的工作负担。

三国时期，孙权大胆起用年轻将领陆逊，智败刘备的故事，可谓这方面的典范了。当刘备为报关云长被害之仇，亲率大军 70 万杀奔东吴而来的时候，孙权这个曾被关云长戏骂为

“碧眼小儿，紫髯鼠辈”的东吴之主，确实慌了手脚，不知所措。因为在国家面临生死存亡的关头，那些比较有智慧的左右手如周瑜、鲁肃、吕蒙等等都已经相继去世，剩下的都是一些难担当大任的庸才。

关键时刻，大臣阚泽出来推荐一位年轻的儒生陆逊。说此人名虽儒生，实有雄才大略，其能力不在周瑜等之下，吕蒙偷袭荆州的成功，就是采用了陆逊的主意，实是抵御刘备攻势的最佳人选。但是群臣却不以为然，极力反对，张昭说陆逊“一介书生恐不可用”，顾雍说“陆逊年幼望轻，恐诸公不服，若不服则生祸乱，必误大事”，步骘说“逊才堪治郡耳，若托以大事，非其宜也”。亏得阚泽的据理力争，“若不用陆伯言，则东吴休矣”。他还愿以全家的性命来保荐陆逊。最后孙权终于下定决心，起用陆逊，任命他为大都督，又怕群臣不服，特赐宝剑印绶，令掌六郡八十一州兼荆楚诸路军马，并宣称说:“阃以内，孤主之，阃以外，将军制之。”

陆逊受命上任之后，果然不负众望，靠计谋火烧蜀兵连营七百里，逼得刘备不得不退守白帝城，东吴之危得以化解。

孙权授权陆逊掌管六郡八十一州兼荆楚诸路军马，与刘备军作战，就属于充分授权。因此，凡能充分授权的，领导者应尽量采用这种方法。

（三）不充分授权法

凡是在具体工作不符合充分授权的条件下，领导者应采用不充分授权的方法。在实行不充分授权时，领导者应当要求下属就重要性程度较高的工作，在进行深入细致的调查研究的基础上，提出解决问题的全部可能的方案，或提出一整套完整的行动计划，经过上级领导的选择审核后，批准执行这种方案，并将执行中的部分权力授予下属。采用不充分授权时，上级领导和下属双方应当在方案执行之前，就有关事项达成明确一致的要求，以此统一认识，保证授权的有效性。

（四）弹性授权法

领导者面对复杂的工作任务或对下属的能力、水平无充分把握，或环境条件多变时，宜采用弹性授权法。在运用这种方法时，领导者要掌握授权的范围和时间，并依据实际需要对授给下属的权力，予以变动。例如，实行单项授权，即把解决某一特定问题的权力授予某人，随着问题的解决，权力即予以收回。或者实行定时授权，即在一定时期内将权力授给某人，到期后，权力即刻收回。这种授权方法有很大的灵活性。为避免引起下级误解，实行弹性授权，改变授权方式时，领导者应对下属做出合理的解释，以取得下级的理解。

（五）制约授权法

当工作性质极为重要，或工作极易出现疏漏，领导者不应充分授权;或领导者管理幅度大，任务繁重，无足够的精力实施充分授权，即可采用制约授权的方法。制约授权是在领导授权之后，下属个人之间或组织之间的相互制约的一种授权方式。它是领导者将某项任务的职权，分解成两个或若干部分并分别授权，使它们之间产生相互制约、互相钳制的作用，以有效地防止工作中出现疏漏。例如，我国政府中的立法、司法、行政三权鼎立即是组织之间的权力制约;而财务工作中通行的会计、出纳人员的相互制约是个人之间的权力制约，这些都是属于制约授权的范例。

(六)逐步授权法

领导者要做到视能授权，在授权前就要对下级进行严格考核，全面了解下级成员的德才情况。但是当领导者对下属的能力、特点等不完全了解，或者对完成某项工作所需的权力无先例可参考，就应采取见机行事、逐步授权的方法。如先用“助理”、“代理”职务等非授权形式，试用一段时间，以便对下级继续深入考察。当下属适合授权的条件时，领导者再授予他们必要的权力。领导者这种稳妥的授权方法，并非要权责脱节，而最终是要使两者相吻合。

(七)引导授权法

领导者在给下属授权时，不仅要充分肯定下属行使权力的优点或长处，以充分激发其积极性，而且也要指出他的缺点或问题，希望下属在工作中克服和避免。同时，还要进行适当的引导，防止偏离领导工作目标。但这却不是横加干涉，而是支持下级工作，帮助解决问题。特别是在下属发生工作失误时，领导者更应当善于引导，帮助纠正失误，决不能施加压力，或恶意苛求。当然，领导者发现下属确实不能履行权力时，就要采取果断措施，或收回权力，或派人接管，以避免遭受更大的损失。

总之，领导者实行授权，应该根据实际情况，决定授权方法。但是，领导者无论采取哪一种授权方法，都应具体问题具体分析，使授权真正围绕工作目标的实现来进行，以达到授权的目的。

二、授权后的指导和控制

领导者把权力授给下属以后，既不能撒手不管、又不能横加干预，而应当全力支持他们的工作，并帮助他们解决具体困难，给予必要的指导和控制。

领导者授权以后的指导和控制，必须站得高，看得远，从全局的利益出发，从工作整体的角度出发，对下级组织的工作行为与工作方向进行科学的指导，并通过不断指导，实施有效的控制。这种指导和控制可以起到检查和督促的作用。它是保证党的路线、方针、政策和指示有效贯彻的必要手段。因为上级领导者与下级之间的关系，是领导与被领导的关系，即使授权以后也是如此。授权虽然调动了下属的工作积极性，下级有权有责，然而上级领导者仍负有指导和帮助的责任。指导和帮助，可以采取下达文件和召开会议的方式，也可以给予具体的指导，领导者应当经常深入基层，调查研究，发现问题，帮助解决问题，并注重总结一些典型，将一般号召和个别指导结合起来，保证下级组织在工作上不致因授权而偏离正确方向，这样既有利于培养提高下级干部的工作水平，又有助于密切领导者与下属的关系。总之，授权是一个过程，授权后的指导和控制，要根据客观情况的变化采取必要的措施，不断地解决新问题，使授权工作更加完善。

第六章 领导沟通艺术

领导沟通艺术作为特殊的沟通性质的管理行为过程，作为人类最基本、最重要的活动方式和交往过程之一，不仅在管理中占据首屈一指的地位，而且在其他的人类行为中也扮演着十分重要的、不可或缺的关键角色。人类社会及人类社会中的任何一个基本组织，都是由两个或多个个体所组成的一个群体，沟通是维系组织存在，保持和加强组织纽带，创造和维护组织文化，提高组织效率、效益，支持、促进组织不断进步发展的主要途径。

第一节 领导沟通的本质

人与人之间最宝贵的是真诚、信任和尊重，其桥梁是沟通。要关心员工，善于听取员工的意见和建议，充分发挥其聪明才智与积极性。企业决策广泛征求员工的意见，参与的员工越多，获得支持的员工越多。“一言堂”排斥参与。只有争议、争辩、“斗智”，才能增强员工的主人翁意识，才能集思广益，才是真正的沟通。沟通是从心灵上挖掘员工的内驱力，为其提供施展才华的舞台。它缩短了员工与管理者间的距离，使员工充分发挥能动性，使企业发展获得强大的原动力。

一、沟通的含义

沟通是人与人之间、人与群体之间思想与感情的传递和反馈的过程，以求思想达成一致和感情的通畅。沟通指的是在工作中激发动力，领导委派工作并向所有的员工进行传达时（或是反向传递信息时）所做出的特定的行为和技巧要达到的目的。沟通影响着工作的绩效，因此，如果你想有一个高绩效的团队，你就需要确立有效的沟通来确保你能得到好的结果。缺少了良好的沟通渠道，工作就很可能会失败。成功的管理者都典型地具有良好的沟通技巧，这里包括能够有效地给出工作内容，倾听反馈并采取行动，在团队成员之间培养融洽的气氛。关于“沟通”一词有这样几种解释：

一是挖沟使两水相通。《左传 · 哀公九年》：“秋，吴城邗，沟通江淮。”杜预注：“於邗江筑城穿沟，东北通射阳湖，西北至宋口入淮，通粮道也。”

二是指使彼此通连、相通。徐特立《国文教授之研究》第一章：“扬雄《方言》，服虔《通俗文》，刘熙《释名》，钱竹汀《恒言录》等，皆为沟通事物之名称而作。”胡采《在和平的日子里》的序：“在我们这个时代，人们和英雄人物的思想心灵之间，总是比较容易沟通。”郭小川《在大沙漠中间》诗：“似乎有一支绵长的、不发声的音波，沟通着宇宙、太阳和这地球上的沙漠。”

三是沟通是为了一个设定的目标，把信息、思想和情感在个人或群体间传递，并且达成共同协议的过程。它有三大要素，即：①要有一个明确的目标；②达成共同的协议；③沟通信息、思想和情感。

四是沟通就是信息传与受的行为，发送者凭借一定的渠道，将信息传递给接收者，并寻求反馈以达到相互理解的过程。

沟通包括语言沟通和非语言沟通，语言沟通是包括口头和书面语言沟通；非语言沟通包括声音语气（比如音乐）、肢体动作（比如手势、舞蹈、武术、体育运动等）。最有效的沟通是语言沟通和非语言沟通的结合。其要素包括沟通的内容、沟通的方法、沟通的动作。就其影响力来说，沟通的内容占7%，影响最小；沟通的动作占55%，影响最大；沟通的方法占38%，居于两者之间。

所谓沟通就是对准频率，频率不对，就会听而不闻、视而不见、沟而不通。我们要调整自己的频率，而不是叫别人调整频率。要先观察对方的频率，把自己的调得跟他一样，他就很容易跟你沟通。

由于中国人的人际关系实际上是人伦关系，所以在沟通的时候，需要融合伦理的观念，忌讳没大没小，否则就会破坏人际关系。比如，打招呼这件简单的事情，你若是遇到熟悉的同事、同学，大可拍拍他的肩膀："老张，你好啊！"若是遇到领导或长辈，还以此种方式打招呼，对方心里就不高兴。若是遇到你的下级或晚辈，你只需等着对方和你打招呼就行了。

中国社会特别重视关系，彼此的关系良好，就算偶尔说错话，也没有什么关系。若是关系不够，或者关系不好，那就会鸡蛋里挑骨头。不过，也有本来关系很好，一句话伤了和气，便老死不相往来的可能。这就更加促使我们重视沟通的重要性。

人际关系与沟通，可以简称为人际沟通。在我们日常生活当中，人际沟通是不可或缺的活动，必须勤加练习，多加磨炼，养成小心应对、用心体会、虚心检讨的良好习惯。一方面使自己的沟通能力不断提高，一方面促使自己的人际关系获得改善。与其讨好别人，不如用心保持和谐、互动、互助的良好状态，透过好好沟通来互相感应。若能心意相通，大家都愉快，那就是良好的人际关系。在愉快中把正当的事情办理妥当，则是我们共同努力的目标。

人际沟通注重和每一个人进行良性的互动。既不能够偏重某些人，使其他人受到冷落；也不应该只顾自己，想说什么就说什么，爱说什么便说什么。否则你只是在发表意见，根本不是在进行沟通。善于沟通的人，必须随时顾及别人的感受，以免无意中破坏了自己的人际关系，造成恶劣的沟通效果。

从人脑功能上讲，沟通是在吸取和加工大脑接收的材料的基础上，再把材料加工生产成连贯而有意义的思想，从而产生了沟通。

一是吸收印象。见到、听到和感觉到的材料，根据人们独特的偏好被大脑作为图画、词语或声音吸收和存储起来。就有些人而言，视觉形象能产生最大的冲击，而对其他人而言则可能是言语、声音或触觉最重要。大脑每日接收成千上万个印象，这些偏好方式据说是在12岁时成形的。

二是加工思想。不同类型的输入材料储存在大脑的不同"记忆库"里，并且为了能生产出思想，各部分必须相互协作。大脑这种找回被选信息并进行必要的关联是非常重要的。但这样不容易。有时完全没有困难，但有时要从语言库中取出词汇来命名储存在视觉库中某人的容貌会有困难。这就好比银行里装有定时锁的保险箱，是由随机定时释放开关启动的。

三是语言沟通。为了把思想转换成语言传输出去，必须生产出一种用以表达的设施。这涉及到给物体命名、寻找动词并且把名词和动词组装起来，以便形成互为关联的句子。因此，要说出“猫儿蹲在垫子上”这样一句话，大脑的三个部分必须同时协调运作。有时你会觉得要把自己的意思用语言准确地表达出来很困难，这并不奇怪。所以有些人在处理视觉概念时需要有图表或模型帮助理解，另一些人能想像物体的形状，但找不到适当的名称；还有一些人不能把名词和动词连在一起组成有意义的句子。你是否还有这样的经历：有时你别无他法，只好说：“你知道我的意思是什么”，急切地希望对方已经知道。人们每当缺少适当的名称时，总会找一个来进行沟通。据传，澳大利亚某位定居者看到一只奇形怪状的动物，就问一位过路的土著人是什么。回答是“kangaroo”。这位定居的移民万万没有想到，“kangaroo”在当地土语里是“我不知道”的意思，而这却成了我们所知道的“袋鼠”的名字。

总而言之，人脑的思维过程大致相似，但为了使自己免遭外界信息和刺激的压倒，人们学会了选择和加工信息。也就是说：并非所有散布的信息都被吸收。被吸收的信息将被个人独特感知能力、情绪状态，以及性别进行判断和评价。

沟通本身还要受到下列因素的影响。

一是感知能力。首先，人们感知外部世界的方式在他们产生思维的方式中起着至关重要的作用。可能你已经意识到，所见之物有时是幻觉，它只不过是对大脑加工信息的方式耍了个花样以使其见到或期望见到的事物。人的感知是自出生以来通过基本的学习而形成的，包括态度和假设、动机和兴趣的发展。感知的事物在许多方面会影响到思想的生产方式，如：

选择信息：经历相同事物的人极少获得相同的信息。

解释情景：使用相同信息的人几乎会相当肯定地根据各自评价对信息作出完全不同的解释。

作出假设：解释情景的人可能把互不关联的事件或事实当作相关联的，反之亦然。

每个人都会依据自己的印象、先前的经验和企望以迥异独特的方式生产思想，即对信息的加工，但这种加工的余地是相当大的，而且明显带有偏见，它本身会影响沟通的过程。

二是情绪状态。感觉的方式在你加工信息和生产思想的方式中起着重要的作用。人的情绪状态会过滤吸收和输出的信息。接收或输出的同一信息会根据情绪是否高涨、平静或超然作不同的处理。例如：如果你觉得情绪激动或紧张，沟通就有可能受阻，因为你本应更为理智的思想过程可能被这些情绪所蒙蔽。你还有可能以一种比预期更加肯定或否定的态度接受信息。

如果你对与你进行沟通的人抱有强烈的反感，你对信息的解释很有可能受你看法的影响。同样，你所沟通的任何内容也有可能受别人对待你的态度的影响。

如果你对某事特别感兴趣，你更有可能选取与自己心仪的事物有直接关系的信息，而且会忽视或根本不去注意其他事。

因此，人们的情绪状态能左右接收和传送信息的方式，还直接影响到信息的接受和理解的方式。

三是性别。不管喜欢与否，交流者的性别在沟通过程中也起着作用。众所周知，男女大脑的结构有一定的差别，这种差别也影响着各自的沟通方式，例如：

男性大脑的语言和视觉结构似乎彼此联系较少，而女性则不然。女性具有较强的整合视觉和语言的能力。这意味着男性长于集中精力处理个别事物，而女性则更能通观全局。

男性大脑内控制侵略性的区域较活跃，而女性控制情感的区域影响力较大。这使得男人在沟通中更具有竞争性，而女人则合作得多。

男女感知和接受语言也各不相同。举个例说，“I am sorry!”这句简单的话，如果出自一位男性之口，就通常会用来表达同情，对所发生的事表示遗憾。因此，如果某位女子听到一则悲惨的消息后对一位男子说：“I am sorry!”男士一般会认为女士根本无意怪罪他。

如此说来，可以完全归咎于不同性别而产生的差异，能显著地影响男性和女性吸收和评价彼此沟通的方式。

二、沟通的要素

（一）信念

作为一个有坚定信念的领导者，乔治给人留下了深刻的印象。约翰也有信念，但当他试图取悦那些与他有不同看法的人时，他便会妥协。结果，几乎没有人知道他到底是什么想法。因此，大多数人会支持乔治。虽然“妥协”对于一个领导者来说，是有价值的，也是领导者的必备素质之一，但那些过于容易“妥协”的领导者，则似乎表现得缺乏信念。约翰似乎很容易因为别人对他说什么，而改变自己的愿景。如果你一察觉别人有不同的想法时，就想妥协，你自己就难以明白地说服自己。自然，你就更无法以坚定的立场说服他人。

（二）勇气

怀疑会削弱勇气，信念则产生勇气。一旦立场清晰、信念坚定，勇气便自然而然产生。想想一个冒着生命危险去救孩子的父亲吧，他首先清楚地知道，孩子的生命是最重要的。接着，这个清晰的认识给了他信念，信念又给了他勇气，于是这位父亲勇敢地竭尽所能，来保护他的孩子。当作家威廉·阿尔肯（William Arkin）被问及，为什么他甘愿冒着丢掉工作的危险，为大众提供他认为他们所需要知道的信息时，他回答：“我是不会为那些不支持公开性原则的公司工作的。所以，我这么做，只是因为‘要保证公开性’是我的信念。”同样，阿尔肯的清晰认识给了他信念，进而使他产生勇气，敢于冒其他人都不敢冒的风险。如果来自信念的勇气未能指引你行动，你便需要重新审视自己的想法是否足够清晰。如果你坚信你的想法已足够清晰，并决定将它贯彻，那么，你就会从信念中获得勇气，采取行动。

（三）坦诚

为什么立场坚定、勇气十足的领导者总是很坦诚？因为，一旦你的想法清晰、信念坚定，你的勇气就只会把你引向一个方向——“坦诚”。没有了“坦诚”，你的人格就会受到损害，你的领导力就会被削弱。尽管这个世界上有很多因欺骗卷入丑闻的领导者，而那些能真正经受住时间考验的领导者恰是那些坦诚的领导者。人们都希望自己所跟随的领导者是诚实率直的。调查一次次表明，坦诚是领导者的最重要品质。在《从优秀到卓越》一书中，吉米·柯林斯（Jim Collins）告诫我们：即使面对困境，也要坚持坦诚。如果我们能通俗地表达愿景，如果我们能坦率直白地阐明前进目标，如果我们所作出的最简单的决策都反映着明确的整体目标，那我们的信念就没有因为困境而泯灭。“畅所欲言，不要言辞闪烁”，这一信条为千百人所遵循，以保证沟通中能做到坦诚相见。

(四)创新

“创新”是当今世界出现频率非常高的一个词，包含更新，创造新的东西，改变三层意思。恩格斯曾经说过，人类思维是地球上最美丽的花朵，而创新思维是其中最璀璨的一枝。大家听过“踏花归来马蹄香”这句诗吧。古时候的一个皇帝，有一天他让宫廷画师以此诗作画，既要表现出诗意，又不能出现花朵。众画师可谓冥思苦想，不得要领，只有一位画师的作品，使得龙颜大悦。这位画师的作品中：一匹奔腾的骏马，飞扬的四蹄周围飞舞着几只蜜蜂，没有花朵，但花的意境却跃然纸上。这就是创新思维的灵活运用。

如何考量一个领导的创新呢？一般有以下几种方式：

1. 如何才能使别人对我的观点更感兴趣？

2. 如何才能更清晰地表达观点？

3. 如何才能更简明扼要地表达观点？

4. 如何才能使表述更能鼓舞人心？

5. 如何才能在表述时增加趣味性？

6. 如何才能找到观点与沟通对象之间的关联？

7. 如何才能增强互动性？

8. 如何使我的想法更令人印象深刻？

9. 如何使我的表述为大部分人所认同？

10. 如何使我的观点更令人感同身受？

11. 如何使我的观点更具体明确？

12. 如何使我的观点更有效用？

13. 如何使我的观点更容易被理解？

以上沟通四要素是建立强有力的领导力的基础。缺少其一便不能成为一名成功的领导者。有些看似魅力超凡的领导者，虽然他们没有清晰的观点，但是他们会用一些招数来迷惑人们。然而，一旦这些招数被识破，他们就原形毕露了。有些丧失道德原则的领导者，虽然他们观点清晰，但对这些观点，他们没有坚定的信念，却还要推而广之。比如，有些CEO(首席执行官)一边大谈公司责任，一边却在修改账册，以使自己的工作业绩看起来更漂亮。他们缺乏那些真诚的领导者所具有的影响力，他们最终会自食其果。有些懦弱的领导者，在前进的道路上，他们内心有太多顾虑，尽管他们也有清晰的观点和必备的信念，但是他们缺乏勇气去推行。除非他们能勇敢正视这些顾虑，否则他们就无法拥有那些勇敢的领导者所具有的影响力。有些过分谨慎的领导者，他们由于想保密等原因，缺乏坦诚。这些领导者就不像坦诚的领导者那样能鼓舞人心。还有些似乎挺称职的领导者，他们有清晰的观点，又不乏信念、勇气和坦诚。但是他们的观点听起来枯燥无味。这样的观点无论多好，也很少有人愿意去听。诚然，你可以省略沟通中的某一个要素，但是你的沟通便会因此失去影响力、作用和效果。

总之，只有练习并运用清晰沟通中所有的四个要素，领导者才能够被人们所理解和跟随。对于沟通来说，仅仅观点正确还不够，仅仅目标明确也不够，仅仅拥有熟练的技能更不够。要想清晰沟通，你必须同时具备信念、勇气、坦诚和创新，四者缺一不可。

三、沟通的重要性

在工作的过程中，你会发现沟通是如此的重要。在我们的家庭生活及社会活动中，沟通就是更离不开和极为重要的了。在公司，我们需要和领导沟通，和同事沟通，和客户沟通，工作配合及合作才能得以顺利进行。也许我们很多人因为设防、固执、懒惰、高傲、自闭而不愿意和别人沟通，使得协作没有效率，相处不够融洽，从而缺少了本来应该有的和谐氛围。在家里，我们要和爱人沟通、孩子沟通、父母沟通，才能更好地和家人相处，使婚姻更美满，家庭更幸福。不论我们走到哪里，只要有人的地方，就少不了沟通，良好的沟通是我们与别人打交道的保障。

沟通在管理中就如人的血脉，在生活中也同样的重要。如果沟通不畅，就如血管栓塞，其后果是可想而知的。所以要学会沟通，就一定要懂得其途径。因为它不只是语言，还包括动作、姿态、眼神、表情等等。有时一个眼神，都会有很大的作用，让你工作开心、事业有成。在企业发展中，会议是一种沟通的重要方式。会议包含对前期工作的总结，又是对后期工作的部署，在会议中大家对各自的工作交流学习，取长补短，去其糟粕，取其精华。

如果你没有和对方、同事、上司、下属进行有效的沟通，那么你们的关系就不会很好，工作的开展也就不畅，同事也不会真的信服你。也许他会一时尊重你的职务，可后果是他会离开，去找自己的前途。如果你和你的上司没有良好的沟通，那么你的上司会对你有一种不信任的心态，就是你做好了，他也不怎么喜欢你。生活中没有沟通，就没有和谐;事业中没有沟通，就没有成功;工作中没有沟通，就没有协作。当然，管理中没有沟通，就谈不上管理，不懂沟通也就是不懂管理。

在职场工作中，沟通是一件很重要的事，不管是对上司、属下、同仁、客户，或对各接洽商谈的单位，都需要更好的沟通技巧，这亦即所谓的人际沟通。然而，在职场中，难免会碰到许多不如意的事，也会遭遇挫折。这时，自我心情的调适，或自我不断的激励，就是所谓的自我沟通。有时我们在沟通时，会不自觉地用一些否定式、命令式或上对下的说话方式，例如:你错了，你错了，话不能这么说;或是哎呀，跟你说过多少次了，你这样做不行啦;你怎么那么笨，跟你讲你都不听……

一般来说，人都不喜欢被批评、被否定。但是，有时我们在言谈间却不知不觉地流露出自我中心主义和优越感，觉得自己都是对的，别人都是错的。可是，有句话说:强势的建议，是一种攻击。有时，即使我们说话的出发点是良善的、是好意的，但假如讲话的口气太强势、太不注重到对方的感受，则对方听起来，就会像是一种攻击一样，很不舒服。所以，有时候我们的心中会有一种慨叹:你知道吗？其实，我满赞同你的想法，但我很不喜欢你讲话的口气;其实，我满同意你的见解，但我很不喜欢你讲话的态度;有时，我们会说:我这个人很理性啊，你看，我的门都是开的，大家随时都可以进来和我沟通啊。可是，假如我们的门是开的，心却是关的，又有什么用呢？因此，在沟通时，必须注重到对方的感受，毕竟每个人都有自我尊严感的需求。

每个人都希望被肯定、被赞美、被认同、被附和，而不喜欢被否定、被轻视。所以，即使双方意见不同，但必须做到异中求同、圆融沟通，有话照说，但口气要委婉许多。中国人造字很有意思，想想“我”这个字，是哪两个字的组合呢？是“手”和“戈”。“我”字，竟然就是每个人手上都拿着刀剑、武器，所以每个人都常做自我防卫，来保护自己。但是，在沟通时，人除了防卫自己之外，也要站在别人的立场来着想。

善用同理心，也学习控制自己的舌头，在适当的时候，说出一句漂亮的话；也在必要的时候，及时打住一句不该说的话。因此，我们必须学习。不要急着说、不要抢着说，而是要想着说，绝对不要逞口舌之快而后悔。因为说话是没有橡皮擦、没有立可白的，不能再把话擦掉。另外，职场沟通中，我们必须学习情绪忍受力和挫折容忍力，因为，脾气来了，福气就没有了。在我们碰到棘手的问题时，必须先静下来、勿冲动行事，也学习先处理心情、再处理事情，免得事情愈弄愈糟糕。有句话说：生命的长度是上帝所给予的，但生命的宽度却把握在我们自己的手中。的确，我们虽然不能控制生命的长度，但我们可以控制生命的宽度，我们都可以在工作中，学习做更好的沟通，使人际关系更圆融，也使生命过得更漂亮、更有意义。

你是否都听过“男孩与长裤”的故事。有一个男孩嫌裤子太长，便请奶奶帮助剪短一点，奶奶说太忙，让他去找妈妈，妈妈说有事，让他去找姐姐，可姐姐要出去约会，男孩很失望地去睡觉了。奶奶忙完家务，就把男孩的裤子剪短了一截；妈妈办完事，又把男孩的裤子剪短了一截；最后姐姐回来了，她也把男孩的裤子剪短了一截。第二天，男孩发现他的那条裤子已经短的不能穿了。

这个故事说明了人与人之间在工作中、在生活中进行沟通的重要性。如果他们在剪裤子前先问一问，相互沟通一下，这样的事情就不会发生。人与人之间的沟通尚且如此的重要，更何况是一个企业及其内部员工之间的沟通。作为一个企业整体工作服务的管理者，需要把每个员工的力量结合在一起，完成一个共同的目标。每一个员工之间的行动必须相互协调，而协调的前提是相互沟通，就像例子中的三个女人，由于互不沟通，以至于重复劳动，而且坏事。

沟通简单的说就是信息的交流，就是将某一信息互相传递给相关的人员，以引起各方做出相应的行动，使得总体的行动得以成功。但在不少的管理活动中，往往会出现由于各方面之间信息未沟通或沟通无效而导致的失败，这里既有主观没有意识到沟通的重要性的问题，也有沟通渠道不畅通的问题，管理者应该引起重视。沟通渠道的不畅通往往会引起无效的沟通，无效沟通就是在沟通的过程中信息出现了失真和中断，造成失真和中断的因素称为噪音。这里的噪音包括真正的噪音，如交通噪音，或其他人的说话声，也包括技术故障，如传真机故障，还有可能是文化或是社会因素上的差异，使得沟通者之间难以理解对方的信息。那么怎样才能判断沟通是有效的呢？这就要求要有一个反馈的过程，即信息的接收者将其对信息的理解与发送者原有的意思完全一致时沟通才是有效的，也就是双向沟通。

管理中的沟通会影响到人与人之间的关系，对于组织来说，也会影响到组织的绩效与员工是否愿意留在组织内。良好的沟通对组织或其成员有四种功能：(1)控制。沟通可以通过几种方式来控制员工的行为。员工必须遵守组织中的权力等级和正式指导方针。比如，他们要首先与直接上级主管交流有关工作方面的不满和抱怨，要按照工作说明书工作，要遵守公司的政策法规等等，通过沟通可以实现这种控制功能。另外，非正式沟通也控制着行为。比如，当工作群体中的某个人工作十分勤奋，并使其他成员相形见绌时，其他人会通过非正式沟通的方式控制该成员的行为。就像:一个新毕业的大学生,工作很卖力，一个人干了三个人的活，但当其他三人不再和他一起进行业余活动的时候，他反省后也开始放慢了工作的进度。这就是通过非正式沟通控制了这个新毕业的大学生的行为。(2)激励。通过沟通激励员工，明确告诉员工做什么，如何来做，没有达到标准时应如何改进。比如具体目标的设置，实现目标过程中的持续反馈以及对理想行为的强化，这些过程都有激励的作用，而这些过程又都需要沟通。(3)情绪表达。对很多员工来说，工作群体是主要的社交场所，员工通过群体内的沟通来表达自己的挫折感和满足感。因此，沟通提供了一种释放情感的情绪表达机制，并满足了员工的社交需要。(4)信息。它与决策角色有关，它为个体和群体提供决策所需信息，使决策者能够确定并评价各种备选方案。

但凡生活中善于观察的人都知道，猫和狗是仇家，见面必掐。其实，阿猫阿狗们之所以为敌，是因为语言沟通上出了点问题。比较明显的是:摇尾摆臀是狗族向伙伴示好的表示，而这一套“身体语言”在猫儿们那里却是挑衅的意思;反之，猫儿们在情绪放松表示友好时，喉咙里就会发出“呼噜呼噜”的声音，而这种声音在狗听来就是想打架。结果，阿猫阿狗本来都是好意，却是猴子吃麻花满拧。但从小生活在一起的猫狗就不会发生这样的对立，原因是彼此熟悉对方的行为语言含义。所以熟悉对方语言，进行有效沟通十分重要。企业的员工千差万别，对于管理者来说，成功的管理就是要善于同各种类型的员工打交道，其根本就是企业管理者准确掌握员工的语言与行为方式。人类的所有语言都不像猫和狗那样是完全不同的两回事，若企业管理者能做到利用员工的语言去与他们打交道，就能轻而易举地突破沟通障碍，减少许多不必要的管理麻烦。

企业成功源于沟通。美国沃尔玛公司总裁萨姆·沃尔顿曾说过:“如果你必须将沃尔玛管理体制浓缩成一种思想，那可能就是沟通。因为它是我们成功的真正关键之一。”沟通就是为了达成共识，而实现沟通的前提就是让所有员工一起面对现实。沃尔玛决心要做的，就是通过信息共享、责任分担实现良好的沟通交流。沃尔玛公司总部设在美国阿肯色州本顿维尔市，公司的行政管理人员每周花费大部分时间飞往各地的商店，通报公司所有业务情况，让所有员工共同掌握沃尔玛公司的业务指标。在任何一个沃尔玛商店里，都定时公布该店的利润、进货、销售和减价的情况，并且不只是向经理及其助理们公布，也向每个员工、计时工和兼职雇员公布各种信息，鼓励他们争取更好的成绩。沃尔玛公司的股东大会是全美最大的股东大会，每次大会公司都尽可能让更多的商店经理和员工参加，让他们看到公司全貌，做到心中有数。萨姆·沃尔顿在每次股东大会结束后，都和妻子邀请所有出席会议的员工约2500人到自己的家里举办野餐会，在野餐会上与众多员工聊天，大家一起畅所欲言，讨论公司的现在和未来。为保持整个组织信息渠道的通畅，他们还与各工作团队成员全面注重收集员工的想法和意见，通常还带领所有人参加“沃尔玛公司联欢会”等。萨姆·沃尔顿认为让员工们了解公司业务进展情况，与员工共享信息，是让员工最大限度地干好其本职工作的重要途径，是与员工沟通和联络感情的核心。而沃尔玛也正是借用共享信息和分担责任，适应了员工的沟通与交流需求，达到了自己的目的:使员工产生责任感和参与感，意识到自己的工作在公司的重要性，感觉自己得到了公司的尊重和信任，积极主动地努力争取更好的成绩。

沟通的管理意义是显而易见的。如同激励员工的每一个因素都必须与沟通结合起来一样，企业发展的整个过程也必须依靠沟通。可以说，没有沟通企业管理者的领导就难以发挥积极作用，没有顺畅的沟通，企业就谈不上机敏的应变。

不可轻视信息沟通。从某种意义上讲，沟通已成为现在员工潜意识的重要部分，是员工激励的重要源泉。重视每一次沟通所产生的激励作用，企业管理者会发现，对员工的最大帮助就是心存感激。“士为知己者死”，企业管理者的“理解、认同”的“知遇之恩”，也必将换来员工的“涌泉回报”。作为一名企业管理者，要尽可能地与员工们进行交流，使员工能够及时了解管理者的所思所想，领会上级意图，明确责权赏罚。避免推卸责任，彻底放弃“混日子”的想法。而且，员工们知道的越多，理解就越深，对企业也就越关心。一旦他们开始关心，他们就会爆发出数倍于平时的热情和积极性，形成势不可挡的力量，任何困难也不能阻挡他们。这正是沟通的精髓所在。如果企业管理者不信任自己的员工，不让他们知道公司的进展，员工就会感觉自己被当作“外人”，轻则会打击员工士气，造成部门效率低落；重则使企业管理者与员工之间，形成如阿猫阿狗那样的相互不信任的敌意，产生严重隔阂，无法达成共识。当然，管理中的沟通误会，并非都出自企业管理者与员工之间的隔阂，缺乏共同的沟通平台，往往也会造成沟通误会。

美国美琳·凯化妆公司的创办人玛丽·凯女士，在面对其下属员工的时候，她总是设身处地地站在员工角度考虑问题，总是先如此自问：“如果我是对方，我希望得到什么样的态度和待遇。”经过这样考虑的行事结果，往往再棘手的问题都能很快地迎刃而解。

正如《圣经》所言：“你愿意他人如何待你，你就应该如何待人。”事实证明，这条不论过去、现在或将来都适用的人生准则，对于必须与员工相处的企业管理者来说，不仅是一条再完善不过的管理行为准则，也是管理上最适用的一把沟通“钥匙”。说简单一点，就是换位思考、“对等沟通”。与“理解、认同和适应”相反，“本位观念”和“歪曲理解”是管理沟通的两大主要内在障碍。这两大障碍的存在，常使得企业管理者对管理工作产生认识上的偏差，对员工的语言表达或行为体现，总以敏感的、对立的甚至恶意的意图给以曲解，有意识无意识地拒绝沟通延伸，难以做到换位思考，不能实现有效沟通。

如果企业管理者能把管理的过程视为沟通的过程，视为相互间不断回旋的过程，把训斥和命令转为留心与倾听，像小猫小狗一样在长期的接触中找机会增进了解，养成换位思考的习惯，学会使用多种表现路径，就可诱发和调动员工积极的心态，达成沟通平台，换来“以心换心”、“以诚换诚”的良好沟通。从某种意义上讲，沟通已成为现在员工潜意识的重要部分，是员工激励的重要源泉。重视每一次沟通所产生的激励作用，企业管理者会发现对员工的最大帮助就是心存感激。

我们还可以通过一个故事，来说明沟通的重要性。孔子和众弟子周游列国，曾行至某小国，当时遍地饥荒，有银子也买不到任何食物。过不多日，又到了邻国，众人饿得头昏眼花之际，有市集可以买到食物。弟子颜回让众人休息，自告奋勇地忍饥做饭。当大锅饭将熟之际，饭香飘出，这时饿了多日的孔子，虽贵为圣人，也受不了饭香的诱惑，缓步走向厨房，想先弄碗饭来充饥。不料孔子走到厨房门口时，只见颜回掀起锅的盖子，看了一会，便伸手抓起一团饭来，匆匆塞入口中。孔子见到此景，又惊又怒，一向最疼爱的弟子，竟做出这等行径。读圣贤书，所学何事？学到的是——偷吃饭？肚子因为生气也就饱了一半。孔子懊恼地回到大堂，沉着脸生闷气。没多久，颜回双手捧着一碗香腾腾的白饭来孝敬恩师。孔子气犹未消，正色道："天地容你我存活其间，这饭不应先敬我，而要先拜谢天地才是。"颜回说："不，这些饭无法敬天地，我已经吃过了。"这下孔子可逮到了机会，板着脸道："你为何未敬天地及恩师，便自行偷吃饭？"颜回笑了笑："是这样子的，我刚才掀开锅盖，想看饭煮熟了没有，正巧顶上大梁有老鼠窜过，落下一片不知是尘土还是老鼠屎的东西，正掉在锅里，我怕坏了整锅饭，赶忙一把抓起，又舍不得那团饭粒，就顺手塞进嘴里。"此时孔子方才大悟，原来不只心想之境未必正确，有时竟连亲眼所见之事，都有可能造成误解。于是欣然接过颜回的大碗，开始吃饭。我们心中所想，亲耳听见，甚至目睹的现状，未必都是绝对真实的；有时我们认为已经了解对方的想法，其实不然。值得我们学习的，是如何能进入当时状况的深层领域，真正去了解其实际的一面；而待深入明了所有真相之后，再应用自身的智慧去做最后的决断。切莫草率地凭借一些不足的资料再加入自我的偏见和主观的臆想，而对任何事物乱下任何判断。这种轻率的方式，往往令我们无法去真正沟通。更好的方法是多一点耐心，去听别人想说的所有话。了解对方真正在想的是什么，亲身求证心中所质疑的那部分。

第二节　领导沟通的原则

人类在社会组织如企业中要实施管理，必须通过沟通，沟通是管理的核心和本质。通过探讨一般沟通的定义、过程及其重要要素，我们了解到沟通并不是一个永远有效的过程。要达成有效的沟通，人们必须遵守一定的原则，只有遵循这些基本原则，人们想要传递的信息才能像预期的那样及时、准确、完整地完成。综合前人沟通研究的一些成果，加上编写者一些独创性的见解，尤其是紧密联系沟通的实践事实，编者认为，一个完美、有效的沟通过程，必须遵循以下十二条基本的沟通原则。

一、沟通的公开性原则

沟通的公开性原则，是指在同一个企业沟通过程中，沟通的方式、方法和渠道及其沟通的内容要求必须公开。即应当对参与沟通的个人和团队、部门都全面公开，而不能对某些沟通成员公开，对另一些沟通成员不公开。只有所有的沟通成员都十分清楚地知道自己应该参与沟通的详细过程要求，沟通成员间才能遵循规则，产生正确完整的沟通行为。这是对企业中绝大多数的无需保密的企业沟通行为而言。

对于企业需要严格保密的沟通其实也是如此。即对所有该保密性沟通小系统内部沟通成员来说，沟通的方式、方法、渠道、内容仍然是公开的。在该保密性沟通系统内，人人都应该清楚：(1)该沟通系统只对系统内成员是开放的；(2)在该系统内自己和别人应怎样做出、做出什么样的信息传送与反馈；(3)在该保密沟通系统中，自己只有权掌握自己有权获取和掌握的信息；(4)按照企业的要求，该保密沟通系统内的信息对系统外成员严格保密。

公开性指的不是企业的所有信息都应该对你公开，而是指沟通的规则、方式、方法、渠道、内容要求必须公开，没有公开的沟通规则，正确的沟通行为过程就会失去方向和指引。沟通的公开性受损，将导致企业整体或局部的沟通系统产生沟通遮蔽或沟通盲点，致使某些应该参与沟通的企业成员或群体无法知道并确认自己应该参与及怎样参与沟通，沟通也就无法正确实施。

二、沟通的简捷性原则

沟通的简捷性原则包括好几层意思。一层意思是指沟通的具体方式、方法设计应当尽量简单明了，以便于所有沟通成员掌握和运用。只要利用简单沟通方式、方法能够沟通良好，并有效达到沟通目标的沟通过程，就不应当采用复杂、繁琐、迂回的沟通方式、方法进行沟通。一两句话就完全能有效地达到沟通效果的沟通，更应该采取口头通知的方式，而不应该闲聊一两小时来沟通。如果不注意具体沟通方式、方法的简捷性，将降低沟通的效率。

另一层意思是指应当采用最短沟通渠道或路径进行沟通。如能面谈就无须叫人转告；可设立总经理信箱以取代基层员工将信息通过中层管理者向上层层传递。渠道简捷性的目的在于提高信息传递速度，通过减少渠道环节降低信息损耗或变形的可能性。许多管理者违反这条沟通原则，他们在进行管理时，采用的不是最近的沟通渠道，沟通的最终效果虽然达到了，但浪费了更多时间和精力。在沟通信息时效性紧急的情形下，有可能延误时机，给企业造成巨大损失。

沟通的简捷性也包括沟通内容的编码简捷性及解码简捷性，防止将简单的管理信息人为地复杂化，致使沟通双方无法准确互相理解。总之，沟通的简捷性要求体现在沟通的各个方面，即体现在沟通的整个沟通模式里面。因此，沟通的简捷性应该是企业沟通总体模式的简捷性。

三、沟通的明确性原则

沟通的明确性原则，是指沟通在公开性的基础上，必须将沟通的各项事宜，如渠道的结构、沟通的时间要求、地点要求、内容要求、频率要求等等，进行明确、清晰的告示，要尽量避免含糊不清。其目的在于使全体沟通成员准确理解企业所期望的沟通要求，明白他们在沟通中所担当的角色，即他们所应当履行的沟通职责和义务。从而最大限度地排除沟通成员对沟通要求的模糊和误解，保证沟通能够顺畅高效地进行，顺利达到沟通的预期目标。

明确性原则要求企业管理者与被管理者修炼和提高准确分辨、总结、表达、传递管理信息的能力。管理信息的沟通尽量做到言简意赅，深入浅出，便于信息接受者准确把握自己所传递信息的真实内在意义。如领导讲话，切忌夸夸其谈，空洞冗长，言之无物，或者说东道西，讲的内容没有重点，缺乏条理，沟通了半天，下属无法抓住其用意。这对于企业资源是种浪费。又如对领导反映情况或对下属下达工作指令，不可反复啰嗦，而应简单扼要，明了清晰。显然，如果沟通违反了明确性原则，沟通的效果就不能令人满意。

四、沟通的适度性原则

沟通的适度性原则，是指沟通的渠道设置及沟通频率不能太多，也不能太少；而应当根据企业具体业务与管理的需要，适度适当，以能达到管理目的为基准。有些管理者往往会容易产生这样两种心理：不放心下属是在按照自己的要求工作，所以自己过于经常去现场查看或查问下属的工作进展情形，导致不必要的忧虑和管理资源浪费，这是沟通过于频繁的情形；或者又过于相信下属会按照自己指令开展工作，因此对下属的工作进展很少过问，造成管理失控，给企业带来损失，这又变成了沟通过于稀少的毛病。

而从被管理者的角度来讲，也容易存在着相应的沟通毛病：一是沟通频率过高。为了讨取上级领导欣赏与信任，或让领导更多地了解自己的工作业绩，有事没事，有空没空，经常往领导办公室汇报工作情况，既影响了自己工作开展，又给领导的正常工作造成干扰和低效率。二是沟通频率过低。很多下属以为自己干好自己的本职工作就行了，至于向不向领导汇报工作进展情况，则根本不重要，理由是事实上不汇报我的工作也已经圆满做完了。由此造成了应当按照要求及时汇报时他不汇报，使管理层对于具体工作的开展失去必要的信息反馈。沟通过多与过少，渠道设置太多或太少，均会影响企业人员进行沟通的效率、效益。太多时形成沟通成本太高，企业资源浪费；太少时又使得必要的沟通缺乏渠道和机会，信息交流受到人为限制，管理的质量和强度受到影响，严重时影响企业生存发展的大局。因此，恰当地把握住适度性原则，对企业经营管理有其现实的重要性。

沟通必须将有意义的信息，通过适当和必要的沟通渠道，由一个主体送达至另一个主体，此即为沟通的渠道适当性原则。有了真实的信息需要沟通，也有一些渠道或通路可以将信息传送给信息接受者，并不能就完全保证沟通的有效性。为什么呢？因为不同的信息对于传递渠道的选择有要求。真实的信息，选择了不恰当的渠道进行传递，就会产生信息误读或扭曲，导致沟通受挫或受阻，有时甚至产生沟通灾难。如上司对下级表示友好的方式就因人、因场合而异，如方式选择错误，则可能引起沟通问题。

五、沟通的针对性原则

沟通的针对性原则，是指所有沟通的活动与过程设计，都是为了解决企业管理中的某些具体问题，支持、维护企业正常高效运行而设置，每一项沟通活动都有其明确合理的针对性。虽然不同企业的管理与沟通具有一定的共性，但每个企业的内外部条件与管理传统等等因素却是个别的独特的。因此，每个具体企业的管理与沟通均应该具有自己的个性化特征。这就要求我们在设置企业沟通模式时，必须充分考虑到具体企业的实际情况；所设置和采用的沟通模式，必须切合该企业的管理实际需要，企业沟通模式的设置必须有针对性。以上是指企业大的整体沟通模式而言。

具体到企业沟通模式里面的具体沟通渠道、方式、内容等等的设计，也必须具有明确的针对性。即必须考虑到企业设计这一沟通渠道、沟通内容的目的是什么，是为了完成企业管理中的哪项工作，达到哪个目的。凡是无助于企业完成管理任务的沟通设计，无论其表面看来多么的好和有吸引力，都应该毫不犹豫地抛弃；而对于那些明显有益于企业经营管理，少了就会产生不利影响的沟通设计，则应该将其加入和融入企业的总体沟通模式。

沟通自然也应该具有明确的目的或目标，这便是沟通的目标性原则。没有目标的沟通，是很难把握与衡量其沟通效果是否与沟通的本意相偏离的。沟通目标、目的不明确，必将造成信息发送者所发信息混乱、模糊、含混不清，接受者只能靠经验和场景猜测对方的用意，从而极易导致沟通误差或沟通失败。另一方面，不同的沟通目标，一般会对应于不同的沟通方式和沟通行为。如果你想得到你同事的支持，你会特别注意增强和发展你们之间相互关系中友好、合作的一面，但如果你不想他再来给你增添额外的工作，你可能会想方设法减少友好关系的成分。而这些不同的目的、目标当然会影响沟通的行为与效果。

六、沟通的同步性原则

沟通的同步性原则，是指在沟通过程中，沟通的双方或多方应当全部进入沟通系统和沟通角色，沟通必须是双向的交流过程，而不应当是单向或其中一方信息处于封闭或半封闭状态。也就是说，成功的沟通必须是在沟通主体之间互动的，双方处于平等交流地位的沟通。而不是一方强迫另一方接受自己的信息，或人为地拒绝接受对方的信息，即双方均应当对沟通同时具有适当、及时、同步的反应，互相理解，充分把握住对方所传达信息的意义。

当沟通的双方或多方处于相距遥远的两个或多个地点，所进行沟通的信息发送与接受存在时间差异的时候，同步性就有可能会因为缺乏现场交流而受到严重威胁。而有时间差异的沟通行为是客观存在并且是必需的。那么如何来把握其沟通的同步性呢？这里首先要说明的是，沟通的同步性并不纯粹或主要指沟通在时间上的同步性，而是指沟通的双方或多方应该适时进入角色，相互进行信息传送与反馈，强调的是其行为过程的互动性和沟通角色的同步性。当然，时间上的同步性无疑也是十分重要的，如能不断提高沟通在时间上的同步性，有利于沟通圆满达到沟通目的。

同步性原则告诫和提醒我们，作为管理者或被管理者，沟通必须是一个互动的双向的同时行动的过程，哪怕就是在等级森严的军队中也是如此。在战场上，当指挥官下达了冲锋命令时，士兵必须有反应，而指挥官更必须观察和分析士兵们的反应，以调整自己的指挥。哪怕当场士兵们没有说一句话，但士兵服从的举动本身就是一种沟通语言，它表明士兵同意、支持指挥官的工作指令。而一旦有士兵出现不冲锋的局面，指挥官就必须进行再沟通，迅速了解、分析士兵反应的动机原因，找出答案后，采取相应的管理措施。这一过程可能发生在两分钟之内，但一个士兵与指挥官之间可能发生多次完整的沟通过程。

有意义、真实的信息必须由适当的主体发出，并通过适当的渠道传递给适当的另一主体接受，此原则可称为沟通主体共同适当性或共时性原则。人们要想达成有效的沟通，信息的发出者和接受者都应该是而且必须同时恰好是应该发出和应该接受的沟通主体，发送者和接受者的主体适当或共时性这两者缺一不可。如信息虽由适当的主体发出，但接受者不对；或者接受者对了，但发出者的身份或地位不适当，都会导致沟通失败。只有有意义的信息从适当的主体发出，并准确地传送给了适当的主体及时接收，沟通才可能是有效的。

七、沟通的完整性原则

沟通的完整性原则，强调的是沟通过程的完整无缺。企业在设置沟通模式时，必须注意使每一个沟通行为过程均要素齐全，环节齐全，尤其是不能缺少必要的反馈过程。只有沟通的过程完整无缺，管理信息的流动才能畅通无阻，沟通的职能才能够充分实现。沟通过程本身不完整，沟通必然受阻。

在企业管理实践中，沟通多多少少会出现一些过程不完整情形：一是没有信息发送者，或信息发送者不明，信息没人发送，自然没有人能接受；二是没有传递的沟通渠道，信息发送者不知道有什么渠道可以向接受者发送信息；三是接受者不明，到底信息应该发给谁，没有明确方向;四是有渠道,有发送者,有接受者,但没有设定具体沟通方式,如本来应该通过电话沟通的,他却采用信件沟通,原因是企业没有规定他打个电话就行了;五是其他一些情形。沟通过程如不完整,缺乏反馈,就会使原本设想得很好的沟通受阻,对企业管理和沟通不利。

沟通必须由适当的主体发出,并通过适当的渠道,完整无缺地传送给适当的主体接收,此即为沟通的信息传递完整性原则。信息由适当的主体发出,通过适当的渠道传递,并且也由适当的主体接收了,沟通是否就一定能保证有效完成呢?不一定。这是因为,由于各种原因的影响和各种因素的干扰,被传递的信息,有可能在传递过程中,人为或自然地损耗或变形。如果这种情况发生,那么,接受者接收到的信息,已经不是发出者所发出的严格意义上的同一信息。那么,就有可能发生沟通失误或误解信息。因此沟通要完美和有效,信息在传递结束时必须仍然保持其内容的完整性。

八、沟通的连续性原则

沟通的连续性原则,是指大多数沟通行为过程,尤其是例行日常沟通活动,并非一次沟通就可以一劳永逸地完成沟通工作任务,而是要通过反反复复多次地沟通,才能较好地履行和完成沟通的工作职责。连续性是企业管理工作本身所具有的客观属性,作为管理的信息化表现,沟通自然也具有这一客观属性。

连续性原则要求企业在进行沟通时注意以下三大方面:一是沟通时间上的连续性;二是沟通的方式、方法、渠道等,即沟通模式上的连续性;三是沟通内容上的连续性。时间上的连续性要求企业沟通行为要持续地进行;而沟通模式上的连续性则要求企业一方面要慎重选择适合企业沟通的高效简捷模式,另一方面要求企业在要使用和改变企业沟通模式时考虑到人们的习惯,尽量使其具备操作上的连续性。内容上的连续性与模式上的连续性均是从提高沟通的熟练与效率角度出发考虑问题。

沟通主体之间要达成有效的沟通,还必须考虑到相互之间沟通的历史情形,这是因为人类都是依据自己的经验、情绪和期望对各种情形做出反应的。我们不了解沟通对象的过去,会影响我们预测他现在或将来的行为。而这种预测会明显影响我们与沟通对象在当下的沟通行为。人们对沟通对象的了解越多越深,人们就越容易找到沟通的切入点和恰当的方式与途径。从沟通内容与方式上来讲,我们应该对双方均已熟悉的沟通内容和方式尽量不要发生突变,保持一定的连续性,会有利于沟通对象快速准确理解要沟通的内涵。

九、沟通的效率性原则

正如管理活动本身,沟通活动可以衡量而且应当追求其活动效率。沟通的效率体现在沟通的各个要素与环节中。如编码有编码的效率,发送有发送的效率,渠道有渠道的效率,接收有接收的效率,解码也有解码的效率,就连噪音也有其效率。噪音高,必然影响沟通达到更高效率;噪音低,在客观上有利于提高沟通效率。

以远程正式书面沟通渠道效率为例。远程正式书面沟通在现代至少可以采用以下几种渠道:一是业务信件;二是业务传真;三是电子邮件,等等。在一般正常情况下,电子邮件沟通效率最高,传真次之,信件较差。而在业务信件中,又还可以分成快件与平信,快件一至两天即到,而平信则需要更长时间才能被拆阅。

又如编码效率。有人可以在一小时内完成一份业务文件的起草，而另一个人可能需要一两天时间才能完成。有的人具有很强的综合分析与语言组织、表达能力，很复杂的问题在他嘴里，只需要三五分钟就可以向大家说清楚；但有的人可能编码能力太差，他花上再多时间说，也还是没法说清。所有这些沟通过程的要素与环节的效率，最后都反映到整个沟通活动上来，构成了企业进行沟通活动的总体效率。

十、沟通的效益性原则

与管理一样，沟通是需要成本的，而且这些成本如文件纸张、人员、会议费用等等，都是可以量化计算的。因此，沟通的成本是不难理解、把握的。还是同管理一样，沟通也是能产生或增减企业产出的。虽然有的沟通活动的产出较难量化处理，但仍有相当一部分沟通的产出可以量化。如企业采用电脑信息化后，节约下来的沟通成本就是其为企业增加的产出。即使有些沟通的产出无法精确地量化，但像管理的产出一样，还是能够通过某种方式进行评估的。既然沟通有成本有产出，自然也就应该衡量其效益——沟通的产出与成本的比例关系。

在实际企业管理中，企业时常会碰到下列一些情形：某些管理与沟通活动虽然有益于企业管理，但做起来相当繁琐，需要投入大量的人力、物力；或者现在企业要进行沟通，有几种方式模式可选择，有的模式成本很高，效果也很好，有的模式成本较高，效果也较好，有的模式成本低，但效果一般，等等。以上问题迫使企业必须思考和重视沟通效益问题。具体企业在进行管理和沟通时，考查沟通效益是完全可能和必要的。在具体的沟通设置与大的企业总体沟通模式设计上，企业都应该根据自身的发展战略和资源组合能力，对不同效益的沟通方式、模式进行选择和组合，确保整个企业的管理与沟通效果最好，效益最大化。而要防止盲目地追求管理与沟通的大而全或小而全或沟通技术的先进。企业沟通模式，关键在于对本企业的适用性。

十一、沟通的真实性原则

沟通的真实性原则，即沟通必须是对有意义的信息进行传递。没有真正意义的信息进行传递，哪怕整个沟通的过程全部完整，沟通也会因为没有任何实质内容而失去其价值和意义，即使完整无缺的沟通也成了无效与无意义的沟通。从经济学的角度讲，无效沟通是对沟通资源，包括时间和精力、渠道、金钱上的一种浪费，不仅沟通本身毫无意义与价值，有时甚至还产生负效益，即沟通成本大于沟通的产出。一个良好的沟通过程，必须要有富有意义的信息需要沟通，这是沟通能够存在、成立和有效的内容基础以及根本与首要的前提。即沟通的内容必须具有真实意义，沟通的内容与过程必须具有真实性，沟通的信息必须至少对其中一方是有用和有价值的。

十二、沟通的代码相同性原则

沟通的代码相同性原则，是指所有沟通主体，即所有信息发出者和信息接收者之间，在传递真实信息时，必须使用相同的信息代码系统，即信息在发出者那里是以何种代码被编码的，在接收者那里也必须以相同的代码系统，对接收到的信息代码进行解码。如果双方所使用的信息代码系统完全不同或存在较大差异，就会导致接收者对信息解读无法实现或解读错误，也就是导致沟通失败。人们常说，我在说A，而你却在说B。一旦类似错误发生，沟通的过程在形式上虽然是完成与完整了，但在实际上没有形成有效的信息传递，解码过程出现了断裂，真正有效的沟通没有发生。

第三节　领导沟通的技巧

一、产生有效沟通障碍的原因

一个人的成功，百分之二十靠专业知识，百分之四十靠人际关系，另外百分之四十需要观察力的帮助。因此为了提升我们个人的竞争力，获得成功，就必须不断地运用有效的沟通方式和技巧，随时有效地与“人”接触沟通，只有这样，才有可能使你事业成功。如果要谈沟通的技巧，让我们先来认识一下产生有效沟通障碍的原因。

在日常的沟通行为中，常常因为一些“意外”而使沟通无法实现，更要命的是甚至会出现相反的效果。这些情况都表明，沟通出现了障碍，有一些因素影响了信息的有效传递。实现有效沟通的障碍主要有以下原因：

（一）个人原因

个人原因又有以下几种情况：

（1）人们对人对事的态度、观点和信念不同造成沟通的障碍。知觉选择的偏差是指人们有选择地接收。例如，人们在接收信息时，符合自己利益需要又与自己切身利益有关的内容很容易接收，而对自己不利或可能损害自己利益的则不容易接收。

（2）个人的个性特征差异引起沟通的障碍。在组织内部的信息沟通中，个人的性格、气质、态度、情绪、兴趣等差别，都可能引起信息沟通的障碍。

（3）语言表达、交流和理解造成沟通的障碍。同样的词汇对不同的人来说含义是不一样的。在一个组织中，员工常常来自于不同的背景，有着不同的说话方式和风格，对同样的事物有着不一样的理解，这些都造成了沟通的障碍。

（二）人际原因

人际原因主要包括沟通双方的相互信任程度和相似程度。沟通是发送者与接收者之间“给”与“收”的过程。信息传递不是单方面，而是双方的事情，因此，沟通双方的诚意和相互信任至关重要。在组织沟通中，当面对来源不同的同一信息时，员工最可能相信的是他们认为最值得信任的那个来源的信息。上下级之间的猜疑只会增加抵触情绪，减少坦率交谈的机会，也就不可能进行有效的沟通。沟通的准确性与沟通双方间的相似性也有着直接的关系。沟通双方的特征，包括性别、年龄、智力、种族、社会地位、兴趣、价值观、能力等相似性越大，沟通的效果也会越好。

（三）结构原因

信息传递者在组织中的地位、信息传递链、团体规模等结构因素也都影响有效的沟通。许多研究表明，地位的高低对沟通的方向和频率有很大的影响。例如，人们一般愿意与地位较高的人沟通。地位悬殊越大，信息趋向于从地位高的流向地位低的。信息传递层次越多，它到达目的地的时间也越长，信息失真率则越大，越不利于沟通。另外，组织机构庞大，层次太多，也影响信息沟通的及时性和真实性。

二、领导沟通的具体技巧

(一)自信的态度

一般经营事业相当成功的人士，他们不随波逐流或唯唯诺诺，有自己的想法与作风，却很少对别人吼叫、谩骂，甚至连争辩都极为罕见。他们对自己了解得相当清楚，并且肯定自己，他们的共同点是自信，日子过得很开心，有自信的人常常是最会沟通的人。

(二)体谅他人的行为

这其中包含"体谅对方"与"表达自我"两方面。所谓体谅是指设身处地为别人着想，并且体会对方的感受与需要。在经营"人"的事业过程中，当我们想对他人表示体谅与关心，惟有我们自己设身处地为对方着想。由于我们的了解与尊重，对方也相对体谅你的立场与好意，因而做出积极而合适的回应。

(三)适当地提示对方

产生矛盾与误会的原因，如果出自于对方的健忘，我们的提示可使对方信守承诺;反之若是对方有意食言，提示就代表我们并未忘记事情，并且希望对方信守诺言。

(四)有效地直接告诉对方

一位知名的谈判专家分享他成功的谈判经验时说道:"我在各个国际商谈场合中，时常会以'我觉得'(说出自己的感受)、'我希望'(说出自己的要求或期望)为开端，结果常会令人极为满意。"其实，这种行为就是直言无讳地告诉对方我们的要求与感受，若能有效地直接告诉你所想要表达的对象，将会有效帮助我们建立良好的人际网络。但要切记"三不谈":时间不恰当不谈;气氛不恰当不谈;对象不恰当不谈。

(五)善用询问与倾听

询问与倾听的行为，是用来控制自己，让自己不要为了维护权力而侵犯他人。尤其是在对方行为退缩，默不作声或欲言又止的时候，可用询问行为引出对方真正的想法，了解对方的立场以及对方的需求、愿望、意见与感受，并且运用积极倾听的方式，来诱导对方发表意见，进而对自己产生好感。一位优秀的沟通好手，绝对善于询问以及积极倾听他人的意见与感受。有效地倾听能增加信息交流双方的信任感，是克服沟通障碍的重要条件。要提高倾听的技能，可以从以下几方面去努力:

(1)使用目光接触。

(2)展现赞许性的点头和恰当的面部表情。

(3)避免分心的举动或手势。

(4)要提出意见，以显示自己不仅在充分聆听，而且在思考。

(5)复述，用自己的话重述对方所说的内容。

(6)要有耐心，不要随意插话和随便打断对方的话。

(7)不要妄加批评和争论。

(8)使听者与说者的角色顺利转换。

(六)正确运用谈话艺术

谈话是一种重要的、常见的沟通方式，在谈话中，语言运用得是否恰当直接影响沟通的效果。使用语言时要简洁、明确，叙事说理要言之有据，条理清楚，富于逻辑性;措辞得当，通俗易懂，不要滥用词藻，不要讲空话、套话。非专业性沟通时，少用专业性术语。可以借助手势语言和表情动作，以增强沟通的生动性和形象性，使对方容易接受。

第一，要选择好适宜的交谈环境。从一定意义上讲，环境决定心境。一个人对周围环境的感觉，会对谈话时的心情、态度产生或好或坏的影响。在进行谈话行为的时候，应该选择适宜的交谈环境。但是，有些谈话行为是发生在谈话双方事先都未曾认真准备、双方都未选择一个专门的谈话环境的情况下的，这就要求领导者及早酝酿谈话的内容。

第二，要选择好谈话的时机和突破口。进行谈话行为时，时机的选择非常重要，时机选择得好，则可事半功倍;而错过了时机，则往往事倍功半。选择时机是指选择与特定对象进行谈话的最佳时间，也就是谈话要及时和适时。"风起于青萍之末"，当谈话对方的某个问题或倾向刚露出端倪时，就应敏锐地抓住这种苗头，及时与之谈心进行教育，防微杜渐，把问题解决在萌芽状态。所谓适时，是指谈心不能过早或过晚，要恰到好处。从客观上讲，要善于根据现实生活的需要，适时开展谈话，以提高对方的思想认识;从主观上讲，要善于捕捉对方思想上解决问题的愿望，适时地给予帮助，使他们轻装上阵，不断进步。选择突破口是与选择时机既有联系又有区别的一种教育艺术。选择时机重在教育最佳时点的把握，而选择突破口则重在把握教育对象思想上的特点、矛盾以及认识上的焦点，从而找到谈话的入手之处。每一次谈话究竟怎样入手，需要根据实际情况具体确定。突破口选择得好不好，对谈话的效果也有重要影响。选择恰当，就能使谈话教育向纵深顺利展开，取得较好成效;反之，谈话就很难深入，效果就可想而知了。另外，对于谈话时机的选择，要学会把握成熟的介入时机。在谈话工作中，如果事先未曾了解问题的原委，可以先观望，后介入。观望是介入的准备阶段，作用也相当的重要。谈话者还要学会把握最佳的收效时机。在谈话时，要充分考虑对方的各种情况，是否有时间，是否有顾虑等等，排除不利影响后的谈话收效才大。谈话的时间要充分，不能敷衍了事，但是话题要集中，不能东拉西扯、过多地占用对方的时间，要适时而收。

第三，要学会善于营造良好的谈话气氛。创设良好的与谈话相适应的谈话气氛，首先要有一个缩小彼此心理距离的过程，当一个人对你还不熟悉的时候，初次谈话免不了有些紧张和不适应，如果在谈话前先拉拉家常或者谈谈其他话题，就会拉近彼此间的距离，使气氛和谐起来，谈话的效果就会好一些。其次，创设良好的谈话气氛，应该注意在谈话的过程中谦逊礼貌，亲切待人。谈话时不能动不动就训斥或者态度傲慢、居高临下，否则气氛会恶化。再次，营造良好的谈话气氛，应该注意求同存异，避免冲突，在谈话的时候为对方设身处地的想一想，留有余地，可以缓和紧张气氛，人与人之间容易沟通，还可以为思想工作的进一步深入打好基础。

在谈话中，有些谈话对象因为某种原因而不愿意坦诚地说出自己心里的想法，有很多东西他们更愿意和自己信得过的人说。遇到这种情况，就不能强求，而应该采取迂回过渡的方法来做好工作。采用不同的方式，或者不同的切入点，有时候能取得意想不到的效果。

第四，在谈话的过程中，要注意使用谈话对象容易接受的语言表达方式。换句话说，就是在什么时代，就要说什么话。语言表达的思想内容不仅要受社会环境的制约，语言形式的采用也要同社会环境相适应。由于社会的发展，社会群体所使用的语言不断发生着变化，那么我们在谈话和说理教育中对语言形式的采用就不能脱离时代。例如，如果我们现在仍然采取过去“左”的那一套，把思想问题视为政治问题，用空洞的口号去说教，动辄“阶级斗争”、“灵魂革命”，结果只能贻笑大方，于事无补。

第五，在谈话中要始终坚持尊重对方，与对方平等交流。要尊重谈话对象的人格，不要贬损挖苦嘲讽他们；要对谈话对象的喜怒哀乐给予科学、具体、多方面的分析，理解并恰当地引导他们的思想和行为；要与对方诚恳地交谈，不要居高临下、摆架子；要坚持平等对话、双向交流，注意倾听对方的意见，与其一起去探讨和解决问题，不要搞“一言堂”，不要把自己的意见强加给对方；要注意为对方保密，切忌将其在谈话过程中说出的心里话到处乱讲。

第六，谈话要注意情理交融。谈话实际上是教育者与受教育者之间在思想、情感上的交流，因而谈话要有真情实感，要情理交融。列宁说：“没有‘人的感情’，就从来没有也不可能有人对于真理的追求。”①这实际上从一个方面说明了情感因素在人的活动中的重要作用。谈话也离不开一个“情”字。领导者只有同谈话对象建立起融洽的感情氛围，才能使谈话深入进行，达到预期的目的。为此，领导者要加大感情投入，从尊重、关心、爱护对方出发，注意研究谈话对象的情感，动之以情，以情感人；要对谈话对象真情相待，以诚动人。

当然，“情”只是谈话的一个因素，另一个要素“理”也是不可忽视的。谈话是思想政治教育的载体，当然应该在谈话中讲道理。某一教育内容的传播，教育对象思想认识的提高，思想问题的解决，都离不开“理”。因而领导者要努力掌握讲道理，以理服人的技能。要讲真理、讲真话，用正确的道理打动对方；要学会分析说理，使说理客观、准确、恰到好处；要善于用通俗的语言阐明道理，以增加说理的感染力、说服力。

实际上，在谈话中，“情”与“理”是融为一体，不可分割的。两者的辩证关系表现在：(1)互为条件，互相依赖。在谈话教育中，有时情是理的条件，有时理是情的条件。一般来讲，对于文化素质较低、思想较保守、性格内向、逆反心理较大的教育对象，应把情作为理的条件，先动之以情，再晓之以理；而对于文化水平较高、思想较活跃、性格较开朗、较为理智的教育对象，则应把理作为情的条件，先理喻后情感。(2)互相补充，互相渗透。谈话教育既应讲理，又应有情，理需融情，情需寓理。如果片面强调理的作用，不以情加以调节，就会导致一种“惟理化”的倾向；倘若片面强调情的作用，不以理加以补充，就可能感情用事，导致一种“惟情化”的倾向。(3)互相制约，互相转化。一般来讲，理的接受程度同情的强度成正比，同逆反心理成反比。情的强度越大，逆反心理越小，则理的接受度就越高，因为只有那些深刻的情感才能打通闭塞的心路，使理顺利输入，即由情向理转化；理说得越透，教育对象掌握得越深，情的强度就越大，因为只有那些被理性认识了的客观事物才能引起人们深刻的情感，使情感升华，即由理向情转化。由此可见，富有成效的谈话教育，应该把情理有机地

① 《列宁全集》第25卷，人民出版社1984年版，第117页。

结合起来，力求情中有理，理中含情，情理交融，以理为主。

(七)拓宽沟通渠道，保证信息的双向沟通

信息传递链过长，会减慢流通速度并造成信息失真。因此，要减少组织机构重叠，拓宽信息渠道。另一方面，团队管理者应激发团队成员自下而上地沟通。例如，运用交互式广播电视系统，允许下属提出问题，并得到高层领导者的解答。如果是在一个公司，公司内部刊物应设立有问必答栏目，鼓励所有员工提出自己的疑问。此外，在利用正式沟通渠道的同时，可以开辟非正式的沟通渠道，让领导者走出办公室，亲自和员工们交流信息。坦诚、开放、面对面的沟通会使员工觉得领导者理解自己的需要和关注，取得事半功倍的效果。

(八)团队成员要克服沟通的障碍必须注意心理因素的作用

(1)在沟通过程中要认真感知，集中注意力，以便信息准确而又及时地传递和接收，避免信息错传和接收时减少信息的损失。

(2)增强记忆的准确性是消除沟通障碍的有效心理措施。记忆准确性水平高的人，传递信息可靠，接收信息也准确。

(3)提高思维能力和水平，是提高沟通效果的重要心理因素，高的思维能力和水平对于正确地传递、接收和理解信息，起着重要的作用。

(4)培养镇定情绪和良好的心理气氛，创造一个相互信任、有利于沟通的小环境，有助于人们真实地传递信息和正确地判断信息，避免因偏激而歪曲信息。

总之，有效的沟通在团队的运作中起着非常重要的作用。成功的团队领导把沟通作为一种管理的手段，通过有效的沟通来实现对团队成员的控制和激励，为团队的发展创造良好的心理环境。因此，团队成员应统一思想，提高认识，克服沟通障碍，实现有效沟通，为实现个人和团队的共同发展而努力。

第七章 领导批评艺术

有赞扬就应该有批评。在领导的工作中，批评也是一种必要的强化手段，它与表扬是相辅相成的。不过，作为一个现代社会的领导者，批评的同时就应该尽量减少批评所产生的负作用，减少人们对批评的抵触情绪，从而保证批评效果尽可能的理想。

第一节 领导批评的本质

批评，是管理者经常要面对的问题。颂扬、赞美谁都乐于承受，相对而言，“批评”的难度系数则要高出很多。进行批评时注意方式方法，讲究语言的艺术，方能使批评对象心服口服，进而达到治病救人的目的。

一、批评的含义

有人根据个体受到批评时不同的反应将人分为迟钝型、敏感型、理智型与强个性型。反应迟钝的人即使受到批评也满不在乎；反应敏感的人，感情脆弱爱面子，受到斥责则难以承受，甚至会一蹶不振；具有理智的人在接受批评时心理会产生很大震动，从中汲取教训；具有较强个性的人，遇事好冲动，自我保护意识强烈，明知有错也死要面子，受不了当面批评。对于批评，可以说谁都不陌生，在我们的生活和工作当中，我们既批评过别人，也被别人批评过。尤其是在企业里，由于员工的过失，或者员工的不尽职等情况下，被领导批评应该说是家常便饭，我们经常可以见到一些领导在会议上批评员工。而领导从来就没有站在员工的角度来感受被批评的滋味，你想在有第三者在场时，批评员工会令被批评者颜面尽失，也会令第三者感到尴尬，第三者就会想下一个对象会不会就是我？无形之中员工的心理就会留下一种对领导者的心理恐慌，有一种危机感，这也许不是领导者故意为之，可能是一种习惯。但是，这种习惯要不得，它会损害领导者在员工心目中的形象，对领导的个人魅力会大打折扣，对领导的向心力就会减弱，企业也就不会产生很好的经济效益与社会效益。

很多领导说，表扬起来容易，批评起来可就难了。的确，我们常常可以看到企业的许多员工由于受到领导的批评，感到无论是自尊心方面，还是其他方面，都会无所适从。批评容易导致上下级之间的关系出现裂痕，也会使下级对上级安排的工作呈现出消极应对反应。造成这样的原因主要是领导者本身引起的，因为，领导者不懂得如何批评员工，也没有掌握批评员工的艺术。可能有的领导者会说，批评员工是我的自由，我的个性就是如此，我也没有必要为了谁而改变，我想怎样就怎样；你不做有人来做，这么大的中国有的就是人。正是由于这种心理在作祟，才使许多企业的领导者（也包括基层管理者）对员工进行不恰当的批评。

美国学者斯金纳曾提出过一个“强化理论”①，他将之分为两种类型——正强化和负强化。斯金纳认为：人和动物为了达到某种目的，会采取一定的行为作用于环境，当这种行为的后果对其有利时，这种行为就会在以后重复出现；不利时，这种行为就减弱或消失。人们可以用正强化或负强化的办法来影响行为的后果，从而修正其行为。在管理上，正强化就是奖励那些组织上需要的行为，其方法包括表扬、提升、安排担任挑战性的工作、给予学习成长机会等，从而加强正确的行为；负强化就是惩罚那些与组织不相容的行为，包括批评、调离、处分等，有时少给表扬或不给予奖励也是一种负强化，目的是削弱不当的行为。

斯金纳的理论也叫做“行为修正理论”或“操作条件反射理论”。这一行为学说被许多科学家所肯定，认为它有助于对人们行为的理解和引导。“强化理论”在应用中有许多重要的原则，比如：根据不同对象采取不同的强化措施、分阶段设立目标、全程监督与及时反馈、尽可能以正强化为主要手段等等。但是，负强化的方法也是一条非常重要的原则。因为，一种有违设定目标的行为（那么是不自觉的行为）必然会给组织带来比较糟糕的结果，而这些后果在得不到及时校正时，原有的行为难免会重复发生。与其放任这种行为和后果的反复发生，就不如在初始阶段即对其加以分析、控制、改造与规范，从而使行为者知道哪些事情应该做，哪些事情不能去做，哪些事情在可供选择的方案中后果是最合适的。

批评就是一种管理工作中的负强化手段，它可以使人产生一种内疚的心理，或者说一种耻辱感。古人说：“知耻近乎勇”。知耻所产生的勇气，就是“负强化”的作用，我们可以举两个例子：

清代学者朱起凤年轻时教书，因为没弄清“首鼠两端”和“首施两端”两词通用而错判学生的作文，遭到众人的奚落。他知羞耻而发愤图强，潜心于词语研究，编成了300多万字的《辞通》，为汉语言文字的发展作出了重要贡献。

英国生物学家谢灵顿早年沾染恶习，在向一位女工求婚时，被姑娘一句“我宁愿跳进泰晤士河里淹死，也不会嫁给你！”的话深深刺痛，从此幡然醒悟，努力钻研医学和生物学，并最终在1932年获得了诺贝尔医学奖。

由此可见，“知耻”是奋发图强的前提，“近勇”则是成就事业的动力。我们不妨回到现实中来想想身边可能发生的事：如果一个单位在窗口岗位工作的同志对外来的客人发脾气、甚至采取粗暴的做法；如果个别同志喝了酒后上班，烂醉如泥的形象常引起同事们的反感；如果有的同志办某些事拖拖沓沓数月没有下文，执行能力较差；如果有的同志只为个人眼前或局部利益着想，不愿意顾全学校工作的大局；如果有的同志在制度执行上有违基本规矩，引起了解情况的群众不满……这些现象要不要在一定范围内批评？我想大多数同志心里都是有一本账的，觉着不舒服、怕丢面子的总是少数。一般来说，响鼓抡重锤或警钟时常敲，是对不良现象的改观还抱有着一份期待，倘若对被批评的人或事完全失去信心，那叫“哀莫大于心死”，或许真就是“此处无声胜有声”了。

毛泽东在《为人民服务》中说：“因为我们是为人民服务的，所以，我们如果有缺点，就不

---

① 余江敏：《斯金纳强化理论及其在教学中的运用》，《曲靖师范学院学报》，2001年第一期。

怕别人批评指出。不管是什么人，谁向我们指出都行。只要你说得对，我们就改正。你说的办法对人民有好处，我们就照你的办。‘精兵简政’这一条意见，就是党外人士李鼎铭先生提出来的，他提得好，对人民有好处，我们就采用了。只要我们为人民的利益坚持好的，为人民的利益改正错的，我们这个队伍就一定会兴旺起来。”①从中我们可以看到批评在集体建设中的重要性。

批评是一种恩惠，是在教导自己认清看不到的那一面。只要愿意张开双眼认真观察，双耳用心聆听，用心去领悟，用慧眼去看透，用智慧去解剖，用真理去分辨，用足够的决心和恒心去面对并且改过，勇往直前，终究会变得更加的完美及高贵。

人无完人。在这个世界上，没有人不会犯错误。在错误面前，你可能要忍不住大发雷霆。狂风暴雨过后，你可能会沮丧地发现，你的“善意”并没有被对方所接受，甚至，换来的结果可能让你追悔莫及。批评对谁来说，都不是一件让人愉快的事。但是如果你能够掌握适当的批评的技巧和方法的话，相信你们的交流能更容易些。

你的批评是否是“成功”的，很大程度上决定于你采用的态度。没有人喜欢被批评，不要相信“闻过则喜”。如果你一味的指责别人或者简单说明你的看法，你将会发现，除了别人的厌恶和不满外，你将一无所获。然而，如果你能够让对方感觉到你是来解决问题纠正错误的，而不是仅仅来发泄你的不满，你将会获得成功。

二、批评的作用

（一）矫正作用

人的行为矫正往往需要外力的督促和提示。有许多不良言语和行为有时自己也很难意识到和重视它，更谈不上自我改正。通过批评，领导可为部属确立自我矫正的参照指标，增加压力感，使其及时进行自我矫正。

（二）警示作用

批评不仅使被批评者个体受到教育，而且对其他部属具有警示作用，使其他部属引以为戒，有则改之，无则加勉，促使部属群体觉悟的提高和行为的改善，有利于大面积、高效率地提高教育质量。

（三）导向作用

通过批评，指出部属缺点错误之所在，阐明其言语行为规范，唤起部属新的认识需要和成就需要，并确立起行为的奋斗目标，使部属品行朝着社会或领导期望的方向发展。

（四）驱动作用

正确的批评能使部属认识到自己言语行为、活动方式与社会要求和他人的差距，从而激发部属的自尊心、上进心，使部属将内在的要求外化为积极的有社会价值的行为。谈到批评，大抵都这样认为，批评让一个人情绪低落，甚至毁掉一个人的一生。不错，这样的例子不管是在历史上还是在现实中都是很多的。而表扬则会让一个人情绪高涨，精神百倍，可以把人

① 《毛泽东选集》第三卷，人民出版社1991年版，第1004～1005页。

从低谷中振奋起来，这样的例子历史和现实中也有很多。因此，很多专家都建议我们在工作和生活中要多表扬少批评，于是我们都认为批评是不好的。然而，批评真的一点都不好吗?其实，凡批评者，不外乎两点:第一，批评人;第二，批评事。当然，批评人除了批评他人人品以外，恐怕就是为了事而批评别人了。因此，只要不是恶意攻击，批评对人是大有促进作用的，如果是别有用心的恶语中伤，那就另当别论了。因为这不是批评，是攻击。凡攻击者我们必须还击。但批评不一样，批评是对一个人做事做人方式的一种不认可，别人不认可就说明你的工作还有待改进的地方。因此，对批评我们必须虚心接受，并加以分析接受，那一定能完善自我。就是错误之言，也能增加多种看问题的方法。凡能接受别人批评者，必心胸宽阔，海纳百川;凡拒绝批评者，定心胸狭窄，不能容人。因此，在现实中，希望大家能回避表扬，面对批评。批评者大公无私，对事不对人，被批评者虚心接受，加以分析以增进智慧。可是做到这一点谈何容易呀，这么多年来，表扬听得多了，批评少了，偶尔有些批评也是为了一些利益而出的攻击之言。因此，现在人变得越来越固执，越来越自以为是，心胸也越来越狭窄了。人生之中若能时时听到批评之声该多好呀，若能得一中肯批评之人终身相伴，实为人生最大之幸事也。

(五)维护作用

批评可以让部属感受到不安、懊悔、挫折，甚至产生悲伤、痛苦的心理体验，这样，部属的心理才会变得越来越丰富和成熟，认识更加全面，情感更加深刻，意志更加坚强，独立面对困难和解决困难的能力和水平也会不断提高。

第二节　领导批评的原则

一、错误的批评方式

在领导的工作中，批评也是一种必要的强化手段，它与表扬是相辅相成的。不过，作为一个现代社会的领导者，批评的同时就应该尽量减少批评所产生的负作用，减少人们对批评的抵触情绪，从而保证批评效果能尽可能的理想。任何人在批评别人的时候，都应该首先对自己与别人有一个正确的认识。要想到自己应承担的责任，想到自己的不足。同时，应以理解的态度去看待对方的过失，考虑一下自己在同等条件下是否也会出现过失，不要以一贯正确的口吻去批评别人。尤其是自己也确有或大或小的失误时，自我批评更应该诚恳。正如一位哲人所说:我们只有用放大镜来看自己的错误，而用相反的方法来对待别人的错误，才能对于自己和别人的错误有一个比较公正的评价。批评是一门管理艺术，也是一种行之有效的管理手段。“惩前毖后，治病救人”是前人对批评作用所作的精辟论述。著名管理学家汤姆·彼得斯说:“管理就是要通过合适的激励方式，发挥出每个员工的激情和才能。”作为企业管理者，需要做的首先是把员工放在最前沿。在企业管理中，批评同样只是管理者实现良好管理的辅助方法。批评得当，会纠正员工的缺点;若批评欠妥，会挫伤员工的信心和积极性。盘点管理者的批评艺术，有四种批评方式值得注意:

（一）失态型：说脏字

含蓄，自古以来被认为是有君子风度者必备的素养，是管理者在批评员工时必须掌握的一个技巧。可有些管理者在批评员工时，往往因情绪激动或者对某位员工有偏见，就直接用非常刺耳、尖酸刻薄的话语来训斥。更有甚者，还会随口甩出几个脏字，让员工顿觉自身受到侮辱，颜面扫地。一次因奖金分配问题，店长张蒙代员工给老总打电话询问原因。老总不仅未就奖金分配标准跟张蒙解释，末了还出言不逊："给多少就拿多少，问什么问？你们店的人怎么像一群鬼一样。"为此，双方在电话里发生了口角。事实上，这样说话的老总，通常个人素质不会很高。虽然管理水平一般，但是骂人的能力非比寻常。这种将批评上升到人格侮辱的做法，不但不能对员工起到敦促作用，还会引起员工严重不满，甚至与管理者当众翻脸。管理者在批评员工时，一定要理智地把握自己的情绪，切莫让脏字脱口而出，影响员工接受的心态不说，也会使自己的形象在员工心中大打折扣。

（二）冲动型：装老大

以人为本的管理理念，要求管理者对犯错的店员应有正确的态度，一切均应本着解决问题、提高员工工作效率和自身管理水平的原则来开展批评。但在实际工作中，有些管理者很容易忽略这一点。正在办公室整理销售报表的孙店长，曾莫名其妙地被老总狠狠地训斥了一顿。公司要求各门店在每月中旬统一上报本店的销售数据，以便核发奖金。孙店长按要求将数据传给了总部。谁知因老总失误，在查收时错将孙店长发来的文档存到另一家分店的文件夹了。到规定的时间却以孙店长工作拖拉为由，不问青红皂白地在电话里将其狠狠批评了一顿。一番激烈的争辩后，老总终于找到了孙店长传来的文档，随后"啪"的一声挂了电话。有些管理者在批评员工时，很喜欢"称霸一方"装老大，通常不问青红皂白、未听员工解释就开始大发雷霆。这样的批评只能让员工对你产生排斥。如果在批评之前放下自己的架子，先创造一个良好的气氛，再开始你的"慷慨陈词"，效果可能就会好一些。

（三）随意型：乱评判

"杀鸡给猴看"是管理者在批评员工时常使用的一种小手段。对于犯错的员工不能根据其自身特点采用灵活的批评方式，只是为了显示自己的威风，不分场合、不分时机地对员工的错误行为大加评判。如某公司组织门店开展文艺汇演。因员工参与的积极性不高，刘店长所在的门店只报了三个节目，引起了老总的不满。开会时，老总就刘店长的管理能力问题，在会议上将她当众数落了一番，希望引起其他店长对公司集体活动的重视。不想却让刘店长产生了逆反心理，坐在台下的她难以心平气和地接受这次批评，会后大发怨声。老总以为这样的批评方式会在员工中起到"杀一儆百"的作用，殊不知不仅让被批评者感到很丢面子，对管理者怀恨在心，也会打击其他员工的信心，动摇管理者在他们心目中的地位。身为管理者，应准确把握批评的灵活性，大事坚持原则，小事灵活处理，在原则问题上不含糊，在细枝末节上不纠缠。掌握分寸，注重场合，才能真正帮助员工认识自己的缺点。

（四）怀旧型：翻老账

从某种意义上来说，批评的目的是为了让员工觉悟，从而自觉纠正错误行为。因此，良好的批评方法应该是点到为止、留有余地。这样才能让员工易于接受，并对管理者的宽容产生内疚，从而使他们不断鞭策自己。但有些管理者似乎有着严重的怀旧情结，遇到员工犯错，他便会新账老账一起算，把员工之前犯过的错误从头数落，让其重温“经典案例”，以为如此反复地翻旧账，会让员工对自己的错误“刻骨铭心”。殊不知每次的“案例再现”都会让员工对这种批评教育方式很反感，因为这种批评方式体现的不仅是管理者的小肚鸡肠，也会让员工感到很受伤。管理心理学提醒：当一个人受到批评的时候，百分之九十九的员工会在管理者说第二句话的时候，找个理由反驳。所以，批评是一把双刃剑，管理者一定要注意方法，不可随性而为。

二、正确运用批评的原则

相关的研究结果与实践经验也表明，大多数人在听到批评时，总不像听到赞扬那样舒服。这是因为，人在本能上对批评都有一种抵触心理，人们喜欢为自己的行为辩解，尤其是一个人在工作中已付出很大努力时，对批评会更为敏感，也更喜欢为自己辩解，以便使自己和他人都相信他是没有错误的。从心理学角度看，这也是认知不协调的一种表现。而解决这种认知不协调的方法，就是批评者替对方进行辩解或创造条件使对方觉得无法辩解。欧美一些企业家主张使用“三明治策略”，即赞扬——批评——赞扬。也就是说，在批评别人时，先找出对方的长处赞美一番，然后再提出批评，而且力图使谈话在友好的气氛中结束，同时再使用一些赞扬的词语。由于这种方式是两头赞扬、中间批评，很像三明治，故由此得名。其实，这种方式也比较符合人的心理适应能力。当批评者在诚恳而客观的赞扬之后再进行批评时，人们会因为赞扬首因效应的作用，而觉得批评不那么刺耳。而在批评的运用上要把握以下几项原则：

（一）批评前必须弄清六个问题

毛泽东说过：“没有调查，没有发言权。”[①]所以，一切的批评都必须建立在充分掌握事实的基础之上，使批评不会让被批评者觉得是空穴来风。有的被批评者为了避免批评者对他的“惩罚”，往往会不承认自己的错。如果批评者没有事实根据，空讲几句批评的话就达不到矫正的效果，反而让其觉得可以瞒天过海，反复犯错，甚至是变本加厉。所以，批评前必须弄清六个问题：

（1）对方会立刻接受这个批评吗？

下属可能正处于困难时期，极其脆弱。如果你想和他谈一些麻烦事，先想想现在是不是时候。

（2）你能耐心地等待他从打击中恢复过来吗？

你在提出严厉批评的时候，必须了解对方的心情。他可能感到彻底绝望，难以继续工作；也可能要从你这里得到证实，证实他不是被当做不合格的人来看待，而只是某件事上出了差错。你要告诉他，在另外一些事上你觉得他能干得更好。批评必须要有表扬作为缓冲。

（3）此人以前受到过这种批评有多少次了？

如果你感到你只是在不断地重复这个批评，再说一遍显然也是没有用的。你现在要注意了解的不是他犯的错误，而是为什么他在受到这么多次批评以后仍无改进。是不是还有别的

---

① 《毛泽东选集》第一卷，人民出版社 1991 年版，第 109 页。

什么该做而没有做的事情呢?

(4)你提出批评之后,他对此能有什么反应?

你应该知道,为了有所改进,他该做一些努力。

(5)是不是由于你自己的一些原因使你提出这个批评?

领导有时可能会感到来自雇员的威胁,感到不受欢迎,莫名其妙地想惩罚他们。不要根据自己的情绪,而要根据实实在在的原因做出反应。

(6)你是否知道对方需要的是不是另一个方面的批评?

如果你把自己放在下属的位置上,想想你在受到了这样的批评之后有何感想,你就会有了答案。

(二)批评后要安抚下属

无论任何团队,当员工犯下了不可原谅的错误时,身为领导不可避免地要对其加以斥责。然而,一旦呵斥次数过多,便极易使下属认为上司性情暴躁,进而对上司产生反感,此时,批评便产生不了任何作用。

身为领导者只有在必要时方可采取痛斥下属的手段。值得注意的是,真正善于领导的统帅者,在痛斥下属之后,一定不忘立即补上一句安慰或鼓励的话语。因为,任何人在遭受领导的斥责之后,必然会垂头丧气,他心中难免会想:我在这家公司别想再往上爬了。如此,所造成的结果必然是他更加自暴自弃。

此时领导若能“打一巴掌揉三揉”,适时地利用一两句温馨的话语来鼓励他,或在事后私下对其他下属表示:我是看他有前途才舍得骂他。如此,当受斥责的下属听到了此话后,必会深深体会“爱之深,责之切”的道理,更加发奋努力。

如果领导在痛斥下属之后当天晚上打电话给该下属,给予一番鼓励与安慰,那么遭受斥责的下属会心存感激地认为,领导虽然毫不留情地训了我一顿,但他实在是用心良苦。如此一来,下属对于责骂的内容更加牢记在心,反而大大提高了工作的自觉性。作为一个聪明的、有能力的领导者,你应该在下属出现失误时照旧信任他。只要你真心实意地帮下属改正失误,在他改错后仍然像以前那样信任他就足够了。

想赢得下属的信任,讲究“患难朋友才是真正的朋友”。领导与下属相处,必须信任自己的下属。谁都有过身处逆境的时候,人人都知道个中滋味,也会清楚地记得在困境中真心帮助过自己的人。作为下属,他出现失误,本身也会自责,同时也担心会不会因此而失去领导的信任。下属当然明白领导对他失去信任将会意味着什么。所以,这个时候,你应该表明:你信任他。你可以与他一同研究出现失误的原因,而后以真诚的态度,而不是以领导者对下属的态度提出改良的建议。要表明你以后会继续信任他。可能的话,你也适当地给自己揽一份责任,与他共担失误,减轻他的压力,赢得他的信任。

(三)千万不要急于处理

下属犯了错误或造成失误,当然要追究其责任,要批评、处分、甚至撤职。但在事情和责任没有搞清楚之前,千万不要急于处理。如果处理错了或重了,伤了感情,事情就很难挽回了。你如果还没有处理,那么主动权就掌握在你的手里,想什么时候处理就什么时候处理。如果你处理得好,不仅不会伤害下属的感情,反而会赢得下属的心,使其成为你的忠实拥护者。

某企业的情报科长，因提供了错误的市场信息导致企业领导决策时失误，给企业造成重大损失。对于这样严重的错误，总经理完全可以将情报科长撤职。这位总经理并没有急于作出处理，他分析了两种可能：一是这位情报科长本身不称职，不适宜再继续担任这个职务；另一种可能是“好马失蹄”，由于一时大意而出现判断错误。如果是后者，那么将他革职就会毁掉一个人才。总经理进一步考虑到，目前还找不到一个更适合的人选来顶替情报科长的职务，一旦把他撤职将会影响工作。于是总经理把情报科长找来，告诉他自己将要对这一错误作出处理，但具体如何处理没有明确告之。事情就这样拖下来了。在这段时间里，情报科长为弥补自己的错误，一直在兢兢业业地工作，多次提供了很有价值的信息，为企业的决策作出了贡献。同时用事实证明他做这项工作是称职的，上次的失误是意外情况。不久，总经理再次将情报科长叫去，对他说：本该给予嘉奖，但因为上次失误还未处理，故将功抵过，不升也不降。这种处理方法的效果无疑是最好的。情报科长以及其他员工心服口服。

在整个过程中，主动权始终掌握在总经理手里。虽然他没有马上将情报科长撤职，但只要找到合适的人选，他随时可以这样做，同时他又通过这段时间考察情报科长，避免仓促决策，误伤人才。另外，总经理还等到了处理问题的绝好时机，即情报科长立功。功过抵消的处理使情报科长打心眼儿里感激总经理对他的关照和信任，同时又没有姑息错误，实践了自己要处理情报科长的诺言，其他员工也通过这件事的处理对总经理深为佩服。

总之，在处理这件事的过程中，这位总经理弯弓搭箭，引而不发，但随时可发。所以“引而不发”不失为一种处事妙招。

（四）不可毁伤下属的自尊

俗话说：“人要脸，树要皮”。所谓“脸”，就是人的自尊，人如果没有了自尊，那便无药可救了。没有自尊的人有两种情况：一种是自己失去的，一种是被他人给毁伤的。对前一种人，领导者可做的努力或许很少，后一种情况，领导者要千万注意。不少人的自尊心恰恰是被领导者给毁伤的。

有些人由于工作能力较差，时常做不好事情，反而给领导添了麻烦。于是每个单位都想将他调走，但又没有地方肯接纳他。对此，有的领导便会说：“他要是能调走，我磕头都来不及。”这种话是很伤人自尊心的。事实上，即使是在工作场合中被视为无用的人，也有他自己的长处。他或许看似低能，却在某方面潜藏着特长；也许他很笨拙，却因此比别人更勤奋卖力。偌大的单位，总该有适合他的工作可做，而不应对他抱嫌弃的态度。有些人本身并不低能，但因为做错了事，也会引得某些领导说出伤人的话来。比如：“你这个家伙，成事不足，败事有余。”这种话一出口，不是叫人心灰意冷，就是引起大吵大闹。

当领导的必须明白，员工的自尊心是应该受到保护的。不伤害人的自尊心，不仅是尊重人格，而且对搞好企业大有好处。人有了自尊心，才会求上进，有上进心才会努力工作。调查研究表明，凡是自尊心强的人，不论处在什么岗位，都会尽自己的努力而不甘落后于人。明智的领导要保护下属的自尊心，要想方设法加强下属的自尊心。比如，注重礼貌，让他们充分体会到自己与上级在人格上是平等的；或使用适当的褒奖，让他们有荣誉感等等。自尊心受到毁伤的程度是有所不同的，有的居于局部的，即被伤害的自尊心并未完全失去，他还能感觉到自己受了伤害，这样他就必然记住伤害他的人，对之产生反感、厌憎乃至仇恨。

如果这个人是他的领导的话，他要么积极地谋划调离本单位，要么采取“不合作主义”。只要是你说的话，你下的指示，他都不会尽心尽力心甘情愿地去完成。这样怎么可能把工作搞好呢？另一类是全部的，这就是说，被害者已经全然失去了自尊。他甚至感觉不到什么叫自尊心受伤害。他自暴自弃什么乌七八糟的事都敢干。到头来，他本人毁了，企业的工作必然也大受影响。

伤人自尊心是领导者的大忌，在领导者心情不好的时候，尤其要注意不揭下属的疮疤。一般说来，人们并不喜欢揭人疮疤，生来就喜欢揭人疮疤的人总是少数。但在情绪不好的时候，暴怒的时候，可就难说了。尤其是领导者，因为人事材料在手，对别人的过去知道得一清二楚，怒从心头起难免会出言不逊，说些诸如你不要以为过去的事情没人知道之类的话。

对于今天该指责的事项，引用过去的事例是不适当的。只有当过去的例子可以作为追究事理方面原因的资料时，才可以把它拿出来。如果牵扯到人的问题、感情的问题，那么别人就会产生这样的心理:“都已经过去的事情了，现在还抓住不放，也太过分了。在这种领导手下工作，只怕是一辈子也不会有出头之日了。”揭人疮疤，除了让人勾起那段不愉快的回忆外，于事无补。这不仅会叫被揭疮疤的人寒心，旁人一定也不舒服。因为疮疤人人都有，只是大小不同而已。见到同事血淋淋的疮疤，只要不是幸灾乐祸的人，都会有“兔死狐悲，物伤其类”的感觉。“并不是我喜欢揭人疮疤，而是他的态度实在太恶劣，一点悔过的意思都没有。我这才忍不住翻起旧账来的。”有的领导这样辩解说。这并不是不能理解的。如果有必要指责其态度时，只要针对他的恶劣态度加以警戒即可。调查表明，凡是喜欢翻旧账的领导，也喜欢把今天的事情向后拖延。这种拖延的人，指责下属时也不干脆。他不能迅速解决问题，就会将各种问题包括某人过去犯的错误累积起来，不知什么时候又提出来，失去了时间性，这是一种很笨拙的做法。

企业中的各种事务总要有个完结，这很重要。过去的事已经过去，我们应该努力把现在的事情做好。没有“今日事今日毕”的好习惯，把现在事拖到将来，那么，在将来的日子里，你就得不停地翻旧账。这是恶性循环，办事越拖，旧账越多，旧账越多，办事越拖。

领导要想杜绝揭人疮疤的行为，除要知晓利害、学会自我控制外，还须养成及时处理问题的习惯。不要把事情搁置起来，每个问题都应适时解决，有了结论，以后就不要再旧事重揭，再翻老账。常言道:清官难断家务事。许多人常常因听对方提起一件小事或对方多说一句话，便怒火中烧，以致争执愈演愈烈。夫妻吵架越来越激烈的原因，往往也是互揭对方的疮疤。为什么旧事重提会引起对方的反感和愤怒呢？事过境迁之后，人们总认为自己已得到对方的宽恕，相信对方已将过去的事忘了，并从此信任对方。所以，当对方重提旧事时，内心自然感到愤怒，认为对方只是装作忘记，事实上却仍铭记在心。如此一来，不但从此不再相信对方，且可能因此而形同陌路。此种心理也会出现在指挥下属的情形中。当领导对下属说“你的毛病又犯了”，相信下属必定感到相当反感。须知领导如果经常重提往事，下属必认为自己的领导就像“秘密警察”一样。从此以后，也许再也不愿向领导倾诉自己的真正想法了。

《史记·鲁周公世家》中说:“平易近民，民必归之。”只有用平和的态度待人，才能易于被别人接受。所以批评对方最忌态度不好，如果领导者态度生硬、粗暴，对方不仅听不进去，而且容易产生逆反心理。因此，批评对方只能和风细雨，循循善诱。无论对方思想行为如何可怨、可怒、可恶，领导者都要注意控制好自己的情绪，气定神闲地进行教育。坚决摒弃例如“你笨得像头猪”“满脑子装的是垃圾”这些挖苦讽刺语言，这样只会导致教育失败。这样的例子多不胜数。

（五）批评要把握四忌

一忌恶语伤人。每个人都有自尊心，领导者批评下属同样应在平等的基础上进行，态度上的严厉不等于言语上的恶毒，切记只有无能的领导才去揭人疮疤。因为这种做法除了让人勾起一些不愉快的回忆，于事无补；而且除了使被批评者寒心外，旁观的人也一定不会舒服。同时，恰当的批评语言，还透示出了一个领导的心胸和修养。所以，批评下属时绝不可恶语相向，不分轻重。含蓄，自古以来被称为有君子风度的人的标准。成人之间需保持此风度，那么，教师与学生之间亦应如此。学生毕竟是学生，有错误在所难免。因此，教师在批评学生时，要理智地把握自己的情绪，不要三句不离骂字，甚至舞枪弄棒的，大打出手，给孩子造成紧张、恐惧的心理。久而久之，会使学生心理压力过大，甚至产生畸形心态。教师应设身处地为学生着想，理解他们，用平和的心态热情的和他们谈心，含蓄地指出他们的不足之处，委婉地提出自己的要求，希望孩子明白自己的心愿，从而建立默契关系。用自己的爱心去感化他们，才能启迪学生的心智，达到教育的目的。

二忌捕风捉影，主观行事。上面已经谈到，上级批评下级，要使下级达到心悦诚服，没有以权压人，以势压人之感，很重要的一条就是要做到实事求是。所以，上级批评下级，切忌捕风捉影，主观行事。这就要求领导者必须心胸豁达，最忌讳神经过敏、疑神疑鬼、听信流言，无中生有。必须牢记“没有调查，没有发言权”。批评通常是在事情发生后出现的，领导一定要深入了解事实，调查情况，通过研究分析后对下属的思想行为作出实事求是的评价，给予公正合理的批评。客观公正是领导对下属作出评价的最基本要求。有时，领导心情不好，或者对某下属有偏见，就直接用非常刺耳的话语去批评下属，让下属觉得领导的可怕，甚至产生逆反心理。因此，领导对下属的评价要有客观公正的标准。而且要针对一件事详加了解，仔细思考之后，再去处理，不要盛怒之下错断纠纷，使下属受了冤枉。

三忌喋喋不休，没完没了。有效的批评往往能一针见血地指出问题的实质，使下属心悦诚服，而絮絮叨叨的指责却会增加下属的逆反心理，而且即使他能接受，也会因为你缺乏重点的语言、抓不住错误的症结，而产生相反的效果。所以，如果下属能自我反省，承认错误，就不应太过苛求。在多次问卷调查中，大部分下属认为宽松活跃型为最好，而很少选择关系唠叨型。这有力地说明下属讨厌领导无缘无故地唠叨，即使是关心的。那么领导如果选择了唠叨，就意味这要从心理上和下属对立。下属，无论从心理上还是从思想上都处于不断地成熟阶段，好多问题都不会想得很透彻。因此，明智的领导不随便去批评下属。他会选择适当的时候，用文明的语言恰当地进行发自肺腑的谈心，聪明的下属便会心领神会，起到事半功倍的效果。

四忌针对个人，伤及自尊。这条非常重要。正确的批评应该做到“对事不对人”，这也是一条被无数事例所验证的法则。虽然错误与犯错误的人也是密不可分，但对事不对人的批评却更容易为下属所接受。批评时，一定要针对事情本身，不要针对人。谁都会做错事，做错了事，并不代表他这个人如何如何。错的只是行为本身，而不是某个人。一定要记住：永远不要批评“人”。当下属犯错误时，领导一定要了解当时的实情，以事论事，公平、公正地开展批评、教育。在初中阶段，不仅后进生会经常犯错误，就连一些成绩优秀的学生也会犯错误，而且有时是和后进生一起犯的。这时候老师因为偏见，通常没弄清事实就先将后进生批评一顿。这样的做法会令学生产生对抗的情绪。他们认为老师不公平，因而拒绝接受教育。如有一次，一位教师进入教室就看见C学生侧着身与D学生讲话，C学生一贯是爱说话的调皮鬼，这位教师立即大声喝止他，并严厉批评他。当时他欲申辩，这位教师大声制止他。他一脸不满，午休这位教师也没再找他，他整个下午闷闷不乐。这位教师从同学处了解到：其实午休时是D学生先问C学生的，是D先违反了纪律。放学后，这位教师找了C学生来谈。他已经对这位教师很抗拒。这位教师改变态度，很平静，首先向他认错，表示自己语气重了，且了解过是D先与他讲话，他面容稍微放松了一些，但同时也晓之以理，D与他讲话是D不对，但他也不该理D，因为这样他自己也同时违反了纪律。经过一番谈话后，他终于改变了态度，承认自己午休时讲话不对。可见，处事不能武断，不能凭以往的经验去看待每一件事，在批评学生时要多留一个心眼，只对事不对人。

第三节　领导批评的技巧

讲求批评的艺术，使用科学的批评方法，能使被批评者保持冷静的情绪，产生积极的反馈。相反，批评方式简单生硬，就会使被批评者产生逆反心理，难以心平气和地接受批评。要分清工作中无心之过和原则性错误的界限，既要对关系到党的路线、方针和政策的错误不退让，对道德品质和生活作风方面的问题不迁就，又不能随意上纲上线，打击伤害同志。要准确把握批评的原则性和灵活性的统一，大事坚持原则，小事灵活处理，在原则问题上不含糊，在细枝末节上不纠缠。要掌握分寸，注重场合。能在小范围解决的问题，不在公开场合批评；是党内的问题，不在党外批评。要耐心听申辩，维护被批评者为自己辩解的权利，在听取申诉的同时，把握时机，对症下药，帮助被批评者认识并改正自己的缺点错误，鼓励他们放下包袱，轻装前进。语言表达技巧在批评中具有十分重要的作用。实际工作中，对同一个人、同一件事，由于领导者所使用的语言不同，表达的感情色彩不同，其批评的效果往往是不一样的。领导者要增强批评的有效性，就要提高语言表达能力，讲究语言表达技巧，增强语言的说服力、感染力。具体讲，在批评下属时要做到以下几点。

一、运用幽默，调节气氛

在批评过程中，使用富有哲理的故事、双关语、形象的比喻等，以此缓解批评时紧张的情绪，启发被批评者思考，从而增进相互间的感情交流，使批评不但达到教育对方的目的，同时也创造出轻松愉快的气氛。幽默用于批评总是意存宽厚，是批评劝说的有效手段。轻松幽默的批评风格可以借助双关、反语、隐喻等修辞格得以表现。批评固然离不开高声调的语言和严肃的态度，不过在有些时候、有些场合，这些都不是最好的批评，确切地说，是收不到批评的最佳效果的。在这种情况下，如果用一些幽默诙谐的语言，下属反而能接受善意的批评，从幽默中产生趣味，从趣味中陷入沉思，从沉思中品味哲理，受到深刻的教育。某机关青年小伙子比较多，但他们的工作热情、干劲、积极性却不高，纪律松散，工作疲沓，精神不振，不思进取。原领导没少批评教育，却没有多大作用。新书记上任后，在一次职工大会上谈到目前现状时仿拟了孟浩然的一首诗："春眠不觉晓，上班想睡觉。夜来麻将声，进出知多少！"讲到这种工作局面再持续下去，将要出现什么样的后果时，他又说："白日依窗尽，工作泡汤流，饭碗端不住，老婆也发愁。"全场干部职工为之屏息静听，听完后发出一阵阵不自然的笑声，笑完后，又陷入沉思：这样下去确实不行。这种批评，讲在明处，刺在心里；这类批评言辞诙谐，语言幽默，能引起受批评者的苦涩的笑声，并使他们从笑声中幡然醒悟，诚心改正。

1. 双关。即借甲而指乙或指桑骂槐。批评者往往利用语义双关的利剑影射生活中乖讹和不通情理之事。原全国政协主席李瑞环口才颇佳，他的不少谈话与演讲朴实与睿智兼具，常常妙趣横生，语惊四座。1992 年 1 月在全国宣传部长会议上，时任中央政治局常委、主管宣传思想工作的李瑞环引述了个故事："去年我到神农架的一个县考察，县长说现在方向都明确了，就是要实实在在地干，山区底子差，要真正富起来更需要实实在在地干。他就讲一个例子。湖北神农架地区野猪糟蹋庄稼厉害，为此，乡村组织民兵巡逻驱赶，花费很多人力。后来有人想了一个'高招'，用录音机录上狮、虎的吼声和人声、枪声，用高音喇叭播放，果然有效。几天后，野猪试探着往庄稼地里凑，并用身子靠了靠绑喇叭的杆子，发现仍然只是叫喊而没动作，于是，甩开嘴巴，把绑喇叭的杆子给打倒了。说空话、唱高调连野猪都骗不了！"李瑞环是个崇尚实干的领导，借用野猪的故事，让人听后印象极其深刻。

2. 反语。反语是指在特殊的语言环境里赋予词语或句子以临时的与本来相反的意义，亦即正话反说。明明不对，却故意"表扬"或使用褒义的词语，受批评的人自然会觉察出批评者的意图而接受。某市一个青年司机三次违章驾车出现事故，事故科的警察说："若论开车出事故你可数第一吧！你三次抢道都碰伤了人和车（虽然人和车都是轻伤），真是'百发百中'啊！"警察这一席幽默的"赞扬"引起了在场观众的哄笑，连这位青年司机也不好意思地苦笑了。笑过之后，抓了半天后脑勺，很难为情地低下头，表示今后再也不违章开车了。如果警察换个方式训斥他："你三次闯下祸端，不是罚款、吊销执照的问题，严重了让你坐监狱！"这样不仅教育的效果要打折扣，而且还会使这个青年滋生对警察的抵触情绪。林肯无疑是美国历史上最幽默、最伟大的总统之一，他传奇的一生为我们留下了无数的幽默故事。即使批评下属，他那幽默的话语也总能让当事人在清楚地意识到自身问题的同时又不觉得难堪。林肯对麦克伦将军未能很好地掌握军机深感不满，于是他写了一封信："亲爱的麦克伦：如果你不想用陆军的话，我想暂时借用一会儿。"

3. 隐喻。就传统修辞学而论，隐喻是一种修辞格，即通过某一领域的经验来认知另一领域的经验。隐喻具有激起情感反应的潜力，因此有助于讲话者避免直接表达意图就能达到劝说批评的目的。一次，意大利著名作曲家罗西尼被请去为一位作曲家的新作提意见。在这首曲子的演奏过程中，他不停地脱帽。主人询问究竟，罗西尼回答说："我有个习惯，凡遇到老相识，我都要脱帽打招呼。在阁下的曲子里，我遇到的'老相识'太多了，所以只好频频脱帽向他们致意。"罗西尼的批评是隐忍诙谐的，既没有丧失作为艺术家应有的良知，又间接地批评了该作曲家抄袭过多的做法，不至于灼伤人心。

二、语言模糊，不伤自尊

有经验的领导者在“表扬与批评”的问题上都知晓一个基本原则：表扬须明确、批评宜模糊。表扬优秀人物、先进事迹时一定要讲得明确具体，提高表扬的效力。批评以及给别人提意见则恰恰相反，顾及到对方的自尊，批评应以治病救人为出发点。所以有的领导者在批评手机干扰会议的现象时说：“今天开大会，好像又有人不关手机，虽然你可能是事出有因，虽然铃响没几声，但上次是张三响，今天是李四响，这会场纪律还要不要了？你响两声，他响两声，还要不要顾及其他人的感受了？”这几句批评的话语很讲究策略，运用“好像”、“可能”、“没几声”、“张三”、“李四”等模糊语既警示了不注意会场纪律的人，又避免了直接点名训斥容易引发的抵触情绪，既达到了批评的目的，又维护了被批评者的自尊。如在员工大会上，领导者为了整顿劳动纪律，便说：“最近一段时间，我们单位的纪律总的来说是好的，但也有个别同志表现较差，有的迟到早退，有的上班吹牛谈天……”这里就用了不少模糊语言。如“个别”、“有的”，等等。这样既照顾了一些人的面子，又指出了问题所在。

三、语气委婉，曲径通幽

批评的出发点在于帮助和爱护，如果经过批评给对方留下了不愉快的心里感受或与之结下仇怨，显然与批评的初衷背道而驰。为避免上述情况的出现，就需要批评者考虑周全，多用些委婉的话语，采取些曲折的方式，才能够消除潜在的碰撞与矛盾，完成批评的真正使命。某地一些农民在打麦季节，把麦子拉到公路上利用往来的汽车轧麦粒，严重影响了交通，警察严厉地批评这些农民：“你们如果不立即把麦子拉走，我们就把麦子撒掉！”说着扬起木锨要撒，引起农民的强烈不满，双方剑拔弩张。这时一个经验比较丰富的老交警匆忙赶来，他没有用严词厉语警告这些只顾个人利益不管他人安危的农民，而是语重心长地劝解道：“去年此地有些农民在公路上打麦，因汽油着火引燃了麦秸，使一万多斤小麦被全部烧光，给农民生活造成了严重的困难。我们可要吸取他们的教训啊！”农民们听闻此言，面面相觑，三三两两地相继把麦子从公路上撤掉了。案例中农民的做法确实有违交通法规，警察依法加以制止无可非议。但对于这些只顾个人利益的农民来说，直言警告乃至威胁并不能让他们心悦诚服地撤走麦子，反而因为语气过于生硬激化了矛盾。而老交警话语亲切，采用借此说彼的方式，增强了说服教育的力量，很快就疏通了道路，又拉近了与当事人的距离，值得管理者效仿。领导批评下属时，理智地把握住自己的情绪，不要用训斥、威胁的口气，也不要用斩钉截铁的语气，那种瞪眼睛、拍桌子、大声叫嚷等发怒的表示都是要不得的，会使下属产生对抗的逆反心理，也有损于领导的形象。每个下属都有较强的自尊心，领导在批评下属时要用平等和气的态度，讲究委婉含蓄，考虑环境条件、时间、场合，设身处地为接受批评的下属着想，尽量不在全单位面前点名批评某某下属，可以点事不点名，表明批评是对事不对人，这样既成全了被批评下属的面子，也起到教育其本人，同时警示大家的作用。领导者满怀爱心，满怀理解，用平等和气的态度点明下属的错误，真情感化着下属，启迪下属的心灵，使之产生自我批评的意识。

四、程度适当，点到为止

如果对方犯的不是原则性的错误，或者不是正在犯错误的现场，就可以用温和的话语，只点明问题，做到点到为止，起到一个警告的作用。一般而言，不管采用哪种方式，人们对批评都是比较敏感的。所以批评的话语应该点到为止，解决问题即可。批评是一门语言艺术，内蕴丰富，方法多样。总而言之，批评应当本着实事求是的原则，不主观武断，做到对事不对人，方能与各种语言表达技巧相得益彰，尽显管理者的领导风度。思想认识问题的解决，不能压服，只能说服；不能搞专制，只能讲道理。领导批评部属，引导他们解决思想问题，帮助他们认识和改正缺点错误，尤其要注重言之有理，以理服人，虽不求字字珠玑，句句锦绣，但要力求语言中肯，措词恰当，深入浅出，说理透彻，使其口服心服。1957 年 3 月，毛主席在济南党员干部会议上的讲话中，谈到有些人因为革命胜利了，就争名争利，评级时闹得痛哭流涕，他语重心长地说："有一出戏，叫《林冲夜奔》，唱词里说：'男儿有泪不轻弹，只因未到伤心处。'我们现在有些同志，他们也是男儿（也许还有女儿），他们是男儿有泪不轻弹，只因未到评级时。这个风也要整一下吧。有泪不轻弹是对的，伤心处是什么？就是工人阶级、广大劳动人民危急存亡的时候，那个时候可以弹几滴眼泪。至于你那个什么级，就是评得不对，你也要吞下去，眼泪不要往外流，要往里头流。"①这里，毛主席以理服人，对那些滋长了个人名利思想的干部进行了严肃的、善意的批评教育，使那些同志深刻认识到争个人名利是十分错误的，收到了很好的效果。

五、公开表扬，私下批评

被批评可不是什么光彩的事，没有人希望在自己受到批评的时候召开一个"新闻发布会"。所以，为了被批评者的"面子"，在批评的时候，要尽可能地避免第三者在场。不要把门大开着，不要高声叫嚷似乎要全世界的人都知道。在这种时候，你的语气越"温柔"越容易让人接受。中国人向来都是非常爱面子的，如果领导人在公开场合批评员工就会使员工感觉很没面子，也许员工会对领导怀恨在心（严重情况），关系紧张。其实员工在听取领导对其批评时，更多的是关注同事对自己的看法和反应，会无视领导的批评。我们也常常能够见到很多领导会在会上点名批评员工，其实这种做法是不妥的，缺乏人性化。在众多员工面前批评一位员工，不但会打击士气，更会打击人心。他们会想下一个对象也许就是我，怀着忐忑不安的心情开完会，或许他们也就在领导者批评之后就有跳槽的想法了。反过来说，由于领导批评员工，使员工对领导就有了看法，认为领导不会表扬人，也不会领导人，每天就知道批评人，不会反省自己。这样的领导出的下属由于受到影响，也会带有这种工作作风批评员工，并且认为这是理所当然的事。这样的领导人带领出来的团队也是没有战斗力的，或者是战斗力非常低的。表扬可以形成文件的形式来表彰员工，而批评只需要一个电话就足够了，这样既能够尊重被批评的人，也能促进被批评人反省自己的缺点。如果不是众犯，为了维护下属的自尊心，最好采取单独批评教育的方式，这样既可以用谈心的方式消除顾虑或对立情

---

① 《毛泽东选集》第五卷，人民出版社 1977 年版，第 420 页。

绪，又可以了解情况分析原因，最终达到解决问题的目的。

六、明修栈道，暗度陈仓

这个典故相信众多的人都听说过，领导人在批评员工时其实也可以采用这种方式来进行。避开与员工直面交锋，引起员工的反感，通过间接的途径来提醒员工，同样能够达到批评的效果。比如有一次一个企业举办了一个大型的活动，邀请了很多有名的专家，而活动的策划者(第一次搞策划活动)由于工作的疏忽没能将桌签(与会专家的姓名台卡)带到会场，而会议再有十分钟就要开始了，恰巧这个企业老总是在会议的前一天晚上，最后一个离开办公室时看到留在办公室的桌签，于是就将其收好，放到自己的车的后备箱里，第二天带到会场来了。就在该策划者准备再到商务中心打印时，老总将桌签递了过去，并对其笑着说，我现在是跟班的了，下次可要注意了。从此以后该员工再也没有犯过类似错误，并且在后来的两年中，多次为企业策划了重要的具有影响力的活动，取得了很好的业绩，在离开该企业时已经提升为企业的全国销售经理了。

七、促其反省，留有余地

要使对方从根本、从内心认识到自己的错误，需要批评者从深处挖掘错误的原因，晓之以理，动之以情，循循善诱，帮助他认识、改正错误。我们常见到画家画花时画一支，而不是全部，也会在花枝上添上一只小鸟，让人品味其中意境。诗人写诗同样如此，寥寥数语就能将一幅画面展现在我们眼前，取得言有尽而意无穷的效果。这要我们领导人来领会个中的含义，要善于让员工去自己反省自己，就像上面的例子一样，而不是像某老总对员工直接的批评说:你怎么搞的，这点小事都办不了，丢三落四的，以后不许再犯类似的错误了。该员工要是听了这样的批评，一定会带着情绪去开这个会，并且心里会惴惴不安的想，老板是不是不重视我。所以说领导人批评员工，要点到为止，让其去思考、想像和反省。人都喜欢受表扬，挨批评总不那么好受。但工作中，总免不了要批评。批评一定要言简意赅，点到为止，切忌唠唠叨叨，喋喋不休，让人烦恼。有些人，好摆领导的架子，动辄以领导、长辈的口气来教训年轻人。殊不知现代年轻人最反感的就是专门教育人的人。青年人干活有朝气，充满活力。但也常会经验不足，做事毛躁，令一些上年纪的人看不惯。但喋喋不休地批评，还不如多与他们交谈，寻找适当的时机，指点一二，让其自悟。批评时要给下属反思的空间，不要逼得太急。因为下属在受批评时会有种种心理反应，或出于维护自己的自尊心而不肯当面认错，或有某种顾忌不想把真实的情况说出来，或对当时的情况确实不完全清楚等等，这就要缓一缓，待做了全面的调查了解之后再作处理，这样就可以避免因领导的急躁情绪而简单粗暴处理事情的后果。

八、先奖后罚，侧重引导

不要一上来就开始你的“牢骚”，先创造一个尽可能和谐的气氛。做错事的一方，一般都会本能地有种害怕被批评的情绪。如果很快地进入正题，被批评者很可能会产生不自主的抵触情绪。即使他表面上接受，却未必表明你已经达到了目的。所以，先让他放松下来，然后再开始你的“慷慨陈辞”。记得有句话说得很好——Kiss and Kick(吻后再踢)，这样才能达到比较好的效果。比如说某位员工没有按照工作进度完成工作，领导人于是找其谈话说:“我对你很是失望。”这位员工听后，第一感觉是领导人不重视我了，一定是对我的工作不满意了。如果换一种方式来处理，让其了解你的意图和想法，按照你的意图和想法来工作，这才是关键。因此，你可以说:“你做事向来都是很积极的，从来都是按时完成的，(提出问题和想法)一定有别的原因吧，我很重视这件事情。”让其作出回答，这样双方才能够解决问题。然后你再转到一个愉快的话题上来。我相信这样既可以很好地解决问题，也不至于把领导与下属的关系搞得很紧张。一般的批评多半把重点放在“错”的地方，而未指明“对的”应是如何。如果下属听了你的批评而没有任何行动，又有何意义呢？这样的批评收不到积极的效果。真正懂得批评的人侧重引导，侧重正而不是误。领导是部属的引路人，批评时要说明该做的事，指出改正的方向，让下属用积极的态度思考批评的问题。部属犯了错误，能认识到自己的错误，感到后悔，这时领导不须批评，而应给予关心和体贴，给予改正错误的机会。当部属犯了错误，通过教育有了正确的认识，接受领导的指点并积极付诸行动，改掉了错误的行为习惯，这时领导要善于发现部属的闪光点，及时加以赞许，恰当地给予表扬，会产生极佳的效果。

九、刚柔相济，言之有威

批评是一件严肃的事情，既不能轻描淡写，也不能草率从事，要认真对待，触及灵魂深处。一团和气或隔靴搔痒式的批评，不能解决实际问题。特别是对那些犯有严重错误，影响极坏而又屡教不改的人，尤其不能采取轻软温和的言语进行批评，要采取严厉的语言和严肃的态度，一针见血地进行批评。但是，批评不是为了整人，而是为了治病救人。这就要求领导在批评时，既要讲原则，又要讲团结，既要严，又要慈，刚柔相济，言之有威。

十、以诚相待，以情感人

批评的效果在一定程度上受人的感情制约，只有情深才能意切，出言才能为人接受，批评才能让人心服口服。过去说“有理走遍天下”，但是批评仅仅有理，未必能“走遍天下”。有时需要先通情，然后才能达理，正如白居易所说“感人心者，莫先乎情”①。这就要求领导者在批评时，要用一分教育之水加上九分情感之蜜，酿成批评艺术的甘露，这样才能收到事半功倍的效果。某企业一个屡教不改的职工陈某，曾三次因赌博被抓被罚仍执迷不悟。第四次正与别人赌博时又被抓到了。在把他从派出所接回单位后，保卫科长老黄与他进行了一次严肃的谈话，告诉他一件令人心酸的事情。老黄说:“你这次被抓，派出所了解到你曾赢了别人一台黑白电视机，决定没收。当我们到你家时，你的妻子和儿子正在看电视，你那五岁的儿子泪眼汪汪地央求我们，说:‘警察叔叔，别把电视拿走……’我心里很不忍，只好摸着孩子的头说:‘叔叔给你搬去修理一下，就更好看了。’临出门时，你孩子又追了出来，说:‘警察叔叔，星期六能修好吗？我想看动画片。’我当时听了，心里难过极了。正好我家刚买了一台彩

① 白居易:《与元九书》。

电，我就把家里那台闲置的黑白电视机搬去给孩子看了。人心都是肉长的，你也是身为人父，应该有爱子之心，不能让赌博恶习麻木了自己的良知，要多为自己的孩子想想，千万不能再做让孩子都心碎的事情呀！”陈某听完这些话，伏下身子失声痛哭起来，后来，他痛下决心，改造自己，成了企业的模范职工、革新能手。

批评时，不要唠唠叨叨，长篇大论，语言要简洁明了，言语千万不可含讽刺、嘲笑、污辱的意思。批评时语言难听，会使下属产生消极悲观情绪，下属也许会针对那些刺耳的字眼辩驳起来，或耿耿于怀，而忽视领导本来要批评纠正的那件事，所以领导要注意语言文明，用词得当，在下属心中留下良好的形象。明智的领导，不随便去批评下属，对自己所说出的评语要当一回事，不是随便说说，而是发自肺腑之言。让下属感到领导是期待他受批评语的影响而有所改进。领导批评下属表达了领导关切下属成长过程中出现的每一个问题，有责任且乐意帮助下属去解决。积极有益的批评就是促使领导、下属双方为达到共同的目标而携手合作。批评是对受批评人执行要求的一种评价，是对执行人需要履行规范的匡正。批评的目的，不是仗势欺人，不是以势压人。所以，批评要出于真诚，要让人觉得这是一种善意的规劝，是一种友好的提醒。批评只是一种教育方法，而不是无往不胜、一劳永逸的法宝，简单粗暴是批评的大忌，认真细致才能达到预期的效果。批评要有爱心，动之以情；要以理服人，晓之以理；要提出解决的办法，指出今后的方向，导之以行。

十一、客观公正，有所针对

我们常说领导要公正地对待每一个下属。领导对于批评手段的运用，更要做到一视同仁、不偏不向。在日常的领导活动中，有两种情况最容易引起下属的反感：一是因为领导对部属的好恶而区别对待；二是因部属的个性的差异而出现的类似于欺软怕硬的情况。实际上，批评某一个下属，不仅是让被批评者认识错误并改正，而且还有惩戒后来者的意思，所谓“惩前毖后，治病救人”。大多数下属犯了错误并不怕接受批评，但对某些领导的一些偏听偏信可能深恶痛绝。因此不论是什么原因，领导都要做到“一碗水端平”，做到公平、公正，绝不能偏袒，甚至放纵个别下属。批评通常是在事情发生后出现的。领导一定要深入了解事实，调查情况，通过研究分析后对下属的思想行为作出实事求是的评价，给予公正合理的批评。客观公正，是领导对下属作出评价的最基本要求。有时，领导会用“你总是怎么样怎么样”，“你从来”、“根本”等这类以偏概全的字眼，使下属心里觉得受冤枉。所以在选定评语之前，要明确，你要批评的是针对下属的哪一件事，哪一个行为。点明了某一值得批评的行为，不致于“一杆子打翻一船人”，将犯错误下属产生的所有行为笼统地纳入批评的目标，也不至于因某一位下属有违纪行为而在单位批评全体人员。对下属而言，针对某一件确实有的行为的批评是比较容易接受的。必要的批评对于纠正下属的不良习惯，促进下属健康成长有着不可替代的作用。但在批评的时候，还应注意不能犯“泛”的毛病。这里的泛，首先指空泛，即批评一定要有针对性，或者说一定要做到有的放矢、对症下药，找准犯错的点，一针见血，让下属清楚自己犯了什么错，并能虚心接受，认真改正。绝不可拖泥带水，秋后算账。比如说对于一个经常犯错的下属，如果是没有按时完成任务的话，就只应针对这次没有完成任务这件事进行批评教育。万不可拖泥带水，陈芝麻烂谷子统统拿出来说事，新账旧账一齐算，把以前的事都拿出来。如果不断地这样做，就会冲淡下属对于本次错误的认识，冲淡批评的主题，甚至会招致下属的反感或抵触。其次是指批评的对象不能扩大化。有些领导批评起来不分青红皂白，一下子牵连一片，打击面太大，甚至把这种批评扩大到整个单位。例如有时候可能会有几个下属而非一个下属违纪，那么即便是在这种情况下，也一定要克制自己，尽量不要伤及无辜的下属，更不能打击伤害到全体员工的自尊心。像"你们这些人怎么样怎么样"等等的话，是绝不能轻易出口的。否则的话，如果因此而激起了大家的公愤，由此产生的严重后果是不堪设想的！人的性格是多种多样的，在现实生活中，有些人心中没有目标，行动无所追求，玩世不恭。对这样的人，即使再严厉的批评，也是不会有成效的；而有些人脸皮特别薄，爱面子，即使是很轻微的批评，他也会受不了。对这样的人，批评不注意分寸，就收不到效果，会使其产生畏惧、敌意，甚至会发生意外。有些人，听话听音，一点则通，响鼓不用重锤敲；有些人，一拳砸不出一个闷屁，任你怎么说，他也无动于衷。所以批评一定要看对象，因人而异，切忌不顾一切，一泻而痛快。在几个人同时违纪的情况下，要视程度轻重分别对待，不要一竹篙打到一船人，或各打五十大板。批评时要就事论事，一事一议，不要随意牵涉旁的事或过去的事。否则被批评者会认为是领导借故给他穿小鞋。

当然，身教重于言教。领导者首先要行得正、站得直，"公生明，廉生威"，正人必先正己。在领导"正己"的基础上，敢于批评，善于批评，讲究批评的语言技巧，才能把下属团结教育好，开创事业的新局面。

总之，批评也是一门艺术，正确的方法非常重要，好的方法能够促进企业的生产力提高，不好的方法会使企业的生产力下降。在企业里表扬的声音一定要远远大于批评的声音，企业才能够散发出人性的光辉，企业的绩效才能提高。

■ 第八章 领导协调艺术

对于领导者来说，其工作的一项重要内容，就是协调好各个方面的关系。需要领导者协调的关系是方方面面的，既有上下级之间的纵向关系，也有同级之间的横向关系；既有自己权力所及范围内的内部关系，也有权力不及之外的外部关系；既有日常工作中的关系，也有突发事件中的关系。协调好各方面的关系，才能保证组织工作的顺利开展，才能保证各个环节行动步调的一致。从一定意义上来讲，管理的水平就是协调的水平，领导的艺术就是协调的艺术。因此，领导者必须高度重视对自身协调能力的培养。

第一节 领导协调的本质

领导活动是群体活动，必须协调。协调是管理的一项重要职能，是领导工作的基础，也是最花费时间和精力的工作。

一、协调的含义

什么是协调？从字面上看，“协”就是协同一致的意思，“调”就是通过调理促使矛盾转向和谐。

《现代汉语词典》对协调的解释是：①形配合得适当。②动使配合得适当。

协调，是领导者在管理工作中为了更好地实现组织目标，采取各种不同的方式手段，使组织的人力、财力、物力、时间、信息等资源，得以相互协同配合、形成最大合力，并调整组织内外关系使之达到和谐，获取最大的整体效能的过程。协调是现代领导工作的一项重要环节，也是领导活动的重要内容之一，领导的各项工作几乎都离不开协调，主要是由于以下几种情况的存在：一是领导活动涉及到利益的分配、权力的调整，常常会存在一些矛盾和冲突。二是任何组织内部的各个分支、各个部门由于工作性质不同，再加上受外界种种因素的影响，可能会出现步调不一致的情况。三是个人价值观和事业心、责任感的差异，工作态度不同，力量发挥的程度也有很大的不同，这样就会在个人之间、部门之间产生一些分歧，甚至出现矛盾，这就需要领导者进行协调，融合各方面的利益，达到行动上的一致。四是由于现代社会的分工越来越细，工作的专业化趋势增强，由此产生的需要协调的关系就越来越多，协调也越来越重要。

马克思主义哲学的系统观点是协调的哲学基础。马克思把事物视为有机整体。在普遍联系中，系统体现为事物的整体与部分的关系。任何事物都是一个整体，同时又包含各个部分。整体和部分相互依赖、相互转化。任何组织都是一个有机的系统，它既是由各个相互联系、相互作用的子系统构成的，同时又作为一个子系统与其他系统相互联系、相互作用，构成更高层次的系统。

系统具有整体性，其含义表现:系统的整体功能只能存在于各个组成要素的相互联系、相互作用之中，而不是各个孤立要素的性质和功能的简单相加。领导活动赖以存在的组织系统就是一个由若干部门和层级所构成的有机整体。这些部门和层级作为各个子系统和构成要素，彼此之间相互联系、相互作用、相互制约。领导者必须对这些部门和层级加以协调，组织整体功能大于各部分相加之和，来自于组织系统内部各要素部分之间的协调一致。相反，如果系统内部各要素部分之间不协调，力量就会相互抵消，会出现组织整体功能小于各部分相加之和，甚至整体功能等于零或是出现负值。

在 NBA 的历史中，2003 ~ 2004 年赛季的湖人队拥有一支非常华丽的巨星阵容:“大鲨鱼”奥尼尔、科比・布莱恩特、卡尔・马龙和加里・佩顿，能够把他们聚集在一起的原因只有一个:夺得总冠军。然而，拥有梦幻阵容的湖人队却在总决赛中以 1 比 4 的悬殊差距败给了活塞队，四大天王的威名没有为他们带来想要的好成绩。不能否认，湖人队的每一位球星都在比赛中用尽了全力，可是正是这些球星让湖人队陷入了个人单打独斗的尴尬局面，拙劣的配合使全联盟最可怕的进攻完全不复存在。奥尼尔的超强个人能力很难找到另外能够和他密切配合的内线球员，科比的屡屡突破和跳投动作很美但并不实用，佩顿在新的球队完全无法胜任组织后卫的角色，使球队配合减少，而马龙在新的环境中也完全找不到状态。与其说湖人队在总决赛中败给了对手，不如说是败给了自己更为贴切。他们的失败告诉我们:即使整体的每一个部分都十分优秀，如果没有协调，这个整体也很难获得良好的工作绩效。

由此可以得出系统具有的另一个更加重要的性质即结构性:系统的性质不仅取决于构成系统的各要素的性质，更取决于这些要素的结合方式即结构。系统结构对于系统的功能具有决定性的作用。为了使系统自身获得更大的功能，必须协调系统各要素的关系，从改变系统要素的构成方式上入手，使之更加密切地配合。在领导活动中，只有相关的诸要素密切配合，协同动作，目标和步调一致，才能取得良好的效能。

此外，系统还具有开放性，即:系统与周围环境处于相互作用之中，系统不断与其环境交换着物质、能量、信息。当今世界是开放的世界，各个地区、各个民族、各个国家之间的联系日益紧密，对于组织来说也是如此。随着科学技术的发展，社会分工变得越来越细，各种组织机构中所设置的部门也越来越多，不同组织成员的分工也变得越来越细，所有的组织和其成员都无时无刻不在与所处的环境发生着相互作用，这就要求领导者不但要善于协调组织内部的各种关系，同时也要善于协调组织外部的各种关系。

二、协调的特点

协调强调各种不同的社会人在不同的矛盾冲突和不同的领导环境中，运用不同的工作方法和手段，实现思想意志和行为的统一。作为一项重要的领导活动，它不仅具有领导活动的一般性特征，更有着下列自身的特点:

(一)实践性与理论性的统一

领导协调艺术不是凭空产生的，也不是纸上谈兵的结果。它来源于领导者的实践活动，只有在具体的领导实践中，才能显现领导者的协调艺术。一个领导者不经过实际工作的锻炼，很难总结和显示出具有自身特点的协调艺术。领导协调艺术的实践性要求领导者既要善于从自身实践中总结协调艺术，又要在实践中检验和发展协调艺术。然而，领导者要真正形成自己的协调艺术，还应该努力学习和掌握领导科学知识，只有将领导协调艺术建立在科学的理论基础上，才能使自己的协调艺术发挥应有的作用。只凭自己的经验或是一孔之见，或东拼西凑一些别人的东西，是不会有什么高超的协调艺术的，搞不好还会偏离正确的方向，走上玩弄权术的邪路。

(二)灵活性与原则性的统一

领导协调艺术不像一般的领导方法和工作方法那样，有严格和固定的程序和模式，它主要依靠领导者自身的能力和技巧，因而具有极大的灵活性。所谓“运用之妙，存乎一心”，这个“妙”字，就说明领导协调艺术不是完全按照规范化的程序与数学化的方法协调问题的，而是根据不同的时间、地点、对象、资源和条件，灵活运用已有的经验和判断力来协调各种关系和问题。在当今复杂多变的信息环境里，领导协调活动更带有不确定性和非模式化，更要求领导者能审时度势，随机应变。但是，这种灵活性不是无原则的灵活，如果领导可以随心所欲、为所欲为，那是十分错误和危险的。发挥领导协调艺术必须遵循一定的原则，必须将灵活性和原则性结合起来，做到在原则的基础上灵活，在灵活时不失原则性。

(三)创造性与科学性的统一

创造性是领导协调艺术的本质特点。由于领导协调艺术是领导者处理关系和问题时的变通能力，因而表现出很强的创造性。领导协调艺术没有规范性，客观情况在不断变化，面对复杂多变的局面，领导者只有充分发挥主观能动作用，进行综合性创造，才能使自己的智慧得到升华，产生风格独特、常用常新的协调艺术。然而，这种创造又是符合客观规律的，具有严格的科学性。领导协调艺术的这一特点，要求领导者在实践中，既要敢于创新，又要善于创新;既不要照搬现有结论和已有经验，又要遵循领导科学的一般规律和方法。只有做到创造性与科学性的有机统一，才能摸索出扎实管用的领导协调艺术。

(四)多样性与普遍性的统一

领导协调艺术作为一种领导技能，具有明显的个体差异。这种差异性表现在不同的领导者协调同样的事情有不同的协调艺术;不同领域、不同层次的领导者处理问题也有明显的差异。这种差异表现在领导协调活动的各个阶段和各个侧面，而又相互关联、彼此关联。领导协调艺术虽然表现出明显的个体和行业差异，但在基本协调艺术上，又具有一定的普遍性。各行业、各层次领导者的领导协调艺术具有一定的相似性。因此，领导协调艺术表现为多样性和普遍性的统一。这一特点要求领导者在运用领导协调艺术时，既要从自身特点出发，又要注意兼收并蓄，博采众长，这样才能使自己的领导协调艺术日臻完善和成熟。

三、协调的类型

协调工作在一切领导活动中普遍存在，几乎是无所不在的。领导协调的类型具有多样性，根据目的和要求的不同，可以按照不同的划分标准，从各种不同的角度对其进行划分。不同的协调类型，所要求的协调方法也不尽相同。

（一）按协调的对象和内容综合来划分

领导此种的协调活动主要分为两种基本类型，即人际关系协调和工作关系协调。一般来说，管理者的协调能力主要是指妥善处理各种人际关系的能力。人际关系协调，就是协调组织内部各种类型主体之间的关系，包括上下级之间的关系，同级领导或组织之间的关系，领导班子成员之间的关系以及下属之间的关系。人际关系协调主要可以划分为上行协调、下行协调和横向协调三种。如果领导者协调的对象是上级领导，那就是同上级领导的协调，也称为上行协调；如果领导协调的对象是下级干部和群众，这就是同下属的协调，也可称为下行协调；如果领导者协调的对象是与组织同级的外部人员和内部人员，就是同组织内外部人员的协调，也可称为平行协调。工作关系协调，就是协调组织系统各种工作之间的关系，包括组织之间和组织内部各部门任务的协调和人力、财力、物力、时间、信息等资源和要素的协调。

（二）按协调的目标层次来划分

领导此种的协调活动主要分为三种基本类型，即战略协调、战役协调、战术协调。战略协调是为了达到全局性和长远性目标而作出的协调，它是高级领导者的职责和权力范围内的工作，其特点是概略性、原则性和方向性。战役协调和战术协调是战略协调的延伸和具体化，是在战略协调总目标的指导下作出的局部性、阶段性的协调，其特点是具体性、针对性和可操作性。战略协调、战役协调、战术协调虽然层次不同，具有从属关系，但它们之间相互依存、相互影响。战略协调对战役协调和战术协调起指导作用，战役协调和战术协调也影响着战略协调并为战略协调服务。

（三）按协调活动的规范性来划分

领导此种的协调活动主要分为两种基本类型，即常规性协调和非常规性协调。常规性协调，是指日常工作中出现的一般性协调，它们通常以相同或基本相同的形式重复出现，其协调的背景、特点、内部及外部的相关因素，全部或基本上为领导者所掌握，领导者可根据以往的经验制定出例行的协调程序，使此类协调有章可循。因此，常规协调也可称为规范性协调或程序性协调。非常规性协调，是指那些涉及面广、常有很大偶然性和不确定性因素、一般多是过去不曾遇到过的、无先例可循、无既定程序可依的协调。这类协调又称为非规范性协调或非程序性协调。

（四）按协调活动的目标要求来划分

领导此种的协调活动主要分为两种基本类型，即最优协调和满意协调。最优协调是追求理想条件下最优目标的协调。但实际上理想条件往往是不存在的，特别是在复杂的系统中，各种关系相互交织，各种情况变幻莫测，条件一变，最优目标就无法实现，强行实现最优目标可能付出沉重的代价。因此，最优协调不可多用，在复杂的大系统中更要慎用。许多领导者多是在现实条件下有把握地求得一个满意的结果，这就是满意协调。

（五）按协调活动的形式来划分

领导此种的协调活动主要分为两种基本类型，即经验协调和科学协调。经验协调是指凭借领导者个人的阅历、知识和智慧而作出的协调，因此也称为个人协调。它主要依靠领导者个人的素质（智慧、知识、胆略、思维逻辑能力、经验等）进行协调活动，没有严格的科学程序，更没有完善的协调体系。其主要特点有：一是协调过程简单；二是协调主要依照以往的具体经验，较易带片面性；三是对协调活动所需的信息，难以进行迅速、准确的定量分析。科学协调是指在科学理论和知识的指导下，运用科学方法和先进技术所进行的协调。然而，科学协调不等于"科学的协调"，经验协调也不是"不科学协调"的同义词。经验协调和科学协调作为两种基本的协调形式，是相辅相成、互为补充的。在有的情况下，经验协调仍不失为有效手段，科学协调则可以使失误的可能性减少到最低的程度。

（六）按协调活动的目标数量来划分

领导此种的协调活动主要分为两种基本类型，即多目标协调和单目标协调。多目标协调是指在一定的环境条件下，所追求的价值目标是多项的。随着现代社会的多元化和社会活动的日益多样化，领导协调活动中的多目标协调越来越多。单目标协调是指在一定的时间、环境等条件下，所要达到的价值目标是单项的，或只有一个明确的目标，它的特点是直接、简单、明确。

（七）按协调活动的时间顺序来划分

领导此种的协调活动主要分为三种基本类型，即事前协调、事中协调和事后协调。事前协调，是在领导决策和计划方案实施之前，根据反馈的信息，采取相应的协调措施，做好各方面的准备工作，创造良好条件减少失误。事中协调，也称为现场协调，是在领导决策和计划方案的实施过程中，领导者亲临现场，通过反馈机构及时发现问题，进行有效的协调工作。事后协调，是当领导决策或计划方案实施结束后，领导者及时了解执行情况，在全面总结经验教训的基础上，进行必要的协调，为下一步工作打下基础。

四、协调的作用

在领导实践活动中，协调活动的作用是不可替代的，甚至有人认为，领导的任务就是协调，协调的好坏，有时往往决定工作任务完成的好坏。比如在一场进攻作战中，何时隐蔽接敌，何时进行火力准备，何时发起进攻，这中间的每一个环节、每一个动作都要进行严格周密的协同，决不能有半点差错。由此可以看出协调的重要性以及其在组织目标的实现过程中的巨大作用。

（一）增进团结，统一行动

领导者必须认识这样一个事实，即一个组织的成功，绝不是靠某个人的个人智慧和才华，绝大部分的成功，关键在于组织内部全体成员的整体表现。

单打独斗的个人英雄主义时代已经向我们挥手告别。我们早已迈入合作就是力量，讲求团队默契的新纪元了。没有个人英雄，即使是再有能力的个人，如果缺少了一批心手相连、团结一心的伙伴和同事，也很难取得太大的成绩。一支球队，即使每个人都是球技超群的球星，若没有和谐融洽的内部关系，球员彼此之间缺少理解和配合，也很难称为一支强队。作为球队的教练，首先应该解决的问题就是球员团结一致的问题。

领导者在从事领导活动中，要同上级、同级、下级等人员发生多层次、多方面、多角度的复杂关系。由于人们的知识水平、工作动机、个人需求、性格脾气等存在差异，在工作中必然会产生各种冲突和矛盾。要把这些人员的注意力和力量统一到实现领导目标上，需要领导者以极大的精力和高超的艺术加以协调。只有把人们心理上、利益上、权力上的各种关系协调好了，才能团结组织中的全体人员，相互支持，心往一处想，劲往一处使，去实现组织的目标。从这个意义上讲，领导活动的实质其实就是协调各种关系。领导协调是实现有效领导的重要手段。

协调是组织凝聚力的重要源泉，起到了一种润滑剂和粘结剂的作用。协调能够减少直至消除组织内各成员之间的矛盾，消除组织系统内的各种“杂音”，为领导工作的顺利开展提供良好的条件，奠定坚实基础。通过有效的协调工作，可以充分地把组织成员的积极性调动起来，营造组织内部和谐、稳定的环境和局面，使各部门之间密切协作、提高效率、减少内耗、有效整合，利用组织的人力、财力、物力、时间、信息等资源，贯彻落实领导者的决策目标，取得良好的领导效果。

组织系统内正常秩序的形成需要依赖有效的领导协调。领导协调作用的充分发挥可以合理调适领导活动中的各种关系，合理配置领导活动中的各种要素，合理安排领导活动的整个过程，从而建立起一种实施领导行为、实现领导目标所需要的良好秩序，使领导目标得以有条不紊、按部就班地实现。

(二)减少摩擦，化解矛盾

在实现组织目标的过程中，由于每个成员的分工、责任、利益等都不尽相同，各方面摩擦和矛盾的产生是难以避免的。如果领导者不能妥善地解决这些矛盾，他们就会妨碍组织成员的正常工作，使人际关系恶化，增加工作困难，对组织的发展和个人的成长都不利。通过有效的协调，可以理顺人际关系和部门之间的关系，为组织成员创造良好的工作环境，提高工作绩效。

在一个领导集体中，班子成员由于分工不同，各自的领导目标和责权都不相同，如果不加以协调，就可能在很多方面发生冲突，影响整体目标的实现。因此，通过有效的协调，合理安排、及时调整，就可以使班子成员各司其职、各负其责、各尽其能，同时又在工作中互相配合、互相支持，减少或避免因人为因素而造成的摩擦和矛盾。

(三)减少内耗，形成整体效益

领导活动赖以存在的组织系统是一个由若干部门和层级构成的有机整体，这些部门和层级作为一个个子系统，既相互联系，又相互制约，形成了系统的整体功能，产生某种整体效应，这种整体功能和整体效应不等于组成该系统的各个子系统和要素的功能的简单相加。系统功能既有可能大于各部分功能相加之和，也有可能小于各部分功能相加之和，甚至可能为零或负值。这是由各子系统之间的协调程度决定的。

在领导活动中，只有相关的各个要素的目标和步调协调一致、密切配合，才能取得良好的效能。否则，会使系统的整体功能受到严重的影响，内耗增大，造成人力、财力、物力、时间、信息等组织资源的巨大浪费。领导者的协调作用，就是通过对组织或部门内外关系的调整，从而调动和激发其他相关因素作用的充分发挥，形成合力，获取整体效能的最大化。

有效的协调可以使领导活动的诸多因素达到最佳配合，以实现最佳的整体效益和系统功能。领导者只有站在系统全局的高度统筹协调，高屋建瓴，总览全局，使影响领导活动的诸多领域、方面、环节的因素合理结合起来，才能发挥系统的整体功能，取得领导活动最佳的整体效益。领导协调的实质就是为了使组织内部和谐有序，尽量减少内耗和浪费，降低活动成本，取得最大的活动效益。

一个组织中，还可能存在着这样一种情况，即尽管组织的知识结构、年龄结构都得到了合理的配置，但由于领导者的协调整合能力不足，导致组织内耗丛生，降低组织的预期效能。因此，领导者在协调人才搭配的时候，应该高度关注结构性内耗。一要防止“核心低能”，核心往往能够决定一个组织的整体功能；二要防止“方向背离”，对于一个组织来说，要有一致的方向目标，如果方向相悖，目标不一致，就会相互拆台，结果必然会降低整体效能；三要防止“同性相斥”，正确的方法应该是实现“异质互补”，组织中既要有知识、才能的互补，又要有年龄、气质的互补；四要防止“同层相抵”，如果某个人才层次的成员过剩，而另一个层次成员不足，就会因为层次比例失调而降低整体效能，其表现形式就是“大材小用”、“降格使用”或是“小材大用”、“破格使用”等。

第二节　领导协调的原则

一、具体问题、具体分析

领导者在工作中需要协调的关系和问题千差万别、纷繁多样，每种关系、每个问题都具有其各自的特点。在进行领导协调时需要具体问题具体分析，要特别注重对事物矛盾的特殊性和事物存在发展的条件等问题的分析。只有做到对症下药、切合实际，才能有效地协调和解决具体问题。

问题的存在方式和发展方式千差万别、纷繁多样，只有对不同的问题作具体分析，才能把握其特殊本质，发现其发展变化的特殊原因，找到正确合适的协调方法。具体问题具体分析是正确认识问题的基础。只有具体问题具体分析，才能把不同的问题区别开来，正确地认识问题。仅仅知道问题的本质都是矛盾，还不是认识问题，因为问题中所包含的矛盾是各不相同的。正因为每个具体问题包含的矛盾都具有特殊性，才使得事物的存在方式和运动方式无限多样、千变万化。这种特殊性也是事物发展的内在依据。因此，认识事物和问题，关键是认识其矛盾，尤其是矛盾的特殊性。

具体问题具体分析是一切认识的起点，离开对问题的具体分析，人的认识就不会产生和发展。人们的认识过程，正是从对具体问题的分析开始的，通过对具体问题的分析，从感性认识逐渐上升到理性认识。只有具体分析，才能找出问题的特殊本质。

具体问题具体分析是正确协调和解决问题和矛盾的关键。不同的问题和矛盾需要用不同的方法加以协调和解决。只有具体地分析矛盾的特殊性，才能找到正确协调和解决某一特殊矛盾的特殊方法，即“一把钥匙开一把锁”，从而取得成功。世间没有包治百病的灵药，如果对于各种不同的问题和矛盾都采用同样的协调手段，就必然会失败。

毛泽东指出：“什么叫问题？问题就是事物的矛盾。哪里有没有解决的矛盾，哪里就有问题。”①分析问题就是分析矛盾，特别是分析矛盾的特殊性。对矛盾特殊性的分析，是认识问

---

①　《毛泽东选集》第三卷，人民出版社1991年版，第839页。

题的基础，也是具体分析的主要内容和基本环节。

第一，具体分析每一事物自身矛盾的特殊性。任何事物和问题内部都包含着自身特殊的矛盾。这种特殊的矛盾，就构成一个事物区别于其他事物的特殊本质。把不同质的问题和事物区别开来，是一切认识的起点。如果不能区别开来，认识就无从谈起。

第二，具体分析每一事物在其不同发展阶段中的矛盾的特殊性。一个事物的发展可以分为若干过程或阶段，而在各个发展过程或阶段之间，都必然存在一定的差别。将它们区分开来的基础，就是它们各自包含的特殊矛盾。

第三，具体分析同一事物内部的诸多矛盾在事物发展中地位作用的特殊性。事物作为多个由多种矛盾构成的矛盾系统，其内部的各种成分和矛盾的地位作用和发展程度是不同的。要注意区分主要矛盾和非主要矛盾。而且这种区分可以在一定条件下相互转化。

第四，具体分析同一矛盾内部双方各自的特殊性。把握复杂事物矛盾的特殊性，要认识矛盾的不同方面力量的不平衡性。每一对矛盾着的双方，力量往往是不平衡的，有主要方面和非主要方面。矛盾双方处在不停的相互作用、相互斗争中，斗争的结果，在一定条件下会引起矛盾双方地位的相互转化。

第五，具体分析矛盾解决形式的特殊性。认识问题的矛盾是为了解决问题，协调事物内部的关系。而不同性质的矛盾只有通过不同的方法才能解决。矛盾可以分为对抗性矛盾和非对抗性矛盾，两种矛盾可以相互转化，在矛盾的解决过程中，协调起到了至关重要的作用。

具体问题具体分析是马克思主义活的灵魂，在领导协调工作中，必须坚持具体问题具体分析的原则，与时俱进，研究新的历史条件，研究新情况，协调新关系和问题。

毛泽东于1956年4月25日在中共中央政治局扩大会议上发表《论十大关系》的讲话之后不久，国际上便有两个社会主义国家内部相继发生了动乱，国内的局势也出现了动荡，屡屡出现群众闹事的事件。毛泽东后来把这一年称作“多事之秋”。面对国际国内出现的新情况、新问题，毛泽东与时俱进，创造性地进行了协调工作。

毛泽东以其杰出的政治家的眼光，凭借极强的认识问题的能力，进行领导协调工作，逐步形成了“人民内部矛盾”这一极富价值的概念。而这一概念的着力点就是对国内外新问题的协调策略。

二、服从大局、把握全局

不谋全局者，不足谋一域；不谋万世者，不足谋一时。服从大局，把握全局是领导者必备的素质。领导者要协调好全局和局部的关系，以大局利益为重，以全局利益为重，把大局和全局作为认识和处理问题和矛盾的出发点和落脚点。“不畏浮云遮望眼，自缘身在最高层”①，领导者要有宽广的视野和胸襟，提高自身的战略思维能力，努力在协调工作中做到统揽大局、驾驭全局。

第一，强化大局意识，增强全局观念。任何一级的领导者都要独立负责一定范围内的工作，要能够独当一面。相对于更大范围来说，处在一定领导岗位的领导者的工作是局部，相

① ［宋］王安石：《登北高峰塔》。

对于更小范围来说，这种工作又具有全局的意识。因此，强化大局意识，强化全局观念，对于领导者来说，就是要使自己的工作自觉服从上一级的工作全局，作出自己应有的贡献。因为，局部是全局中的局部，离开了全局，局部就不是本来意义上的局部了，就不可能真正发挥局部的作用。所以，只有懂得全局，才能自觉地置身于大局之中，自觉地服务于全局，自觉地服从大局。

第二，自觉服从、服务于大局。自觉服从、服务于大局，是对领导者的基本要求，也是做好领导工作的前提。要站在全局看局部，有些事情，在局部看是好的，但从全局看却有问题，再好也不能去干；有些事情，对局部来说是有害的，但对全局却是有利的，损失再大也要干。作为领导者，应该自觉锻炼自己想大事、谋大局的本领，主动地站在全局的高度去认识和发现问题。领导者必须以大局为重，自觉在大局下行动。不论是哪一级别、哪一部门、哪一单位或地区的领导者，都要从思想上端正认识，做到小局服从大局，坚持在大局下面行动。必须立足实际，围绕大局开展本部门的工作。

第三，必要时牺牲局部，确保大局。全局和局部利益从根本上来说是一致的，但有时也会发生矛盾。在这种情况下，领导者必须识大体、顾大局，必要时为了全局利益应该牺牲局部利益，确保全局利益的实现。我们要求个人利益服从集体利益，暂时利益服从长远利益，但是这并不意味着可以不注意个人利益、不注意局部利益、不注意暂时利益。要善于找到全局利益和局部利益之间的结合点，协调各个局部的相互关系，充分调动各个局部的积极性，把局部和全局结合起来，进而协调局部和全局之间的关系。

三、分清主次、统筹兼顾

唯物辩证法认为，一物有两点，两点有重点。两点是有重点的两点，有主有次，不是平起平坐、半斤八两；重点是两点中的重点，不是两点以外的重点，在一定的阶段和条件下，重点是确定的、稳定的。因此，必须把两点论和重点论有机地结合起来，在两点之中抓重点，抓重点时讲两点，统筹兼顾。这是辩证唯物主义根本的思想方法和工作方法。

第一，所谓分清主次，首先要善于找出矛盾的主要方面，并以之为根据确定事物的基本性质。矛盾的主要方面和次要方面的划分是客观的、普遍的。事物的性质，主要是由主要矛盾的主要方面决定的。如果分不清该矛盾的主要方面和次要方面，那么对于该事物的认识就一定是模糊的，对该事物采取的协调行为就必然是迟疑的；如果把矛盾的主要方面和次要方面弄错，就会把事物的性质混淆，造成协调的失误。

第二，分清主次，还要注意处理好主流与支流的关系。协调任何问题和关系，都要在抓住主流和本质的同时，注意协调好支流和非本质方面的问题。如果支流问题协调不好，也会影响事物的发展，这是因为支流对主流具有巨大的反作用。而且，主流与支流的地位并不是固定不变的，在一定条件下是可以相互转化的。所以，不能忽略非本质方面和非主流方面的问题和关系，必须将它们加以协调和解决，以促使组织工作朝着健康的方向发展。但是，在协调支流问题时，不能把它当做本质和主流，本末倒置。

第三，要善于统筹兼顾，切忌百密一疏。一项协调工作，往往会同时涉及好多个问题，每个问题又是由好多对矛盾构成的，每一对矛盾又由主要方面和非主要方面构成。如果领导者在协调过程中不够细致，常常就会百密一疏，影响协调效果。在实际工作中，即使是一个细微的失误，也可能为工作全局带来难以挽回的损失。所以说，协调中最忌出现漏洞、百密一疏。作为领导者，在协调各种关系、各种矛盾时，必须既坚持两点论又坚持重点论，既全面又不失重点，统筹兼顾，分清主次，切实杜绝协调工作中出现漏洞。

四、以人为本、注重引导

一切领导目标和活动的顺利实现，都有赖于组织内部和外部关系的融洽和谐。领导的过程实际上就是协调各种人际关系和工作关系的过程，而工作关系归根结底也要以一定的人际关系作为基础。把以人为本的思想体现在领导协调活动中，就是要把人作为领导协调的重心，采用符合人的特点、人性要求和人文管理的领导协调方式，激励人们的积极性，激发组织的内在活力。

根据人的行为产生原理，人首先要有需要，需要产生动机，形成强大的动力；动力又会产生行为，寻求满足，通过具体行为实现目标；目标实现后会刺激更高需要，产生新的动力，依次不断循环。发现人的需要，激发人的工作动机，引导实现目标，是做好领导协调工作的一个重要前提。每个个人为了实现自己的目标，有着一定的自主性权利；但作为一个集体，要有序运行，则又必须对个体予以规范和约束。领导者应该对二者加以协调，使个人目标和组织目标有机统一、相互融合，使每个人的个性、能力和价值都尽可能得到充分的展开、显现和实现，形成和谐的状态。

人都是有感情的，都喜欢得到领导者和组织的尊重、信任和赏识。根据马斯洛的“需要层次理论”，当人的安全和生理需要得到满足后，便会产生情感需要和尊重需要，进而产生自我实现需要。一旦这种需要得到实现和满足，就会刺激人们形成一种与组织同呼吸、共命运、相互奉献的精神动机。领导者应该注意，在进行协调活动时要符合人的情感需要和尊重需要，引导个人的自我实现需要和组织目标的实现相结合，增强组织的凝聚力。

在领导协调活动中实现人性化，不能只强调个性张扬，不能只注重个人愿望的满足，还要尊重公共秩序原则和个人责任原则。就是每个人的行为都必须有一定的限定和约束，都不能损害他人利益以至由许多个他人构成的组织利益。每个人都应该各得其所、各有其位、各守其规、各尽其责。领导协调活动在强调人性化的同时，也要引导人们尊重组织利益和大多数人的利益，维护正常健康的秩序才是最大的人性化。

领导者在协调中坚持以人为本，并不是一味满足个人愿望，更要坚持原则。原则与人情，有时就像鱼与熊掌，处理好二者的关系是领导协调工作的一个主要方面。领导工作需要与人交往，不可能没有人情味。如果领导者拒人于千里之外，或是令人望而生畏，哪里还能谈得上开展工作？可是有时候，原则与人情会发生冲突，毛泽东、周恩来等国家领导人对二者关系的巧妙协调本身就是最好的教材。

每个领导者都要重视对下属的教育引导。言传不如身教，无言的行动更有说服力，教育者的以身作则更能打动被教育者。正如毛泽东的卫士所说：“三年困难时期，我为毛泽东服务，千真万确一点光也不曾沾上。但我心顺，无牢骚。因为毛泽东就在我身边勒紧了裤腰带。青黄不接的困难时期，一盘野菜聊以充饥便坚持了夜以继日的工作。只此一条，我便愿意跟随他同心同德，共渡难关。”

第三节 领导协调的技巧

在坚持领导协调原则的基础上，提高协调技能与技巧是对领导协调方法提出的更高层面的要求。在领导工作中，协调工作占据了大量的比重，是做好领导工作的基础。领导者掌握各种协调技巧，并能够熟练地运用，做起协调工作来才能得心应手，问题和矛盾才能够迎刃而解，协调工作才能落到实处，取得实效。

一、化解矛盾的技巧

化解矛盾是一种常见的协调技巧。有效的调和不仅能够淡化和平息对立情绪，为协调创造和谐的气氛，而且能够促进矛盾双方做出一定程度上的让步或妥协，进而消除对立，重归于好。

作为一名领导者，在化解矛盾时需要:一是擅长劝说。对于被协调者因矛盾而产生的争议、纠纷或冲突，领导者在进行协调时的首要任务就是防止矛盾的扩大和激化，为实现这一目的，劝说是一项十分有效的方法。劝说的核心是以理服人，通过耐心讲解让被协调者心服口服，接受协调。领导者想要有效地劝说，需要运用劝说的技巧，例如“说长不道短”、重提旧交情、寻找共同点等。劝说可以分为劝导、劝告、劝诫、劝阻等类型，协调者在协调时应该视协调对象和协调环境加以选择。

二是模棱两可。领导者在协调过程中，对于一些无关大局的是是非非，可以采取模棱两可的策略，既不说甲方的对与错，也不说乙方的对与错。在语言的选择上，可以尽量多地使用模糊度较大的词语和句子，一语双关，及时转移和转换话题，对比较敏感的话题佯装不知。然而，运用这种技巧并不是对矛盾的消极回避，而是避免在细枝末节的问题上做过多的纠缠，影响对主要矛盾的协调和解决。

三是保持中庸。中庸之道是儒家的一种主张，意指在待人接物处理问题时采取调和折中的态度，不偏不倚。在协调问题时，领导者保持有条件的中庸，可以冷静地对问题做出分析和判断，公平地对待矛盾双方，可以在协调中获得积极的效果。如果被协调的矛盾双方都各执己见、互不退让、相持不下，领导者适当采取中庸的做法，可以帮助打破僵局，给协调工作带来转机。在运用这项技巧时，领导者要学会居中行事、折中处理;要学会察言观色，满足各方的心理需求;要善于诱导矛盾双方互相做出让步，合理取舍;要能够拿出妥协的方案，并劝说各方接受等等。

二、民主决策的技巧

在领导协调活动中，民主决策是一项非常重要的技巧。在同一级别的领导之间，领导活动主体的地位、权力、义务、交往等要素应该是相等的，这是采用民主决策的前提和基础。第一，从组织与组织、领导与领导、领导与成员之间产生不协调的原因上来看，缺少民主决策、科学决策往往是导致不协调的重要因素，从一开始就为领导活动的不协调埋下了隐患;第二，从领导活动的方法来看，民主决策必须要广泛地听取来自各个方面的声音和意见，进行全面细致的研究;第三，从领导活动的内容来看，往往有影响全局、局部的重大事件或相对复杂的问题和矛盾，如果时间和条件允许，应该由领导班子集体研究，进行民主决策，这样能够有效地减少和避免因个人的主观因素而产生的判断和决策上的失误。

在领导班子工作的协调中，坚持民主决策，一是要充分发扬民主作风。班子成员要摆正各自的角色和位置，坚持民主集中的原则，真正发扬在民主的基础上集中和在集中指导下的民主相结合的优良作风，共同负责，共同决策。既反对出现由个人“一言堂”的“家长制”独断专权，也要避免出现“民主自由化”，班子懒、散、软这两种极端的形式。二是要做到大事商量后办，小事做完后通报。涉及全局的大事和涉及干部任免、人员调配、利益分配等方面事物的关键问题应当先进行集体讨论，集思广益。研究时，主管领导者要注意严格遵守议事程序，只说明讨论主题。在成员充分发表个人意见时，纵使听到与自己意见相悖的意见，也要虚心听取，吸取其中有益合理的成分，权衡各个意见的利弊，归纳总结，选择正确合理的方案，举手决定。做到公事公办，公私分明，说清道白，不悖原则。只有这样，班子成员才能互相尊重、统一思想、形成共识，坚决维护决定并共同贯彻执行。既坚持了民主制度，又能真正维护领导者的权威，从根本上消除了班子成员互相猜忌现象的存在，使领导集体处在一种奋发向上、和谐融洽的协调状态。

三、善于沟通的技巧

领导者在领导协调活动中，应当通过各种信息的及时传递，促进人们进行思想或情况的交流，以此取得彼此之间的互相了解，建立一种彼此互相信任的良好的人际关系。从领导协调的角度来看，沟通是协调的前提，协调是沟通的结果。在某种意义上说，沟通也是一种协调。因此，领导者掌握并善于运用各种沟通的技巧能够有效地促进协调活动。

第一，加强思想交流。领导者在协调活动中，开展深入的思想交流是非常必要的。加强思想交流的主要途径有:(1)学习。学习人类社会中一切有益的成果，通过积极地学习树立正确的人生观、价值观和世界观，为领导有效的协调活动奠定扎实的理论基础。(2)讨论。针对一定的焦点问题，展开积极的讨论，讨论各方直抒胸臆、各抒已见，运用“头脑风暴式”的讨论方式，互相交流认识和观点，实现思想的互动。(3)谈心。谈心分为集体谈心和个别谈心两种形式。个别谈心，除非涉及到特殊情况，一般不行文，也不开会。个别谈心通常围绕个别问题，因为个别问题涉及面小，常常被人忽视，以至于形成协调活动中的难点。如果采取个别谈心的方式，将感情、原则融于一体，可以收到事半功倍的效果。个别谈心有不同的谈法，在没有其他复杂因素的情况下，可以采用直接面谈式，也可以委托他人用间接方式谈心。借谈心吐露真情，求得知心，成为领导协调的又一种艺术。(4)过民主生活会。民主生活，质量的高低是其关键，要求参加民主生活的各个成员敞开心胸，坦诚地开展批评与自我批评，进而达到协调的目的。

第二，注重行为交流。如果领导者和协调对象之间已经产生了隔阂，就应该及时进行沟通。实现有效沟通的方式有很多种。一种方式是当面解释:主动向对方说明理由，诚恳地表白初衷，暗示歉意，以求得对方的理解，消除误解和矛盾。另一种方式是曲线处理:在本人不便出面说明的情况下，可以请领导或求助于较有威信、双方都信得过的组织成员出面说合，也可以求助于上级组织进行调解。摸清隔阂产生的原因，然后找到双方说明真实情况，要求双方多从自己一方找问题，多做自我批评和反省，体谅对方，理解对方的立场，求得心理上的通融。要注意的是，在解释问题时应该做到就事论事，合情合理，保持中立的态度；要提倡换位思考，将心比心，大事讲原则，小事讲风格，宽以待人，严于律己；要设法让被协调者有适当的“台阶”可下，理解并尊重对方采取的保全面子的某些言辞和做法，可以适当地允许某些求大同存小异的行为。

第三，重视感情投资。当协调对象思想不通时，通过一次晓之以理、动之以情的开怀畅谈，可以有效地化解协调对象心中的“疙瘩”；当组织成员因为在工作中受到挫折而心情低落时，伸出热情的双手给予援助，可以使其终生难忘；当下属生病卧床时，主动前往探望并送去问候和鼓励，会加深彼此间的感情；在面对机会和利益时，主动谦让、发扬风格，能够缩短与同事之间的距离，并显出高风亮节和良好的品质。在领导活动中，领导者不但要谋好事，更要谋好人，既要讲原则，更要重感情，要真诚待人、坦诚处事，动心思、下功夫，增大感情投资，讲真话、办实事，率先垂范，作关心成员的示范。这样，工作一定能够事半功倍。倘若只注意工作上的关系，成天讲工作，强调忙事业，不主动地关心组织成员的生活疾苦，忽视感情上的通融交流，或是仅仅在口头上做文章，没有实质上的关怀，以行政命令和长官意志统治下属，久而久之，成员之间感情淡漠，互相之间心存芥蒂，心灰意冷，一定会给组织工作的开展带来极大的负面影响。

四、教育引导的技巧

教育引导是领导者协调人际关系的重要技巧和途径。思想政治工作是对人的认识、情感、意志、行为等要素施加有目的的影响，从而使其思想发生一系列变化的总和。它可以帮助人们提高思想觉悟，增强道德品质修养，形成正确的人生观、价值观和世界观，帮助人们在认识上取得一致，在情感上产生共鸣，从而有效地协调人际关系。因而，教育引导是领导协调必不可少的技巧。在施行教育引导时应当注意以下几个方面：

第一，教育引导要做到物质生产的实践中去，把协调工作与经济工作相结合。要防止和纠正教育引导工作与经济工作相互脱节的现象。协调工作一定要紧密结合经济工作和各项业务工作一道去做，把协调工作做到被协调者物质生产和精神生产的实际生活中去。教育引导工作要落实到经济上面，协调工作要从经济的角度去解决。只有这样才能增强协调手段的针对性、实效性。

第二，教育引导要把加强管理与制度建设相结合。说服教育不是万能的，它必须与管理和制度结合起来。教育引导与管理相结合，就要把思想教育的说服功能与管理制度的规范功能结合起来，把自觉性和强制性结合起来，把说和做结合起来。通过管理和制度约束机制与激励机制的作用，用事实印证说服教育的道理，达到使组织成员转变观念、提高认识、强化内省力，逐步养成良好的行为习惯，逐步升华到自觉地遵守行为规范的目的。

第三，要把教育引导与解决实际问题相结合，坚持“以人为本”，把领导协调落到实处。协调工作的主体是人，对象是人。坚持“以人为本”，就是要我们尊重人、关心人，想人之所想，急人之所急。组织成员对领导者提出和反映的问题，必须满腔热情地加以处理，切实帮助人们解决生产和生活中的实际困难。要实实在在地为被协调者办事，要从被协调者最关心、最迫切需要解决的实际问题入手展开工作。只有把教育引导与解决实际问题相结合，坚持“以人为本”，协调工作才能落到实处，才能取得实效。

五、有效控制的技巧

控制是现代化管理的基本功能和现代领导工作的根本任务之一。控制不仅能保证组织目标和计划的顺利实现，也能保证在这个过程中各种因素之间协调和谐的关系。领导者运用计划手段调节各种关系，实施有效控制，能够保证领导活动中各要素的协调和谐。有效控制是领导者最基本、最重要，也是最常见的一种协调技巧。

有效的协调必然伴随着有效的控制，控制是协调不可分割的组成部分。所谓有效控制的技巧，就是协调中的控制之术、控制的技巧，如时机意识、环境意识、或缺意识等。

第一，时机意识。任何事物的发展变化都存在着时机，即事物向着有利方向发展的时间条件。协调是一种动态的管理过程，同样存在着时机。不合时宜，提早或是推迟的协调行为都难以达到预期的协调效果。由于时机因人、因地、因事而异，领导者要想能够驾驭有利的时机，就必须要有敏锐的判断能力和强烈的时机意识。

第二，环境意识。协调是需要一定的环境的，协调环境是协调活动赖以存在和发展的空间条件，凡是成功的领导协调，都与领导者在进行协调活动时能够把握协调环境有很大的关系。把握协调环境要求领导者熟悉协调的背景，如熟悉协调对象的组织概况、协调活动的社会动向和协调中可能发生的变化；要求领导者能够创造适合协调活动进行的气氛，如强化信息的交流、增加感情方面的投资、运用舆论导向等；要求领导者能够因地制宜、因时制宜、因事制宜，根据不同的协调对象，采取不同的协调手段和途径。

第三，或缺意识。领导者的协调活动，分为常规性协调和非常规性协调两种形式。所谓非常规性协调，即是指对以往未曾出现、无现成经验、也无章可循的偶发性事件的协调。为了减少非常规性协调的盲目性，应付协调环境的意外变化，领导者在确定协调目标、拟订协调方案、实施协调计划和商定处理意见等方面，都要留有余地，做好多种打算，以至最坏的打算。

六、迂回协调的技巧

领导协调是一个动态多变的过程，必须根据变化了的条件随机对协调的内容、协调的程序、协调的目的和协调的方式等做出适当的调整。实施这一技巧，应做到径直协调、变通协调和回避协调。

第一，径直协调。某些领导协调活动，由于协调内容比较简单，或者被协调者有诚意，或者领导者经验丰富，常常会出现顺利的结局。这时，领导者就应该见机行事，一鼓作气，径直结束协调活动。

第二，变通协调。协调活动中经常会因为遇见各种难题而出现僵局，这时就需要领导者能够从实际出发，进行灵活的变通，以促成协调活动的成功。变通的方法有：沿用惯例，比照办理，折衷行事，破例行事等等。

第三，回避协调。当领导者在进行协调活动时遇到被协调者蛮不讲理、固执己见，或是被协调者文化层次较高，一时未能转过弯来的时候，可以采用回避的方法。回避可以分为暂时回避、长期回避和永久回避。暂时回避是指一些被协调者可能对某些问题在短期内难以理解时，领导者可以采取暂时回避的协调方式。长期回避是对一些被协调者可能长期难以理解或是可能长期难以解决的问题，领导者要等待时机，直到条件基本成熟的情况下，才能采取有效的协调方法。永久回避是指在协调过程中可能涉及一些原则性、保密性很强的事宜，在协调中即使被协调者死死纠缠，也不能告知以实情或详情，这种情况下必须采取永久性回避方式的协调。

第四节　领导协调的运用

领导协调的艺术是活的东西。它包含着科学的因素，要遵循相应的科学原则，但相对于活生生的社会实践活动来说，某些生硬的领导学的概念和原则常常显得滞后和不适应。协调是包含过程、关系、思维等多个侧面综合的复杂的社会实践活动。因此，研究领导协调艺术也应当从各个方面加以多角度的透视。在不同的时间和空间，协调也应采取不同的具体形式加以运用。

一、在突发事件中的协调艺术

一个组织，即使在正常的建设和发展过程中，由于外界环境条件的突变，或者由于内外因素的交互作用，或者由于内部某个环节突发变故等原因，都可能出现一些平时意想不到的突发性事件。而对这种突发性事件处理得如何，可能直接影响到组织的长远建设。这就要求领导者必须掌握在突发事件中的协调艺术，能够及时地做出相应的行动，化解危机。

(一)确立积极的态度

突发事件突然发生，是积极应当，还是消极埋怨甚至逃避，这是首先要解决的问题。辩证法告诉我们，事物的变是绝对的，不变是相对的。突发事件与其他事件一样，具有两重性。一方面，它的突然出现，令人难以防备，给人巨大的压力，使人突然之间产生不稳定感、危机感。另一方面，它往往也能给人以活力，甚至给人以希望和机遇。如果领导人能够迅速判明情况，协调各种关系时信心足、决心大，就可能把突发事件转化为成功的机会。

(二)拿出过人的胆气

处理突发事件需要知识、需要经验、需要智慧，同时更需要胆气。胆识相济，敢于果断采取行动是应对突发事件的重要条件。在突发事件面前，作为领导者应当勇于负责，敢冒风险。在面对处置意见不一致、认识不统一、事件头绪多等情况时，领导者在协调时展现出的气质和精神状态显得更为重要。

(三)找到最优的方案

处置突发事件，最根本的是要在不失时机的前提下拿出解决方案。任何方案都有其有道理的一面，也有要付出的相应代价。如何在众多方案中挑选出最优方案，需要领导者权衡各个方面的因素，做出选择。在选择最优方案的过程中，领导者要协调好各个方面的关系，才能面对突发事件，以变应变。但是当事态发展尚未明朗时，应该静观其变，这是应对突发事件中的特例。在这种情况下，更应该发挥领导协调的作用，防止在事态出现新的变化需要及时处置时，因疏忽而丧失时机。

(四)做到"有备无患"

在处理突发事件中的协调能力，主要不是靠领导者遇事时的灵机，而是靠平时知识和经验的积累，靠敢于负责、勇于迎接挑战的胆气的养成，靠应急协调方案的准备，靠应急协调机制的建立，等等。"宁未雨而绸缪，毋临渴而掘井"，这两句古训，对于我们提高应对突发事件的能力是颇有参考价值的。

2008 年 5 月 12 日 14 时 28 分，四川汶川县发生里氏 8.0 级地震，这是一场空前的灾难。在地震发生后，党中央、国务院高度重视。国家主席胡锦涛立即做出重要指示，要求尽快抢救伤员，保证灾区人民生命财产安全。国务院成立了以总理温家宝为总指挥的抗震救灾指挥部，并设立有关部门、军队、武警部队和地方党委、政府主要负责人参加的救援组、预报检测组、医疗卫生组、基础设施组、生产恢复组、治安组、宣传组等八个抗震救灾工作组。国务院总理温家宝 12 日下午乘坐专机抵达四川成都，赶往地震灾区，指挥抢险救灾工作。

这次抗震救灾工作时间特别紧迫，责任特别重大，任务特别艰巨，各级党委和政府始终把抢救人的生命放在第一位，从废墟中抢救生还者 8.4 万人。全力做好被困群众和受伤群众的救治工作，安排好受灾群众生活，全力组织恢复受损的基础设施，特别是抓紧通水、通电、通路，保证通信畅通，保证重要基础设施和水库大坝、铁路、涵洞安全，保证社会秩序的正常。果断处置唐家山堰塞湖，避免严重灾害发生。全力开展防疫工作，实现了大灾之后无大疫。

中央财政安排 384 亿元救灾款和 740 亿元恢复重建资金，迅速出台一系列救援灾区的政策措施。积极开展对口支援。社会各界踊跃捐助款物，广大香港同胞、澳门同胞、台湾同胞和海外华人华侨奉献爱心，国际社会伸出援手，汇成了齐心协力抗击灾害的磅礴力量。

在党中央和国务院的坚强领导下，全国各族人民特别是灾区人民万众一心、众志成城，人民子弟兵舍生忘死、冲锋在前，展开了我国历史上救援速度最快、动员范围最广、投入力量最大的抗震救灾斗争。在这次抗震救灾斗争中，党和国家领导人面对史无前例的巨大灾难，展现出了巨大的信心和勇气，实施了强有力的指挥，出色地协调了来自国内外的救灾力量和资源，取得了抗震救灾斗争的胜利。

二、在班子内部的协调艺术

领导者在协调班子内部关系时，除了条件和原则外，还需要有管用的协调艺术。领导者协调班子内部关系的艺术很多，但其基本方面不外乎以下五个。这五个基本方面是一个相互联系的有机整体，领导者在实际工作中应综合运用。

(一)以身示范

古语云:"其身正，不令而行;其身不正，虽令不从。"①打铁还须自身硬，以身示范，就是各级领导者要通过自身的模范行为，影响他人，这是协调班子内部各种关系和矛盾的首选方法。从某种意义上讲，领导者能不能言传身教，对搞好协调起着至关重要的作用。对于协调班子内部关系来说，领导者的人格感召力即领导者的"官德"非常关键。从许多领导班子内部运作的实践来看，领导成员之间的摩擦、矛盾、纠纷常常是因为利益问题引起的，或是由于领

① 《论语·子路》。

导成员相互间的利益，或是由于领导成员分别所代表的群体利益，或是有形的利益，或是无形的利益，总之离不开“名利”二字。领导者协调班子内部关系，处理班子内部的矛盾和问题，实质是利益关系平衡的问题。只要领导者自身在名利问题上以身作则，即使是难以协调的问题，领导者也能压住阵脚，不至于导致矛盾激化，班子成员也能够理解和体谅。

（二）制度规范

俗话说：“没有规矩不成方圆。”领导班子工作的有序运行，必须有共同遵守的制度规范。在许多组织内部，问题不在于有没有制度规范，而在于是否执行和落实。用制度规范领导班子内部关系说起来容易，做起来难。许多领导者不是不知道用制度规范的重要性，而是不想用制度把自己给“规范”住。我国是一个“人治”传统很深厚，“做官”观念根深蒂固的国度。有的领导者不能摆脱这种过时的旧传统的影响，不喜欢按章办事。主要领导者自己不按制度规范办事，班子成员必然上行下效。因此，用制度规范，关键是领导者自身首先要按制度办事。与此同时，领导者一定要树立靠制度管人、靠制度办事的观念。在协调关系过程中要把握以下几点：一是要努力健全完善制度；二是要切实发挥制度的调节功能；三是要强化制度的干预作用。

（三）义利并举

领导者要协调好领导班子内部关系也要义利并举。这里的“义”就是思想引导，“利”就是利益协调。思想上的相互沟通是班子成员关系和谐、工作协调的基础。因此，领导者带班子一定要注重带思想、带作风。在注重思想引导的同时，还要注重利益协调，在能力所及的范围内注意关心和解决领导班子成员的各种实际问题。领导班子中的主要领导者应当把一班人的冷暖时刻挂在心上，并力所能及地帮助他们解决一些实际困难。有些困难即使解决不了，只要领导者心想到、话说到、力尽到，班子成员也会予以理解。总之，新形势下协调领导班子内部关系不能把利益问题排除在视野之外。协调利益问题一要照顾平衡，二要关注重点。

（四）目标引导

共同的奋斗目标是一班人团结工作的重要基础。一个没有明确奋斗目标的班子必定无所作为，而且往往形不成凝聚力和向心力。因此，领导者协调班子内部关系要十分重视发挥目标的引导功能，把一班人的注意力引导到单位建设的总目标上来。目标的形成要让班子成员充分讨论，献计献策，集思广益。这本身就是目标引导的题中应有之义。充分讨论的过程本身就是目标引导的过程。有的班子之所以产生矛盾和不协调现象，往往是由于目标不明确，或者是由相互间职权不清、分工不明造成的。因此，领导者协调班子内部关系，一定要善于发动班子成员，运用集体智慧形成单位建设的长远目标，并在此基础上不断地根据情况的变化提出阶段性的小目标，始终用目标牵引班子成员的思想和注意力，使班子成员始终朝着目标努力，进而形成班子团结、紧张、有序的工作秩序，保证班子始终处在合理、稳定的能级结构之中，促进共同目标的顺利实现。

（五）信息沟通

班子协调离不开信息的沟通。领导者应加强与每个领导成员的信息沟通，同时，要加强班子成员间的协调，促使领导成员相互间的信息沟通。领导班子内部的充分沟通，对于消除误解、猜疑和嫉妒等不良心理，增进相互理解和信任，促进情感相悦、心理相容，形成工作上的共识都具有十分重要的意义。实践中，有的班子成员之间所以会产生误会和隔阂，往往就是由于相互间沟通不够引起的。作为领导班子的"班长"，应努力疏通沟通的渠道。沟通的形式多种多样，如会议交流、文件传递、个别谈心、个别酝酿等。领导者与班子成员之间的信息沟通气氛要民主，要以平等的态度，寻求帮助的口气交流情况，探讨问题。这样，才能使班子成员真正掏出心里话，进而在反复切磋的基础上，达到思想的统一和认识的一致。

第九章 领导激励艺术

领导者的重要任务就是要最大限度地激发组织成员的潜能，并将他们的行为引向实现组织目标的道路。可以说，激励是领导的核心。但如何实现有效激励，是很有艺术性的。领导者运用激励手段，对部属的潜在精神力量和状态起加强激发和推动的作用，并且指导和引导部属的行为指向目标，从而达到组织目标的实现。

第一节 领导激励的本质

激励是一种有效的现代领导方法。它有着别的领导方法不可替代的作用和相对独特的内容。领导者要灵活有效地运用，就必须对其有基本的了解。否则，就不能摆脱运用中的盲目性和被动性。领导者认真研究一下有关激励的理论，对提高激励艺术，使激励更好地服务于领导活动的实践，是会大有好处的。

一、激励的含义

激励一词的中文含义是激发、鼓励的意思。与激励一词相对应的英文单词 Motivation，是指一个有机体在追求某些既定目标时的愿意程度(degree of readiness)。它含有激发动机、鼓励行为、形成动力的意义。

对于激励理论的研究，提出较早且影响最大的是美国社会心理学家亚伯拉罕·马斯洛(Abraham Maslow)的需要层次论。1943 年，马斯洛在《人的激励理论》一文中首次提出了这一理论，并于 1954 年在其名著《动机与人格》中作了进一步阐述。继马斯洛的理论提出之后，美国犹他大学管理学教授弗雷德里克·赫茨伯格(Frederick Herzberg)提出了双因素理论，美国行为科学家亚当斯(J. S. Adams)提出了公平理论，美国心理学家维克多·弗鲁姆(Victor H. Vroom)提出了期望理论等。

我国现代管理学者对于激励含义的诠释借鉴了西方学者的研究成果，在不同的著作中有着大致相同的表述。如周诚圭所著《管理行为学概论》认为："激励主要是指启迪人的心灵，激发人的动机，挖掘人的潜力，使之充满内在的活力和动力，朝向所期望(或既定)的目标前进的心理活动过程。"①于子民所著《人力资源管理》称"激励就是激发人的内在潜力，开发人的能力，充分发挥人的积极性和创造性。使每个人都切实感到，才有所用，力有所展，劳有

① 周诚圭等:《管理行为学概论》，湖北人民出版社 1989 年版。

所得，功有所赏，自觉地努力工作。”①这些理论对激励的含义都有一个共性的认识，即：激励是为了调动人们的积极性、激发人们的主动性和创造性。

综合中外学者的认识，我们认为，激励是指通过科学运用各种方法、手段和措施调动人的主动性和创造性，激发人的动机，使其朝着某一特定方向或目标而行动的倾向。这种倾向来自于被人们所感知的内在驱动力和紧张状态。人们的行为源于未满足的需要，当人们意识到自己尚未满足的需要时，就转变为一种有目的的行为，进而导致目标性行为的出现，一旦达到目标就会带来满足，这种满足又会为新的需要提供强化（激励过程如图9-1所示）。领导者进行有效激励，就要以组织目标为导向，发现或制造人们在某种需求上的差距，引导人们按组织所设定的方向行动，做出组织所期待的行为，最终达成组织的目标，与此同时，通过组织的回报满足人们自身的需求。领导工作中的激励包括两个方面的内容：激发和约束。激发是导致一种行为的发生，是正向激励。通过激发人们内在的动力，调动其积极性和创造性，使其行为自然朝向决策目标方向发展。约束则是对所激发的行为加以规范，并限制在一定的时空范围内，是负向激励。当人们出现与决策目标不一致的行为时，通过惩罚等负向激励，约束其不良行为，并引导其向着有利于决策目标的方向发展。

正向激励与负向激励相互作用、相互依存、相辅相成，是领导者维持管理秩序，提高领导绩效的重要方法和手段。正向激励是对人的某种行为给予肯定和奖赏，使这种行为得以巩固、保持和加强，起到正强化的作用。负向激励是一种负强化，但也有积极的作用，只是所用方式与手段不同而已。它是对于某种行为给予否定和惩罚，使之减弱、消退，对人的行为进行定向控制和改造，最后引导到预期的最佳状态。激励的最佳状态是个人目标与组织目标协调一致，和谐发展。激励的核心是领导者通过激励（包括物质激励和精神激励、正向激励和负向激励等）使部属产生积极行为，提升组织绩效，实现组织目标。

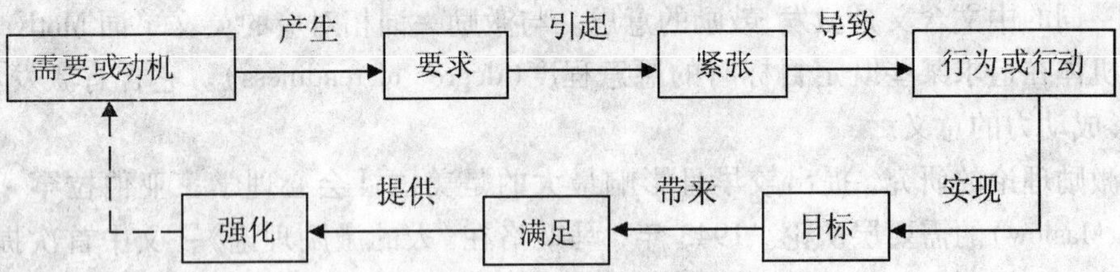

图9-1　激励过程示意图

二、激励的特点

激励具有以下特点：

（一）针对性

激励的针对性，是指领导者在激励时要紧紧围绕组织目标，把握部属的现实需求，有的放矢地实施激励。马克思主义哲学认为，认识和解决问题要抓住主要矛盾，做到“纲举目张”。领导激励的针对性具体表现在：一要以决策目标的实现为目的。领导者在激励工作中要紧紧围绕决策目标的实现，对部属科学地实施激励，激发部属的工作热情，使部属自觉地投

① 于子民：《人力资源管理》，群众出版社1987年版。

身于各项工作中，实现决策目标。二要针对部属的现实需求，有的放矢地进行激励。随着我国改革开放的不断深入以及市场经济的快速发展，人们的思想观念在更新，社会利益格局在调整，社会资源配置方式在变化，这些变化冲击着部属的社会认知和价值观念，部属的需求已不再是单一的或简单的，而是呈现多样化、复杂化的趋向。领导者在激励工作中，要善于根据变化了的新情况、新问题，准确掌握部属的现实需求，抓住部属最关心的问题，有的放矢地实施激励。通过科学有效地激励，最大限度地调动部属的主动意识和创造精神，使部属精神振奋地为实现组织目标而努力工作。

(二)动态性

领导激励具有动态性的特点。组织是在不断的人员变动、任务变换、环境变化的情况下发展的。就部属的需求而言，在不同时期、不同阶段也在不断发生变化，对需求也呈现动态性。部属需求所具有的这一动态特性，要求领导者在运用激励方法时，要根据具体情况灵活地运用。心理学研究表明，激励的运用，关键是根据部属的心理变化，不失时机地采用不同的激励方法，以调动部属的内在潜力，激发部属的积极性和主动性。部属的心理运动规律具有短暂性、隐现性和一维性的特点。领导者要善于科学地观察和分析问题，捕捉好最佳的激励时机，运用有效的方法，最大限度地发挥激励的效能，提高管理绩效。另外，部属间的价值取向也是存在差异的，同一种激励手段对一部分部属可能会起到很好的激励效果，但是对另外一部分部属的效果可能就不会那么明显。比如，有的部属看重荣誉，有的部属看重发展空间，有的部属看重文化技能的提高，有的部属看重福利保障等等。这就要求领导者在激励过程中要真正下功夫，要对每个部属有比较深入的了解，有针对性地运用相应的激励方法。无论运用何种激励方法，都要紧紧围绕组织目标，把实现部属的需求与实现组织的目标协调起来，才能达到激励的最佳效果。

(三)时效性

领导激励具有时效性，这种时效性包括两个方面：一是激励必须注重即时性或及时性。古人提倡“赏不逾时”、“罚不迁列”。意思是对有功者的奖赏不能错过时机，对有过者的惩罚不能等到他离开组织队伍的行列再去执行。因为只有在特定的“时效”周期内，奖惩激励才能更好地发挥激励作用。因此，领导者要善于不失时机地激励部属，善于根据决策目标的需要，在最佳的时机给部属以最恰当的激励。二是激励必须注重激励的历时效应，即激励的持续效应。一次表扬或嘉奖的激励效应可能很快就会消失，但理想与信念的激励却能鼓舞部属的一生。所以领导者在实施激励时，不仅要重视激励当时的效应，同时要注重激励对部属产生的长期效应，激发部属确立与组织目标相一致的长远理想目标。

(四)效益性

激励的效益性就是以最大限度调动部属积极性和创造性为标准，以巩固和提高部队战斗力为目的，充分考虑激励工作整体所产生的效益，并在追求效益的同时，把激励活动的消耗降到最低。胡锦涛同志强调：“要加强科学管理，强化质量效益观念，切实转变传统的人力密集型、数量规模型的管理模式，向科学管理要效益，向科学管理要战斗力。”领导者在实施激励方法时，要着眼激励的效益性，把激励的目标纳入讲质量、求效益的范畴，把提高效益的要求始终贯彻于实施激励的全过程，使激励工作在激发部属的士气、提高部属的凝聚力上充分发挥效能。为此，着眼激励的效益性，要正确处理好以下关系：一是正确处理好激励的数量与效益的关系。并不是激励的数量越多越好，关键要看激励的质量如何，取得效益如何。二是正确处理好激励的局部效益和整体效益。领导者要以提高激励的整体效益为总目标，在提高激励的局部效益的同时，更要注重激励的整体效益的提高。三是正确处理好激励的眼前效益和长远效益。在激励中，要注重眼前效益，更要注重长远效益，不能只为了取得眼前效益而放弃或损害了长远效益，要使眼前效益与长远效益协调一致。

(五)科学性

领导激励的科学性是领导激励内在规律的表现，它要求领导者要以科学的精神、科学的态度、科学的方法积极地开展工作。一是领导者要坚持以马克思主义的科学精神探索领导激励的内在规律，坚持按领导激励规律的要求进行工作。二是领导者要坚持以科学的态度学习领导心理学及行为科学等学科的相关知识，在科学知识的指导下，务实地进行工作。三是领导者要善于运用科学的方法、手段进行激励。领导者通过灵活地运用目标激励、典型激励、情感激励、参与激励、表扬激励、信任激励等科学的激励方法、手段，有效地调动部属的工作热情和积极性，更好地发挥激励效能，提高激励效果。

三、领导激励的现实功能

领导激励在组织建设中具有重要的现实功能，对于激发部属的内在动力，调动部属的主动意识和创造精神，提高部属的向心力，增强组织的凝聚力，引发部属共同的趋向，矫正部属偏离决策目标的行为，具有重要作用。

(一) 激发功能

激发功能是领导激励最主要的功能。在领导中，领导激励的激发功能在领导的方方面面都发挥着作用。完成重大任务后对优秀人物的表彰，执行任务前的一次简短动员，工作之余的一次推心置腹的谈心，都能够使部属从心底感受到来自组织的激发力量。积极有效的激励工作可以从多方面激发部属。一是可以激发部属在组织建功立业的良好动机。部属在各自的岗位上怎样积极热情地工作，都需要一个良好的动机来支配。领导者的有效激励，可以很好地激发部属们工作的良好动机。二是可以激发部属无私忘我的工作热情。一项任务高质量的完成，都需要部属们无私忘我的工作热情来推动。部属们的热情不是天生的，它是在良好的思想道德基础上，由激发而产生的。部属们无私忘我的工作热情，可以由部属自我激发而迸发，但领导者创造性地运用多种多样的激励方法手段实施激励，更能即时燃起部属的工作热情之火。每一个优秀的领导者，都应该是激发部属无私忘我工作热情的播火者。三是可以激发部属的高昂士气。部属士气的高低直接关系着任务的完成质量。科学的激励可以有效激发部属的高昂士气，生成强大的动力。一般说来，思想政治教育培养的士气是一种基础性的、潜在的能量。这种能量能否有效发挥，需要领导者运用各种激励方法，如目标激励、榜样激励、竞争激励等，适时地予以激发，使部属的士气、潜能及时地焕发为现实的动力。

(二) 凝聚功能

领导激励的凝聚功能，是指领导激励所具有的凝聚部属的功能。作为一个领导，其职能与职责都要求领导者必须使部属们团结一致，万众一心。从这个意义上讲，凝聚力就是一个组织的战斗力。作为一个组织，没有高度的凝聚力不行。自古以来，将组织成员凝聚在一起有多种途径，但最主要的途径是激励。领导激励能够将部属的心凝聚在一起，是激励功能的应有之义。第一，共同的理想信念是凝聚部属的精神纽带。部属共同的理想信念是维系组织凝聚的纽带，是增强组织凝聚力，实现组织坚强团结的粘合剂。第二，良好的部属关系是凝聚部属的情感基础。良好的部属关系能产生强大的凝聚力。良好的内部关系源于部属间政治平等，领导爱护部属，部属尊重领导，团结互助，同甘共苦，部属关系融洽，亲密无间。正是这种部属相互间亲密的感情，激励部属紧密团结，形成了强大的凝聚力和向心力，形成了无坚不摧、攻无不克的巨大力量。第三，共同的奋斗目标是凝聚部属的动力因素。共同目标是形成凝聚力和向心力的动力因素。凝聚力是在为达成共同目标的进取过程中形成的。共同目标越明确，越被部属认同，则部属的奋斗动力就越强，凝聚力和向心力也就越强。在我军历史上"打败日本侵略者，建设新中国"、"抗美援朝，保家卫国"等奋斗目标，都曾先后成为抗日战争、建国初期我军广大部属的共同理想目标。正是在这种共同目标的激励下，在我军内部建立了牢不可破的团结友爱关系，产生了强大的凝聚力和向心力。明确的组织目标和任务，可以激发部属的集体意识，激发部属服从大局、顾大局、识大体的意识，把个人目标、需求、期望与组织建设紧密融合，使众多个体力量凝聚而形成强有力的向心力和凝聚力。

（三）导向功能

领导激励的导向功能，是指领导激励所具有的引导部属的动机、思想情感，直至行为朝向组织目标实现的方向发展的特有功能。领导激励的导向功能具体表现在：一是引导部属的工作生活动机。"动机是需要和行为的中介，是推动人们各种活动的愿望，也是蕴藏在头脑中的行为方案。"①领导者通过有效地实施激励，对训练工作中表现优秀的部属以及在生活中具有良好行为的部属，及时有效地进行表扬和奖励，并对工作生活中的先进人物和典型事迹进行积极宣传，从而引导部属工作生活的良好动机，激发部属们高度的工作热情和积极的生活态度。二是引导部属的人生价值观。领导者通过对部属运用政治工作激励等方法，坚定部属正确的价值取向和崇高的人生追求，引导部属正确处理组织需要与个人需要的关系，树立服务和奉献的人生价值观；引导部属主动关心组织建设，树立符合社会需要和组织需要的人生价值观，自觉投身于组织建设中。三是引导部属的思想情感。部属的各种需要是其积极性、主动性和创造性的源泉，需要的层次越高，部属的思想情感因素的比重也就越大。思想情感作为一种潜在的动机和动力机制，对部属的行为具有激励、诱发和导向等重要功能。因此，领导者通过情感激励、关怀激励、信任激励等，充分发挥激励对部属思想情感的导向作用。使部属在思想情感上、行为上产生强烈的共鸣，形成强大的热爱组织、热爱集体的思想情感力量。四是引导部属的工作目标。在领导激励工作中，领导者要使部属充分认识到所要达到的工作目标的价值所在。工作目标的价值必须是组织集体价值与部属自身利益相关的个人价值的统一，是激励部属努力工作的积极动力。领导者通过科学运用激励方法手段，引导部属确立正确的工作目标，使部属紧紧围绕组织目标的实现开展工作。

---

① 段伟华、刘兴保等：《行为科学与军队现代化管理》，中国经济出版社 1994 年版，第 29 页。

（四）矫正功能

领导激励的矫正功能，是指领导激励所具有的对部属偏离组织目标的行为进行纠偏，促使其朝向正确方向前进的功能。领导激励的矫正功能具体表现在：一是可以矫正部属的不合理需要。需要是部属对某种目标的渴望或欲望。部属的行为总是直接或间接、自觉或不自觉地为实现某种需要的满足。部属的需要有的是合理的，有的是不合理的，领导者通过对部属的合理需要的鼓励和满足，对不合理需要的教育与引导，可以使部属的不合理需要得到较好的矫正。二是可以矫正部属的不良动机。动机是由需要而引发，进而驱动人们产生某种行为，对人们的行为具有引发、加强、推动和导向的作用。部属们在领导活动中的动机的产生或保持，必然会受到领导激励环境与条件的制约和影响。领导者通过对有利于组织建设的良好行为的奖赏，对不利于组织建设的不良行为的惩戒，可以使部属们具有的良好动机得到强化，不良动机受到削弱和矫正，从而阻止或制约部属们不良动机的萌生与发展。三是可以矫正部属的不良行为。在领导过程中，因为形势或任务的原因，有时会出现部属的个人目标、利益与组织目标、利益不相一致的情况。这时，部分部属就可能出现偏离组织目标的违规行为，这不仅可能危害组织目标的实现，甚至给组织的全面建设带来负面影响。所以，在领导中，当部属有偏离组织目标的行为发生时，领导者要及时地运用正向激励引导、负向激励（主要是采取批评、处罚等措施）约束的形式，对偏离组织目标的行为进行纠偏矫正，引导其行为向着组织目标实现的方向发展，确保组织目标的最终实现。

领导者要真正发挥好领导激励的矫正功能，对部属的不良行为进行有效的矫正。要特别注意运用好领导激励的负向激励方式。主要是善于运用惩罚措施，对那些有不良行为的部属进行负向强化，以约束控制并最终纠正他们的行为。根据激励理论，当那些部属的不良行为受到约束与控制时，他们会由于没有达到行为目的而产生心理挫败感。此时如果领导者所实施的负向强化的力度足够强大，且有一定的持续力，就会引发他们在行为上产生新的动机选择，促使他们的行为向着领导者所引导的目标方向发展，从而使他们的不良行为得到矫正。同时，领导者也要注意发挥好领导激励的正向激励功能。领导者如果能够及时公平地对组织中的先进人物、先进事迹和良好行为进行奖赏激励，这对那些有不良行为的部属，就会形成一种鞭策力量，促使他们自觉地对自己的行为进行矫正，朝向组织目标实现的方向发展（纠偏过程如图 9－2 所示）。

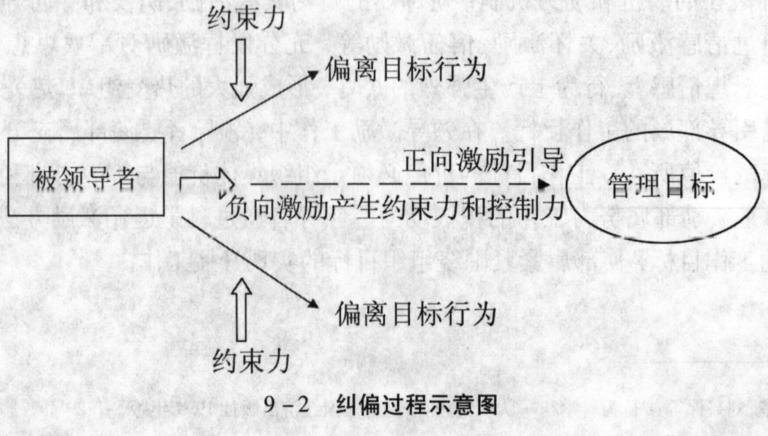

9－2　**纠偏过程示意图**

领导激励的上述功能，相互联系，相互作用，共同构成了领导激励的现实功能。领导者在实施激励的过程中，一次激励可能同时发挥着激发功能、凝聚功能、导向功能和矫正功能，只是不同的激励内容所发挥的功能作用侧重点不同。如榜样激励，通过树立榜样，侧重从正向激励引导部属向好的榜样学习，其导向功能就显得突出，但同时又发挥着激发、凝聚、矫正的功能。而纪律惩罚，是通过对部属的不良行为的惩处，侧重从负向激励来矫正部属的不良行为，引导部属向着有利于组织目标实现的方向发展。所以其矫正功能和导向功能就显得更为突出，但同时又发挥着激发功能和凝聚功能。领导者在激励工作中，要科学运用激励方法手段，使激励的功能得以充分发挥，最大限度地提高领导绩效。

第二节　领导激励的原则

领导激励工作的有效开展，需要遵循一定的激励原则。领导激励原则应能够反映领导激励工作的一般规律，对领导激励工作起到思维指导作用与实践规范作用。

一、求真务实原则

求真务实就是领导者在激励工作过程中，要坚持从实际出发，实事求是，以务实的精神和扎实的作风做好激励工作。坚持求真务实原则对于激励工作的扎实开展，提高领导绩效，激发部属的开拓进取精神，具有重要意义。

首先，坚持求真务实，领导者必须要有求真务实的意识。领导者要坚持求真务实，首要的是要有求真务实的意识，要在思想上深刻认识到坚持求真务实的极端重要性，打牢求真务实的思想基础。领导者有了求真务实的意识，才能使求真务实的行动更加自觉和坚定，才能把求真务实原则贯彻到领导激励工作中，提高领导绩效。

其次，坚持求真务实，领导者必须实事求是地开展工作。在领导激励工作中，领导者要坚持求真务实，就必须实事求是地开展工作，切实维护好部属的合法权益，解决好部属的实际困难，处理好涉及部属切身利益的敏感问题，真心实意地为部属办实事、解难事、做好事。领导者只有实事求是地分析研究部属的现实需求，发现部属尚未被满足的需求，使激励的内容与部属的需求趋于一致，才能使受激励的部属产生满意感，从而激发部属的工作热情。

第三，坚持求真务实，领导者必须克服不实的工作作风。在领导激励工作中，领导者要坚决克服个人主义、形式主义、官僚主义等不实的工作作风。要切实把心思和精力放在抓好领导激励工作的落实上，坚持重实际、办实事、务实效。在抓落实的实践中不断提高坚持求真务实的自觉性和坚定性，以科学的工作态度和扎实的工作作风，推进领导激励工作的扎实开展。

二、注重法纪原则

领导激励必须依法实施。注重法纪原则就是领导者在激励过程中，要严格依据相关法规制度实施激励，以确保激励过程正规、有序、高效地运行。

首先，坚持注重法纪，领导者必须坚持有法必依。领导者在领导激励工作中，要严格遵循注重法纪原则，按照相关法规制度实施激励，坚持做到有法必依。从法规制度上确保领导激励效能的发挥，使激励工作规范、有序地进行，提高依法激励的权威性。否则就容易造成激励工作不规范、不稳定，缺乏强制性的约束力。

其次，坚持注重法纪，领导者必须做到严格遵守工作纪律。在领导激励工作中，领导者必须做到严格遵守工作纪律，要严格按规定程序办事，坚持民主集中制，集体讨论决定，接受组织和群众的监督，确保领导激励程序正规有序，激励标准公平公正。要坚决杜绝以权谋私、弄虚作假、搞个人或少数人说了算的现象，避免造成部属的积极行为得不到肯定，合法权益得不到保证，不良行为得不到惩戒和约束，挫伤部属的积极性和主动性。

第三，坚持注重法纪，领导者必须克服各种人大于法的思想倾向。坚持注重法纪，领导者必须增强自身的法规意识，提高依法激励的自觉性，克服“以人代法”、“以言代法”的错误倾向。同时，上级领导者要对依法实施激励的单位或个人给予表扬奖励，对不能依法实施激励的单位或个人应给予批评教育，严重的应给予相应的处罚，确保激励工作依法进行。

三、公平公正原则

激励作为奖赏部属良好行为，调动积极因素，惩戒约束部属不良行为，消除消极因素的重要手段，关键是公平公正。公平公正原则，是指在领导激励工作中，部属在激励面前享有平等的权利和义务，同时，领导者必须按照统一的标准和要求对部属实施激励。公平公正原则是领导者在领导激励工作中所遵循的一项重要原则，是充分发挥激励效能的重要保证。

首先，坚持公平公正，领导者必须心中有一个“公”字。坚持公平公正原则，首要的是在领导者心中要有一个“公”字。在领导激励工作中要自觉地做到公道正派、任人惟贤，不搞任人惟亲，杜绝因感情亲疏或个人好恶对部属实施激励。只有如此，才能在部属心中产生公平感，使激励的功能得以有效发挥。任何不公平、不公正的激励都会影响部属的工作热情和积极性，影响激励的效果。

其次，坚持公平公正，领导者必须坚持激励工作程序规范。领导者在领导激励工作过程中，必须坚持激励工作程序，严格按照激励工作程序规范自身的激励行为。在领导激励工作中要发扬民主，做到民主化、公开化，对激励结果的评判要有统一的标准。做到秉公心、去私虑，避免人为地发生倾斜，从而客观公正地实施激励。只有如此，才能体现出公平公正激励的真正内涵，使受激励的部属受之无愧，使其他部属心服口服。

第三，坚持公平公正，领导者必须坚持杜绝平均主义。美国心理学家亚当斯的公平理论认为:当一个人努力工作(投入)和所得报酬(产出)之比，通过与其他人投入和所得报酬之比相比较，如果比值相等，则感到公平。所以说公平公正的激励绝不是平均主义，平均激励等于无激励。因此，在领导激励工作中，领导者必须杜绝平均主义，使激励的程度与被激励对象的业绩功过相一致。严格奖惩，该奖的奖，该罚的罚，做到功大大奖，功小小奖，过大大罚，过小小罚，杜绝平均主义，做到真正意义上的公平公正。

四、及时适度原则

及时适度原则包括及时和适度两个方面。及时是指在领导激励工作中，当部属出现值得激励的行为时，领导者要及时地对部属进行激励，最大限度地激发部属的工作热情和内在潜能。适度是指领导者在实施激励时，要依据激励对象贡献的大小，使激励的度与部属所做的贡献相一致，发挥激励的最佳效能。及时适度原则是正确实施激励的一条重要原则，能够及时地强化部属的良好行为，惩处约束部属的不良行为，提高领导绩效。

首先，坚持及时适度，领导者必须善于把握激励的时机。“时机”是时间和机会的有机组合，在激励过程中起着关键作用。心理学研究表明，激励时机的运用，关键是根据部属们的心理变化，不失时机地采用不同的激励方法，以调动部属的内在潜力，激发部属的积极性和主动性。领导者在实施激励过程中，激励的成效在很大程度上取决于激励的及时性，超前的激励可能会使部属感到无足轻重，迟来的激励可能会使部属觉得多此一举，使激励失去意义，发挥不了应该发挥的作用。因此，当部属出现值得激励的行为时，领导者应及时采取激励措施。对工作中取得成绩的部属要及时加以表扬和奖励，使部属的良好行为得到及时肯定和强化，对部属偏离管理目标的行为要及时给予批评和惩戒，使部属的不良行为及时得到约束，以产生“赏立信、罚立威”的震撼和轰动效应。

其次，坚持及时适度，领导者必须善于把握激励的尺度。领导者在及时激励的基础上还要善于把握激励的尺度，注意分寸，使之恰到好处。只有让被激励的部属觉得自己的贡献与得到的奖励相一致，才能有效地激发部属的工作干劲和热情。超量激励和不足量激励都起不到真正激励的作用，有时甚至还会起反作用，挫伤部属的工作热情。比如，过分优厚的奖赏，会使部属感到得来轻而易举，用不着进行艰苦的努力就能得到；过分严厉的惩罚，可能会导致部属产生消极的心理，使他们失去上进的勇气和信心；过于吝啬的奖赏，会使部属感到劳无所获，失去工作干劲；过于轻微的惩罚，可能导致部属的无所谓心理，无足轻重，不能真正约束部属的不良行为。所以，领导者要从量上把握激励的度，做到恰如其分，才能有效地发挥激励效能。

五、科学效应原则

领导激励既要讲究科学，也要追求效应。所谓讲究科学，是指领导者在领导激励工作中，要科学地运用激励的方法、手段、措施，充分地调动部属的主动性，挖掘部属的内在潜力。所谓追求效应，是指领导者在领导激励工作中，通过科学地实施激励，充分调动部属的积极因素，消除消极因素，追求激励正效应的最大化。科学效应既是激励的出发点，也是激励的落脚点。领导者要坚持科学效应原则，使受激励的部属能真正受到激发，其他部属也能受到触动和鼓舞，以激发全体部属的工作热情和积极性。

首先，坚持科学效应，领导者必须坚持科学的激励工作方法。在领导激励工作中，要坚持科学效应，领导者首要的是必须坚持科学的激励工作方法。科学地实施激励，把激励的事迹总结好、宣传好，产生以点带面的效应，起到奖一人众人悦、罚一人众人震的效应；要善于运用正反典型进行激励，正面典型给部属以示范导向作用，反面典型可以激发部属的进取心；要优化对部属密切相关的社会环境，接纳和吸收社会激励机制中的积极因素。

其次，坚持科学效应，领导者必须十分关注激励工作的效应。领导者在对部属实施激励时，要关注激励工作的效应。在激励内容上要有足够的重复率、稳定性、吸引力和刺激强度，使激励同部属的行为、真实动机紧密联系，切实使部属多层次、多元化的需要趋于满足，使激励真正产生鼓舞部属士气、调动部属积极性的良好效应。激励要以正面引导为主，大力宣扬积极因素，用积极因素去克服消极因素，不仅要把部属个人的潜能发挥出来，积极性调动起来，还应着眼于把调动部属个体积极性和调动部属群体积极性结合起来，形成统一的思想、意志和行为，促进激励整体效应的实现。

第三，坚持科学效应，领导者必须以科学的态度对待激励工作。领导者必须以科学的态度对待领导激励工作，要把追求激励正效益的最大化作为领导激励工作的根本目的。要从提高领导工作效能着眼，分析问题、解决问题，把研究问题和解决问题的落脚点放在提高领导激励的效益上，最大限度地调动部属的主动意识和创造精神。

第三节　领导激励的技巧

认识了激励的本质，了解了激励的原则，对领导者来说还很不够，重要的是弄清楚激励的运用。如何运用激励，可以说是领导激励艺术的集中体现。本节从领导运用激励技巧作一探讨。

一、目标激励

目标，就是人们期望达到的成就或结果。人是有意识的，意识的特点是有目的性的行为。因此，领导者应当为部属确立一个既振奋人心、又切实可行的奋斗目标。这样才能发挥人的才智，鼓舞和激发人的正确的动机，调动积极性、主动性和创造性。

司马迁是汉朝太史令司马谈之子，年仅十岁的时候，就学习古文字写的书籍。司马迁的父亲去世前对他说："现在汉朝兴起，海内统一，明主、贤君、忠臣以及死于道义的人士，其事迹感人，我做太史的而没有记载下来，断绝了天下的历史，我非常恐惧。你可要继承我未竟的事业啊！"司马迁流着泪说："我虽愚笨，但我定将详述先人所编史实掌故，不敢有所遗漏。"于是司马迁遵守父亲的遗嘱，按次序论述编写其书。又过了七年，司马迁因替李陵辩冤而遭遇大祸，被囚于狱中。于是自己叹息，说："这是我的罪过啊！这是我的罪过啊！身体被残毁了，没有用了啊！"退一步而深思说："《诗》、《书》之所以意思隐晦、文字简短，是由于作者想要表达他心中的思虑。从前周文王拘囚于羑里(今河南汤阴县北)，推演了《周易》，孔子被围困于陈国、蔡国之间，作有《春秋》；屈原被流放，著《离骚》；左丘明两眼失明，仍撰有《国语》；孙膑被处以刖刑，而论述兵法；吕不韦被免相迁蜀郡，世传《吕览》；韩非被秦国囚禁，写有《说难》、《孤愤》；《诗》三百篇，大都是圣人贤士发泄愤懑的创作，这些人都是心中有郁闷愁恨之气的聚集，不能实现自己的理想和主张，因而追述往事，思考未来。"于是编写了唐尧以来，到汉武帝获得白麟那一年止的历史。这就是司马迁发愤写《史记》的经过。(见《史记·太史公自序》)

从司马迁的退而深思，孔子、屈原、左丘明、孙膑、韩非等人的作品与其说是忧愤之作，不如说是目标激励所然。试想，如果没有父亲的临终嘱托，没有自己树立起的远大目标，司马迁在受了腐刑(宫刑)之后，无论如何是没有勇气写完《史记》这部宏篇巨著的。由此可见，目标在他的一生中起的作用是何其大。

人的需要确定了人们行动的目标，人的行动都是为了达到一定的目标，当人们有意识地明确自己的行动目标，并把自己的行动与目标不断加以对照，知道自己前进的速度和不断缩小达到目标的距离时，他行动的积极性就持续高涨。司马迁发愤写《史记》，就是目标——《史记》激励的结果，只不过他自身并未认识到罢了。一个万米赛跑运动员，当人们告诉他只有一千米，再加把劲就可夺得金牌时，即使他身体某部位疼痛，他也会信心百倍，加快速度完成最后的冲刺。

目标是能激发和满足人的需要的外在物，目标管理是领导工作最主要的内容，目标激励则是实施目标管理的重要手段，设置适当的目标，能激发人的动机，调动人的积极性。

那么，领导者如何使设置的目标科学合理，发挥有效的激励呢？

一是设置目标要统筹兼顾。领导者在制定某一目标时，首先，要兼顾上下左右。既要考虑到上级总的要求和总的目标，又要考虑到下面的实际情况，还要考虑到左邻右舍，兄弟单位的互动效应；其次，要兼顾组织与个人需要。由于部属在志向、需要、兴趣、能力等方面有差异，个人目标和组织目标有时会出现某些矛盾，这就要求领导者在制定总目标和向个人提出具体目标时，必须兼顾组织与个人需要，如果组织目标不考虑个人目标，不兼顾个人需要，这种目标就会失去效力和激励作用；第三，要兼顾长远利益与暂时利益。只考虑暂时利益的目标，虽然暂时能激励积极性，但很快就会失去激励作用。

二是设置目标要难易适度。人们总是既想成功，又怕失败。但举手之劳的成功，缺乏挑战性，对人没有吸引力；根本做不到的事，也难以推动人们积极为之奋斗。所以科学设置目标，一定要做到难易适度，既要有一定难度和富有挑战性，又要经过努力可以办到，这样的目标才会有激励作用。

三是设置目标要定量具体。目标不应该是一句空洞的口号，应该让人们看得见，摸得着，使人们在实施目标过程中有努力方向，检查有依据，考评有标准，这是对目标的基本要求。为此，目标应该明确、具体，尽量用定量的指标描述。实践证明设置目标愈是简明、具体，激励作用愈大。

领导者在制定目标时，除了注意上述问题之外，还应该注意：

目标必须是明确的，要干什么，达到什么程度，清清楚楚。

目标必须是具体的，用什么办法去达到，什么时候达到，明明白白。

目标必须是实在的，看得见，摸得着，达到与否有检验的尺度。

在这方面，美国人约翰·戈达德的经历就很有说服力。戈达德很小就立志当一名探险家。当他15岁的时候，他把这一辈子想干的事列了一张表，名为《一生的志愿》，其中包括到世界各地探险，驾驭大象、野马、驼鸟，当电影演员，驾驶飞机，作曲，写书，结婚生孩子，直到参观月球等，共127项目标。45年后，他已完成了其中的106项，获得了一个探险家所能获得的一切荣誉，其中包括成为英国皇家地理协会会员和纽约探险家俱乐部的成员。之后，他仍在向未竟的目标奋进，其中包括游览长城（第49项）和参观月球（第127项）。

戈达德最后能否全部达到自己的目标还很难讲，但是他的经历和成就已经说明了：一个明确、具体、实在的追求目标，对一个人的成长是多么重要，试想，如果他15岁时仅仅有当探险家的理想，而没有列出那样一张表，没有明确的目标，那么，他很可能还是碌碌无为的人。

所以，领导者不但要为部属树立远大的理想，而且要学会把这个理想和实实在在的工作结合起来，一步一个脚印地前进。司马迁的发愤写《史记》与戈达德一生的探险经历应给我们领导者以启示:为部属设立目标，激励他们朝着既定的目标前进。

二、行为激励

行为激励，是指领导者在领导过程中通过自己良好的思想作风、高尚品质以及个人能力等方面感召部属，对部属产生积极影响，使部属在内心上信服，在行为上效仿，从而激发部属积极性的激励方法。领导者处在众人注目的位置上，他既是一个组织领导者，又是一个示范引导者，他的一言一行，所作所为很容易引起部属的模仿，具有导向性和示范性，对部属具有很强的激励作用。行为激励必须遵循身教重于言教的原则,用自身的形象去创造一个特殊的典型。它可以起到一般典型所起不到的激励作用。

战国时期，赵国国君赵简子，亲率大军准备进攻卫国，赵军兵临卫国城下，即将开战时，赵简子自己却站到箭石打不着的地方，当他把用犀皮蒙的大盾挡住自己后面，才准备擂鼓开战。战鼓一遍又一遍擂响，士兵好像没听见，一个个原地不动。赵简子探头一看，气得将鼓槌扔到地上，他叹了口气说:“唉，如今士兵怎么变得这么么怕死了?”有位叫行人烛过的老臣来到赵简子跟前，毫不客气地说:“这是你无能罢了，怎么能怨士兵呢?”赵简子听罢，大怒，并对行人烛过说道:“士兵不听我的指挥，怎么能说我无能呢？你身为将官，有什么根据说我无能，今天你说得出则罢，说不出，就杀了你。”行人烛过毫不畏惧地说:“过去先王晋公在位五年，兼并了十九个诸候国，他亲自训练士兵，整饬军纪，处处以身作则，君臣和睦，将士同心。如今士兵还是那些士兵，由此可见，成败在于国君，即不在于士兵怕死。”赵简子听了行人烛过的这番话，顿觉惭愧，他立即下令撤去大盾，又走到箭石能够打得到的地方，当赵简子再次令人击鼓进攻时，赵国军队一跃而起猛攻卫国城。攻下城后，赵简子高兴地说:“就是给我一千张用皮革装点的战车，也不如听到一句行人烛过的直言。”身为一国国君的赵简子，攻城夺隘，如果不以身作则，以自己的形象激励将士，不要说打胜仗，恐怕卫国反攻连自己的军队也保不住。

三国时期，曹操自统大军十万讨伐张绣，正值秋收季节。行军途中，见一路麦成熟，便沿途贴出告示，“吾奉天子明诏，出兵讨逆。为民除害，方今麦熟之时。不得已而用兵，大小将校凡过麦田，但有践踏者，并皆斩首。军法甚严。尔民勿得惊疑。”告示一出，深得百姓称颂，只见部队经过麦田，皆下马以手相扶，递相传送而过，并不敢践踏，曹操乘马正行，忽然田里惊起一斑鸠。马受惊蹿入麦中，践坏了大块麦田。曹操将随军执法官叫来，要求处罚自己践麦之行。执法官说:“丞相岂可议罪?”“吾自制法，吾自犯之，何以服众?” 曹操问答完，即拔剑欲自刎，众将官急忙救住并劝说曹操，丞相总统大军，奉天子之命讨伐张绣，岂可自戕？曹操沉吟良久，用剑割下自己的头发掷于地上说:“以割发代首，使人以发传示三军，丞相践麦，本当斩首号令，今割发以代。”全军将士无不肃然起敬，更加自觉地遵守军令。曹操以身作则，以自己的实际行动赢得了众将士的信任，为后一步有名的官渡之战，平定袁绍，统一北方，对加强部队的纪律性，提高军队的战斗力起到了很好的表率作用。

在运用行为激励部属时，领导者应树立良好的行为形象:政治坚定、思想过硬的行为形象;热爱本职、献身事业的行为形象;求真务实、公道正派的行为形象;以身作则、吃苦耐劳的行为形象;遵纪守法、严于律己的行为形象;顾全大局、维护团结的行为形象。领导在运用行为激励时，应做到:

一要以自身良好的作风激励部属。领导者在思想上要过硬，实事求是，谦虚谨慎，廉洁奉公，不谋私利，反对官僚主义、形式主义，自觉抵制消极腐败现象的影响;在工作上要勇挑重担，勇于拼搏，开拓进取，求真务实，公道正派，大胆创新;在生活上要严于律己，注重修养，与部属同甘共苦。时时处处以优良的作风影响部属，增强部属的凝聚力和集体荣誉感。

二要以强烈的事业心和责任感激励部属。领导者要对自己的事业充满信心，要充满朝气地带领部属为组织事业奋斗，勇于改革，锐意创新，敢于大胆提出新问题，探索新思路，全力创造一种积极向上的竞争氛围。在这种具有强烈感召力的环境中，可以提高组织整体的战斗力和凝聚力。各级领导者在精通本职工作外，还应结合工作需要及时广泛涉猎新知识、新思想，带头学习政治、法律、经济、科学、文化知识。争做部属学习成才的“导航灯”，成为部属工作生活中的好榜样。

三要以服务部属的实际行动激励部属。通过自身的实际行动为部属解决实际问题，为部属办实事，想部属所想，急部属所急，真正做到“利为部属所谋，权为部属所用，情为部属所系”，真心诚意办实事，尽心竭力解难题，关心部属的成长进步，处处为部属的利益着想。通过领导者的服务行动调动部属的积极性和创造性。

三、表扬激励

恰如其分的表扬是领导者鼓励部属的最好方式之一。对于表扬，每个人都需要。法国著名作家安德烈·英格亚说:“美好的语言胜过礼物。”表扬，会使人显得心情舒畅，精力旺盛。对于这一点，在生活中进行验证是很容易的。一个疲惫不堪的部属会因为领导者真诚的表扬而重新振作起精神，忘掉一切疲劳。在出现困难或大家情绪受影响时最有效的方法就是强调大家工作的意义，激励大家高尚的动机，赞扬大家为克服困难作出的贡献。一位受到挫折而失去信任的部属，当得到领导者的表扬后，会重新鼓起克服困难的勇气。所以，领导者要想把部属的积极性激发起来，就要很好地利用表扬这种方式。需注意的是，表扬虽好，但勿乱用。如果使用不好，不但不能起到鼓舞人的作用，相反会带来不良的后果。因此，在使用表扬时，就要做到:

一是表扬要准确。表扬总是有对象的，对象选对了，表扬就能起到积极的作用。因此，领导者在表扬部属时，要选准被表扬的对象。选准对象的原则是:首先，表扬的对象具有群体代表性。领导者在对部属表扬时，具体的要求和标准，是有一定选择的。一般来说在对群体中的某个人表扬时，这个人必须在此群体中具有代表性，而且也能激发他所在整个群体的积极性。选准了对象，就能起到以“一”带“十”的作用，否则，“一”不但带不动“十”，反而也会使这个“一”陷入孤立无援的境地，难以调动整个群体的积极性。所以，所选群体中某个表扬对象，必须具有代表性。其次，使表扬的对象获取成功。领导者除了在公共场合对有代表性的对象进行表扬外，很多时候还要进行个别表扬。在对个别人进行表扬时，应选择哪些人呢？多数的情况是这样的:某人在做某项工作时，获得了成功。他自己感到很高兴，也非常希望能得到领导者的认可，听到领导者的表扬。在这种情况下，领导者对他进行表扬，会收到非常好的效果。比如，某公司与外商进行谈判，公司领导者就把谈判的任务交给了技术员小王，并嘱咐他要为公司争得更多的利益。小王按着领导者说的去做了。在谈判中他充分施展自己的才能，通过多方争取，反复商谈，费尽了心思，终于迫使外商在关键环节让步，为公司争得了许多好处。谈判刚一结束，小王就兴高采烈地把谈判的结果告诉了经理。这位经理不失时机地对小王进行了表扬，这更使小王体会到成功的喜悦。在以后的工作中，小王总是积极地为公司的利益着想，想法设法为公司争取更多的利益。第三，对后进者有微小进步就予表扬。领导者的表扬，不能把眼光只放在先进人物的身上，对那些原本落后的人，当发现他较之以前有进步时，也要及时对他所取得的成绩进行表扬，使表扬成为一种促进剂，一步一步把他推向前进。在管理中，许多变后进为先进的人，就是领导者用这种方法使之发生转变的。领导者在表扬部属时，如果能按上述原则办事，就能选准所要表扬的对象，使表扬成为激发部属积极性的有效方法，促使组织不断向前发展。

二是不要过于频繁地表扬某一个人。领导者在表扬人时，既要注意到点，也要照顾到面，不要看到某个人顺眼，就经常对他进行表扬，而忽略了其他人。在管理生活中，有些领导者出于树立典型的考虑，或由于其善于夸大其辞的个性特征的原因，在表扬中往往会过分夸大被表扬者的优点或成绩，在众人面前把被表扬者说得十全十美。这样做，往往会使与被表扬者在一起工作的人听了不信服，对表扬者的意图和人品产生怀疑，从而对领导者产生消极的评价，导致大多数人对领导者的反感。另外，这种人为的、与事实有出入的拔高，也会使被表扬者受到绝大多数人的疏远和冷淡，甚至遭到周围人的冷嘲热讽，给他的行动设置障碍。当他本人意识到这点后，他不但不以为领导者是对自己好，从而激发起工作的热情，反而会觉得领导者的过度表扬是在害自己，也会对领导者生出怨气。至此，你这位领导者就成了好心办坏事的人。再则，领导者当着大家的面总把某一曾经取得成就的部属或自己所喜欢的部属挂在嘴边上，一有机会就赞扬几句，会使多数人认为领导者眼里就那么一个好人，别人都什么也不是，甚至使大家怀疑领导者是在借表扬一个来贬低他们，感到自尊心受到了伤害，这无疑会影响群体中大多数人与领导者的人际关系。当多数人对领导者有不良的看法时，领导者的工作就很难开展。由此可见，领导者在表扬中应该处理好“一”与“十”的关系。不要因为对某一个人的过度激励和过频表扬而影响了整个群体的气氛。因此，适当的、恰如其分的表扬和在表扬某一部属时考虑到其他人的情感要求是十分必要的。

三是表扬要及时。表扬是对一个人的工作、能力、才干及其他积极因素的肯定。通过表扬，人们了解了自己行为活动的结果。所以，表扬是一种对自我行为的反馈。而反馈必须及时，才能更好地发挥作用。一个人在完成任务后，总希望尽快了解自己的工作结果和社会反应。因此，领导者对部属的表扬，对部属有着重要的影响。受到表扬，就说明自己的工作得到肯定，从而产生满意和愉快的情绪体验，使其对以后的工作持积极、主动的态度。但若反馈不及时，事过境迁，人的热情和情绪已经冷漠，这时的表扬就难以收到最佳效果。在这一点上，一些发达国家的企业领导者做得很好。例如，美国福克斯波罗公司的“金香蕉”奖的来历，就反映出企业领导者对及时表扬的重视。在福克斯波罗公司的初期，急需一项生死攸关的技术改造。有一天深夜，一位科学家拿一台确能解决问题的原型机，闯进了总经理的办公室。总经理看到这个主意非常妙，简直令人难以置信，就琢磨着该怎样给予奖励的问题。他弯下腰把办公室大多数的抽屉都翻遍了，总算找到了一样什么东西，于是躬身对那个科学家说：“这个给你！”他手上拿的竟是一只香蕉。而这是他当时拿得出的惟一奖酬了。自此以后，香蕉演化成小小的“金香蕉”形的别针，来作为该公司对科学成就的最高奖赏。领导者对部属进行奖励，不仅仅是对取得重大成果的部属要及时奖励，对部属的点滴微小成绩也应及时地给予表扬、奖励。美国有一家公司的“一分钟经理”，提倡“一分钟”表扬。就是部属做对了，经理要马上表扬。而且精确地指出做对了什么，这使人们感到经理为你取得成绩而高兴，与你站在一条战线分享成功喜悦，然后鼓励你继续努力。一共花一分钟时间。职员们对“一分钟”经理的做法，颇为推崇。这位经理说，帮助别人产生好的情绪是做好工作的关键。正是在这种动机的指导下，他实行了“一分钟”表扬。这样做有三重意思：其一是表扬要及时，反馈通道畅通；其二是表扬具体，准确无误，不是含糊其词；其三是与部属共同分享成功的喜悦。从上述可见，及时表扬，是一种积极强化手段，它可以使部属很快了解到自己行为的反应，有利于巩固成绩，向前发展。而在实际管理生活中，有些管理工作者不善于及时对部属进行表扬，却喜欢不动声色地看着别人的成绩，然后加以“储存”，在他认为适当的时候才找出来“提一提”。这种不动声色，就失去了一次非常重要的和部属交流的机会，也许就因为这样，部属就会从此而提不起劲，积极性大大降低。所以，作为一个领导者，能否及时地对部属表扬，也是作为领导是否掌握了表扬激励艺术的一种表现，领导者使用表扬的诀窍，是要让部属感受到你在随时关注着他们的每一个成绩，随时准备为他们的成功喝彩。

四是表扬要真诚。领导者在表扬部属时，要出之于真心，使被表扬者听了之后非常舒服，能够产生一种乐意工作的冲动，切不可走走形式，看似表扬，实难使被表扬者心情愉快。这种表扬，有时不但不能起到激发员工工作积极性的作用，反而使被表扬者觉得受到了领导者的嘲弄，从而失去工作热情。可见，只有进行真诚的表扬，才能达到领导者的目的。如何才能使表扬充满真诚？首先，表扬要言之有物。领导者在表扬部属时，切忌使用官话、套话，而应该言之有物，真正指出对方的心血、精力之所在。对部属如果说他能干，就不如说某件具体事办得漂亮更好些。一位工作有成就的人，他听到的恭维话自然就多，如果你再泛泛地称赞他的工作、能力，就如同把水倒进海中，毫无影响。如果你对他的工作确有了解，或者你作为外行能了解他的工作性质、意义、术语，那么这种表扬的效果就会好得多。其次，表扬要切合实际。作为一个领导者，不要随便表扬人，而要根据事实来进行。如果一时兴发，随口称赞某人是天才、智力超群、理论卓越，如果不切合实际，就会令人反感。庄子道：“传其常情，无传其激言。”过分夸大的语言，就超出了常情，表现出说话者的缺乏诚意，或者被认为是别有企图。“激美之言，置疑于人”，这话是人们对生活的深刻认识和高度总结。有些领导者，不分场合、不看对象，总是用一种套词表扬别人，有时尽管是出于好意，但结果总是事与愿违。因此，表扬部属要符合实际，既达到沟通的目的，又不违背客观事实。如果获得信息不可靠，就先不要急着去表扬，待把事情搞清后再行表扬，这样就会取得好的效果。

四、情感激励

人都具有情感方面的需要。俗话说：“人非草木，孰能无情”。要激发部属的工作积极性，领导者需要善于把握情感，进行情感激励。所谓情感激励，是指领导者通过与部属在情感上的交流沟通，相互间建立深厚感情，形成和谐的管理关系，以满足部属的情感需要，从而激发部属的高度工作热情和精神动力。领导与部属间浓厚的思想情感，是组织内部良好关系的基石，是战胜困难的法宝。对于提高组织凝聚力，促进组织建设具有重要意义。特别是在构建和谐社会的新形势下，领导者应当自觉地从增强组织凝聚力的高度，把关注部属的情感需求摆在更加重要的位置。

“感人心者，莫先乎情”。感情，作为联系人际关系中不可缺少的纽带，在领导者与被领导者之间，有着不可替代的作用。要建立领导与被领导之间的感情，就需要领导者对部属进行“感情投资”，这种投资是情感激励的重要组成部分，是激发部属工作积极性的催化剂，领导者要想得到部属的理解、信任和支持，那么，首先就应该懂得怎样理解、尊重和信任部属，关心、爱护和支持部属。俗话说：“投之以桃，报之以李”，只有耕耘才有收获，很难想像，一个对部属冷漠无情的领导者，却能调动起部属的工作积极性。首先，通过满足情感需求，调动部属的工作热情。部属的行为在很大程度上受到情感和心情的支配，如果领导者能在情感上与部属沟通交流，就能激发部属工作热情及主人翁责任意识。其次，发扬以情管理组织的优良作风，激发部属的精神动力。领导者通过对部属工作上的关心、生活上的关心、成长进步上的关心来激发部属创新的动力，使部属经常处于最佳精神状态。最后，建立良好的领导与被领导关系，增强组织的凝聚力。良好的部属关系是情感激励的关键。无论过去还是现在，良好的组织内部关系是我们战胜一切困难的法宝。通过领导者与部属之间爱与爱的沟通，心与心的交流，相互间形成亲和力、感召力，从而增强组织的凝聚力。《水浒传》中，阮氏三雄及智多星吴用之所以忠心耿耿地拥戴宋江，是因为劫生辰纲之后宋江对他们有救命之恩；诸葛亮之所以至死辅佐刘禅，是因为有刘备的君臣相知、相敬之情；华容道中，关云长大刀一晃，放走了泥潭中的曹操，是为了报答曹操当年盛情款待之情。假如说没有宋江、刘备、曹操当年的“感情投资”，哪能会有上述结果？当然，我们现在所讲的感情投资，与封建社会的君王的做法是性质根本不同的，但作为一种领导行为，却能够从古人的做法中得到借鉴。每个部属都需要领导的理解、尊重、信任和关怀，也只有这样，才能同心同德、万众一心。如果领导者懂得这一点，并身体力行，那么领导者与部属之间，就会出现亲切、和谐、融洽的气氛，组织的凝聚力、向心力就会大大增强，工作就会展开新局面，单位就会出现一番新的景象。

一是感情激励应该是真情实意，而不能是虚情假意。它应该是一种修养，一种自觉的行为。有的领导下到基层慰问时，对部属能够问寒问暖，但等到部属到机关办事时，又是冷若冰霜。这说明到基层慰问的笑容是虚假的，这样的虚假的情感是不能赢得部属的。

二是情感激励不能抱有“立竿见影”的想法。有些领导者往往在情感激励中掺入功利主义，认为我今天为部属办点好事，明天就应该得到部属的反馈。这种急功近利的思想是不能起到情感激励作用的。人的思想感情是复杂的、含蓄的，不一定当场或短时间内做出什么反应，但是，领导者应该相信，“人非草木，孰能无情！”领导者只要是真心实意地爱护部属，部属就一定会以李相报的。

五、典型激励

典型是一面旗帜，具有一定的生动性和鲜明性，容易引起人们在感情上的共鸣。同时，有了典型，使得大家学习有方向，赶超有目标，而且看得见、摸得着，说服力强，号召力大。典型对人们的示范、指导、教育、鼓舞作用发挥得如何，从根本上说来，取决于领导者运用典型激励的艺术。

一要积极宣传正面典型。正面典型是需要宣传的，俗话说，“事不讲不明，灯不拨不亮”。典型这盏“灯”必须通过宣传这一舆论工具的“手”去拨动，才能“亮”起来。那么，究竟怎样去“拨”才能使典型闪光发亮呢？首先，要把握宣传时机。宣传典型的时机选择，一方面要看典型的培养程度，另一方面要根据形势发展的需要。当典型已经成熟，工作的开展迫切需要典型引路、推动的时候，领导者应抓住时机，大力宣传。当典型和经验还不成熟时，就不能“急功近利”，草率宣传。其次，要把握宣传分寸。既然任何先进典型都不是完美无缺的，因此，对典型的宣传必须坚持实事求是，注意掌握分寸，切忌夸大化、绝对化。如果宣传中把先进典型的优点讲过了头，把典型事迹随意夸大、拔高，甚至编造，将典型的思想、认识绝对化，就会脱离群众，本来是“能够学”的典型成了“无法学”的偶像。正如列宁说的，真理向前跨进一步，就会变成谬误。典型宣传过了头，就会走向反面。再次，要把握个性。世界上没有完全相同的两片树叶。典型都是有“血”有“肉”，有个性的。没有个性，也就不“典型”了。因此，我们对典型的宣传就应该把握住个性，绝不能像过去有的宣传那样，先进典型一个模式，一个脸孔，一样的“高大全”形象。这样的典型宣传，群众听了对其真实性必然会打问号。实践证明，只有使群众感到宣传的典型真实、可信、亲切、实在，才会服气，产生学习仿效的愿望。如某企业在近年来大张旗鼓地宣扬了10名先进典型，这“十佳”典型都是从群众中产生的，有个性、有特点，被广大职工所公认的技术能手。他们的事迹，有的早已在职工中传颂，因而在企业中产生的反响尤为强烈，宣传这样的典型就能收到很好的激励效果。

二要及时奖励先进典型。要发挥典型的激励作用，必须及时地对先进典型实施物质和精神奖励。唐代著名政治家柳宗元在《断刑论》中指出：“赏务速而后有劝”，“必使为善者，不越月逾时而得其赏，则人勇而有（劝）焉。”就是说奖赏务必及时才能起到激励作用。及时奖励先进典型，必须注意掌握奖励导向。这是因为，表彰奖励先进，虽然人数有限，但对每个人都有激励作用，方向对头，就能产生良好的导向效应，方向偏了，就会把大家引入歧途，造成思想混乱，给工作带来损失。经验证明，领导往哪里行赏，群众就往哪里使劲。如某部有一个营连续几年全训，由于一度把奖励当作一种福利待遇来享受，干部战士训练热情不高，成绩上不去。后来上级领导来蹲点，发现有个排长不但军事素质好，武艺精，而且组织训练很有一套，便及时宣扬奖励了这位排长，并树为全团干部学习典型，有效地促进了部队的训练工作。奖励先进典型，还必须坚持物质和精神结合，以精神奖励为主，物质奖励为辅。实践证明，过分强调物质奖励，忽视精神奖励，非但不能激发先进的持久积极性，还会把人们引向追求物质欲望，导致欲壑难填的被动局面。袁伟民在任国家体委副主任时，在一次总结组织体育竞赛的经验教训时曾这样讲过：前几年一些拿世界冠军的队和个人取得好成绩，主要不是靠物质刺激，而是靠精神激励；相反，近几年物质条件充裕了，各种物质奖励增多了，劲头反而不如过去了，许多项目成绩也不如过去好，足见精神奖励之重要。

三要善于运用反面典型。反面典型同样具有示范价值。善于运用反面典型来激发人们的进取心，是一种高超的领导艺术。当年，诸葛亮在西征途中挥泪斩爱将马谡，抓了这个违抗军令，自以为是，失守街亭，给蜀军造成严重损失的反面典型，教育激励了三军。毛泽东是一位善抓正反典型的大师，在长期的革命实践中，他不仅为我们树立了像刘胡兰、张思德、白求恩、雷锋这样的正面典型，还善于运用反面典型来教育党员、干部和人民。1937年10月，延安发生了曾参加过井冈山斗争和二万五千里长征的干部黄克功，对陕北公学女学生刘茜逼婚未遂开枪杀人的事件，毛泽东抓住这一典型，写信给当时陕甘宁边区高等法院院长，坚决表示处黄克功以极刑不容赦免，他认为，“以一个共产党员红军干部而有如此卑鄙的，残忍的，失掉党的立场的，失掉革命立场的，失掉人的立场的行为，如为赦免，便无以教育党，无以教育红军，无以教育革命者，并无以教育做一个普通的人。”他要求，“一切共产党员，一切红军指战员，一切革命分子，都要以黄克功为前车之戒。”①当时将黄克功这一反面典型公布于众，对党员、干部和群众无疑是极好的教育。

六、信任激励

马斯洛关于人的需求层次理论指出，人有被尊重的需求与自我价值实现的需求。被尊重就是要被人肯定，被人信任，受人爱戴。信任激励是指领导者通过给部属以充分信任，使部属得到尊重和信任，激发部属保持积极进取的精神状态，并产生高度的责任感。信任激励可以满足部属被尊重的需要，激发部属的工作热情;可以使部属保持勇于进取、有所作为的精神状态;可以形成相互间的信任氛围，使部属心情愉悦，尽情发挥自己的聪明才智。如果部属们得不到领导的信任，将会严重挫伤他们的工作积极性和进取精神。

1926年，日本松下电器公司首次在金泽市设立了营业所。金泽这个地方，松下从没去过，但是经过多方面的考虑，他觉得无论如何必须在金泽设立一个营业所。应该派谁去主持工作？谁最合适？有能力去主持这个新营业所的高级主管为数不少。但是，这些老资格的人，却必须留在总公司工作。这些人如果有谁离开总公司，那么总公司的业务势必受到影响。这时候他忽然想起了一个年轻的业务员，这个人的年纪刚满20岁。不错，他年纪太轻，的确是个问题。但是，松下认为不能因为年轻就认定他做不好。于是他决定派这个年轻的业务员，担任设立金泽营业所的负责人。他把他找来，对他说:“公司决定在金泽设立一个营业所，我希望你去主持工作。现在你就立刻去金泽，找个适当的地方，租下房子，设立一个营业所。”听了这番话，这个年轻的业务员大吃一惊。他惊讶地盯着松下说:“这么重要的职务，我恐怕不能胜任。我进入公司还不到两年。年纪才20刚出头，也没有什么经验……”他脸上的表情好像有些不安。这也正常，进入公司才迈入第二年的一个小职员，突然奉命去金泽设立一个营业所，也难怪他会感到困惑。不管怎样，松下要他在一个从来没有公司营业所的地方，去设立一个营业所，说起来也是一件不得了的事，这意味着他必须负起重大的责任。不过，松下总觉得，这个年轻职员必定能够做到。当然，不做做看还不知道，可是松下基本上对他有信赖感。所以，松下以近乎命令的口吻对他说:“没有做不到的事，你一定能够做到的！想想看，像加藤清正、福岛正则这些武将，都是在十几岁的时候，就非常活跃了。他们都在年轻的时候，就拥有自己的城堡，统率部下，治理领地的老百姓。明治维新的志士们，不都也是年轻人吗？你已经超过20岁了，不可能做不到。放心，你可以做到的！”松下说了很多这类鼓励他的话。这个年轻职员最后坚定地说:“我明白了，让我去做吧。承蒙你给我这个机会，实在光荣之至，我会好好去干！”他脸上的神色和刚才判若两人，显出感激的样子。所以松下也高兴地说:“好，那就请你好好去做！”这个职员一到金泽，立即展开活动。他几乎每天都写信给松下。他在信中告诉松下，正在寻找可以做生意的房子，之后又写信说房子已经

① 《毛泽东书信选集》，人民出版社1983年版，第110~111页。

找到。没多久，筹备工作都已经就绪，于是松下派去两个职员，开设了营业所。即使年纪轻经验较少，只要好好去做，还是会成功的。松下电器公司后来在日本各地陆续设立了营业所，大致上都是以这种方式开设的。松下相信，一个优秀的员工在恰当的激励下，是可以完成任务的，而信任下属的激励也真的使“经营之神”获得了成功。

作为领导者，在运用信任激励时应做到：首先，要适时给部属们以信任的语言激励，如“你能行，我们相信你有能力完成任务”，“这是组织对你的信任”等等，给部属以精神鼓舞。其次，要善于宣扬部属的长处，帮助部属克服不足，激发积极因素，激发部属的进取意识。再次，要虚心听取和采纳部属的合理意见和建议。这是对部属的信任，可以有效地激发部属的主观能动性。最后，在交给部属任务时，要信任他们，做到“用人不疑”，这样部属才能竭尽全力地完成任务。同时，给部属以信任，不是无原则的放任不管，信任不是放任，有问题不能视而不见，以及盲目的理解与认可。

七、参与激励

参与激励，是领导者采取多种方式让部属参与管理活动，使部属充分认识到自己在组织中的作用，从而激发其智慧和创造力，以主人翁的责任感积极为实现组织目标而贡献力量。随着部属民主意识的逐步增强，部属参与管理的需求也越来越强。通过参与激励，有利于加强部属对组织的归属感和对组织目标的认同感，满足部属自尊和自我实现的需要；有利于领导者与部属相互沟通，建立和谐关系，增强部队的凝聚力；有利于调动部属参与管理的积极性，提高领导决策的效率和科学性。

领导者需要讲究参与激励的艺术，具体应做到：

一要增强部属和群体参与的意识和热情。参与是一种领导者与被领导者的双向交流（信息交流、情感交流）的过程，光有领导者的热情和积极性是不够的，更需要被领导者，即部属和群体成员的参与意识和参与热情。由于长期传统观念的束缚以及旧管理体制的弊端所造成的影响，在群体中存在一种模糊认识，即认为决策和管理是领导的职责，与普通群体成员没有多大关系，因而缺乏参与的意识和热情。这实际上是群体成员对自己所承担的主人翁这一重要角色缺乏足够的认识。因此，要发挥参与激励作用，首先要消除群体中存在的模糊观念，增强参与的意识和热情。

二要使参与者能够充分了解和明确参与范围、内容、目的、要求。由于群体成员在决策和管理中处于不同的层次，所承担的职责也不尽相同，因此，在参与激励时，必须根据参与的程度，使不同层次的参与者对所参与的范围、内容、目的、要求有明确的了解和认识，否则，对问题缺乏必要的了解，是不会发挥参与激励作用的。

三要真心诚意地而非虚情假意地听取参与者的意见和建议。群体成员参与决策和目标管理，不论处于哪一层次的成员，必须能够充分地表达自己的意见和建议，而且，领导者特别是决策和管理过程的组织者和指挥者，必须真心诚意地虚心听取部属的意见，哪怕有一分正确的成分都应重视和采纳。切忌以权威自居，一开始就发表倾向性意见，好评论别人的观点，却不容许别人反驳。特别是要支持和维护持异议者表达他的见解和建议，千万不要使参与者产生一种仅扮演陪衬角色的感觉。而要使参与者体会到领导是听取和尊重自己的意见的，使他们自尊心得到满足，才能得到发挥。

四要从全局出发，维护整体利益，克服和避免“小群体意识”。参与者由于所处的地位等主客观因素的差异，在参与的过程中所抱的参与动机和代表的利益不尽相同。因此，决策和管理的组织者和指挥者，必须在坚持目标导向和整体利益的前提下，在民主集中制的基础上，集中正确的意见，最终形成决议或完成目标的管理。特别是要防止和避免“小群体意识”，即那种盲目坚持本群体少数成员的意见，执意对本群体的利益进行维护和自卫，对其他群体成员抱有成见的一种狭隘的群体意识。这种“小群体意识”，使群体参与无法全面准确地收集信息，选择和评价决策方案，不能根据环境的变化而采取应变的措施，从而大大降低决策的质量，也就失去了参与激励的价值和作用。

第十章 领导形象艺术

所谓领导形象，是指社会公众对领导者的价值理念、气质、品德、能力等方面所形成的整体形象和综合评价。领导形象作为一个地区评判领导班子的标准，往往会成为人们茶余饭后的话题。因此，领导形象艺术是一个值得关注的课题。

众多的领导者，仅仅把自己扮演成管理者，忘记了还是组织发展的领袖，群体行动的导师。作为领导者，如果只是满足于管理，缺乏领导素质的修炼，必然会在日趋激烈的社会竞争中遭到淘汰。因此，领导者应该努力提高领导素质，塑造领导形象，这是时代发展的需要。

良好的领导形象是成功的基石。领导者的形象是双重的:一方面是本人的体现，另一方面还是组织的象征。后者往往比前者更重要，前者往往被后者所吸收。从古至今，历史上的领导者，由于各自的性格、生存环境和业绩不同，其形象也就不同。良好的领导形象是成功的基石，这是一条被无数事实都证明的真理。综观历史上所有的成功领导，都具有一个极其明显的共同点，那就是良好的形象。树立形象固然不易，但要维护好形象更是难上加难，可以说这是领导者的两项基本功。

树立民众需要的形象。塑造形象是一个非常重要的课题，因为形象给人的视觉刺激最强烈，给人留下的影响最深刻，对人的作用也最直接。国外的许多政治家为了取得成功，做的第一件事便是了解民众的意愿，把握民众的心理思维，树立一个广大民众都需要、都喜欢的领袖形象。领导者的成功与失败不是单靠智力水平，还要看心理品质。优秀健康的心理品质，可以大大提高形象魅力。

谨慎行事，维护形象。因外来原因导致形象崩溃的并不多，大多是因为领导者不慎，如不廉洁、行为不轨等丑闻而致形象崩溃瓦解。领导者形象一旦倒塌，也就意味着事业上的失败，前途的黑暗且渺茫。领导者同时还要注意社会公德，如不择手段竞争，结果会适得其反，形象被玷污，前途被断送。

第一节 领导形象的本质

所谓“形象”，本是文艺领域的术语，它是指文学艺术家在一定的创作思想指导下，对历史生活和现实生活加以选择提炼所创造的有一定思想内容、审美意义和外在形式的生动具体的艺术典范。后来，人们广泛借用这个概念，在政治和社会生活中加以使用，指一个人的形体、概貌、气质、风度等方面给人留下的某一个侧面或整体的印象。

领导形象是指领导者在其领导活动中，在下属和公众心目中留下的综合印象以及得到的总体评价。谈及领导者的形象，也应该注意各个领导者形象之间的配合从而形成领导群体形象，领导群体所在的公共部门的形象就构成该部门的公务形象。

一、领导形象的含义

领导形象这个概念包括以下几个方面的含义：

第一，领导形象的载体是领导者。领导者是领导形象建设的组织者和实施者。一方面，他通过在行使公共权力过程中所显示的行为特征和精神风貌来塑造和展示自身形象。一般地，有什么样的领导者，就有什么样的领导形象。一个创新、务实、廉洁、高效的领导者就会产生良好的领导形象。反之，一个守旧、虚假、腐败、低能的领导者就会产生恶劣的领导形象。另一方面，他通过运用各种传媒手段和沟通途径，使公众在了解领导目标、过程、体制和方式的基础上形成符合客观实际的领导形象。

第二，领导形象的内容是公众对领导者的价值理念、气质、品德、能力等方面所形成的整体印象和综合评价。这种印象和评价积淀于公众的社会心理之中，这种社会心理实际上是领导者内在素质与外在能力的一种有机反映。从一定意义上说，社会心理是对领导形象在思想感情变化上的一种互动，它往往通过印象和评价表达出来。公众通过直接或间接的途径形成对领导者的初步印象，印象一经形成，公众便会从各方面加以分析和判断，分析得失、优劣，最后总结出对领导者的综合评价。

第三，领导形象的评价者是领导者所面对的社会公众。社会公众是领导形象的感受者和评价者。一方面，社会公众作为整体是产生、监督和罢免领导者的权力主体，领导者的一言一行、一举一动都是社会公众评判的依据。另一方面，社会公众中的个体，在与领导者接触的过程中，逐渐形成对领导者的感知和判断，虽然这些感知和判断是公众个体意识的产物，但正是这些个体意识的总和才构成了绝大多数公众的整体意识，并最终对领导形象产生影响。

决定着领导形象的三种因素是：

(1)领导角色的规定。“角色”是演员在戏剧舞台上依据剧本规定所扮演的某一特定任务的专门用语，后被用于社会学。社会学家认为，社会是一个大舞台，社会中的人就是他所扮演的各种角色的总和。演员的言谈举止、音容笑貌必须符合剧本的规定。这里使用领导者角色的概念，是指领导者担任一定职务并获得权力后所应取得的社会地位与身份，以及由这种身份和地位所确定的行为规范和模式。规定领导者角色的剧本是社会的价值准则和法律法规的规范，他们确定了领导者的权利、义务和责任，可以做什么，不可以做什么，应该怎么做。这些价值准则通过政府的宣传教育，常常刻印在人民群众的思想意识之中，他们首先据此来评议领导者。

当代社会要求依法行政和民主行政，所以通过法律规定的领导者角色也越来越为公众所重视。而且，公共部门的领导角色应该是表现性角色，即不以获得经济利益为目的，而是以表现法律制度与秩序为目的。公共部门的领导者角色要求他们全心全意为公众服务，奉公守法，勤政廉洁。

(2)领导者自身素质规定着领导者的形象，领导形象必须建立在领导者自身素质的利用和开发的基础之上。实质上，领导形象是领导素质的外化或表现形式，领导素质投射到环境或社会中去，就表现为领导形象。从这个意义上说，领导素质是一种可资利用的资源，领导形象则是领导素质资源利用和开发的结果。比如，领导者的气质和性格是先天的，这在很大程度上决定了领导者角色建设。“江山易改，秉性难移”，领导者在追求改变自己的本性和气质时，如果不能成功，反而可能表现为虚假，不自然，也不长久，很难取得积极的效果。从积极方面来说，领导者不断提高自身素质，就扩大了塑造领导形象的资源。在人与人之间，共同点越多，就越容易相互欣赏，彼此越容易留下更好的印象。在此基础上，领导者就可以学习和掌握塑造领导形象的方法和技术，充分利用和开发领导素质资源来塑造领导形象。

(3)领导环境。要赢得下属与公众的认同，领导者的形象塑造就不是闭门造车，从自我出发，也不是自我感觉良好，而是根据不同环境、不同时代和不同领导情境的要求，选择恰当的公共形象。例如，公安局长和大学教授形象不同；同样的领导者在主持庆典和主持葬礼时也有不同的形象要求。

二、领导形象的特点

(1)客观性。领导形象似乎是虚无的，看不到、摸不着，但它确实存在于公众的心目中，而且是客观公正的。正如一首歌中所唱的：“天地之间有杆秤，那秤砣就是老百姓。”领导形象的客观性是建立在领导者的价值理念、实际行为和作为，以及行为的绩效和结果之上的。正是这种价值理念、实际行为和活动结果与绩效，构成了领导者形象的客观基础，也确定了领导者形象的内在结构稳定性。

(2)综合性。领导形象是公众意见的综合和归纳，是从不同角度和侧面对领导者所做的总的评价。这就要求领导者应注意保持自己行为的整体性和连续性，尽量避免在不同场合甚至同一场合的行为有强烈反差，注意总体与细节的关系，尤其是在工作细节、个人生活、待人接物等具体方面的表现。

(3)稳定性。心理学研究的“首因效应”，是指公众对某人形成第一印象后，会保留很长时间，并对以后的印象有很大的影响。公共部门的领导者在第一次公开露面时，必须抓住机会表现自己的长处，展示自己的风格特点，从而产生良好的“首因效应”。“新官上任三把火”，就是为了能给人留下很好的印象。但这种“先入为主”的印象并不是一劳永逸的，需要领导者不断强化，使“近因效应”和“首因效应”互相促进，树立领导者的良好形象。现代领导形象又具备如下特征：

首先，领导形象是主观性和客观性的统一。领导形象是领导活动、过程、体制和方式等这类客观的东西在公众头脑中的主观印象和主观评价。领导者通过自身的主观意识和自觉行为来刻意塑造领导形象。领导者的形象塑造和公众的形象感受都是主观行为。因而，领导形象具有主观性。同时，领导形象具有客观性。一方面，领导形象的产生是以领导者的客观行为、客观影响力以及作为外在力量的其他经济、政治、文化的因素为基础的。另一方面，领导形象的检验标准是客观的，必须将其置于客观的历史环境和社会条件中，从其是否对社会进步有促进作用上予以检验。因此，领导形象是主观与客观的有机结合。

其次，领导形象是个体性和整体性的统一。对于个体公众来说，他对领导者的印象是在与政府大量的接触中，不断地对积累起来的感受加以综合、修正、补充以后产生出来的。对于公众群体来说，作为群体性的领导形象则是将个体关于部分印象加以综合后形成的群体表象。公众个体的印象、公众群体的印象，在更大范围内进行综合的结果则最终形成整个社会公众的集体印象。因此，只有代表人民普遍意志和历史发展方向的公众个体意识的总和才能构成公众的整体意识，也才能形成领导形象。

再次，领导形象是确定性和可变性的统一。一方面，在特定条件下，公众心目中的领导形象具有质的相对稳定性，这是因为客观事物一旦在公众心目中形成某种印象，就会在相当长的时间内影响公众行为和认知，这种认知并不会因时空变化而立即发生变化。另一方面，领导者与公众都处于动态发展过程之中，领导形象的稳定性是相对的，变化性是绝对的。领导活动要素、结构、功能和权力的运用是不断变化的，而公众对领导者的要求、愿望也是不断变化的。因此，公众对领导者的印象，除了有一定的稳定性之外，还具有不断变化的特征。

最后，领导形象是主动性和被动性的统一。在现代市场经济条件下，领导形象不是随意流露或无意显露的，而是通过形象主体刻意塑造和精心策划的。历史发展和组织分化过程表明，商品经济或文化越发展，领导就越重视自己的社会关系行为，从而就越是将自身形象的塑造作为一个有计划、有目的的活动过程去加以控制。但是，领导形象的最终判断和评价，要通过自我形象转化为社会形象才能完成，领导形象塑造过程往往要根据社会公众的信息反馈来调整。没有这个反馈过程，领导者难以判断其自我认知形象是否符合公众的要求。同时，领导者在领导活动中，并不能够对可能出现的问题都有肯定的把握和正确的认识。因此，领导形象应该处在可监可控的反馈调整系统中。

三、领导形象的作用

领导形象建设具有非常重要的作用。从政治上讲，搞好领导形象问题，对于执政党永葆生机和活力具有重要意义。在理论上，有了好的领导形象，能使我们坚定不移地执行党的基本理论、基本路线和基本方针，坚定建设有中国特色社会主义的信念和决心，能坚持自己的政治方向，不断提高政治鉴别力和政治敏锐性，紧密联系自己的思想工作实际，把上级的要求变成自己的实际行动，落实到改革开放和经济建设的实践中去，正确处理好经济同政治、物质文明同精神文明、生产力同生产关系、经济基础同上层建筑的关系。在具体工作中，有了良好的领导形象，才能坚持和发扬我们党的优良传统，在事关大局、事关政治方向、事关根本原则的问题上，始终保持政治上的清醒与坚定，更好地贯彻落实党的会议精神，坚定自己的信念和政治方向，与党中央保持高度一致，把各项事业搞上去，时时处处做人民群众的表率。在人民群众面前有了好的表率，才能带领人民群众进行社会主义建设。因此，领导形象建设是执政党建设的重中之重。从经济上讲，经济发展是现代政党的首要任务。检验一个政党领导水平和执政水平的高低，归根到底要看该政党对社会生产力发展的推动作用。经济发展不仅使党赢得了广泛的群众基础，而且使党经受了国家各种政治风险的考验。实践证明，发展经济是党执政的基础。一个执政党不能领导人民发展经济，最终只能被历史所淘汰。要当好一个政党“领头人”关键要靠领导，树立良好的领导形象对发展经济具有重要意义。

(一)领导形象是领导者履行职责的基础

领导形象是在领导者与社会公众广泛接触的过程中形成的，是领导者个人内在素质和能力的外在化。领导者树立形象的过程，也就是公众对其实施领导、履行职责进行评判的过程。

一般地，领导者在公众中树立了良好的形象，说明公众承认了该领导者，并对其工作给予理解与支持，该领导者就具有履行职责、实施领导的基础。相反，一个领导者在公众中没有树立良好的形象，说明公众没有承认该领导者，更不能对其工作给予理解和支持，该领导者就不具备履行职责、实施领导的基础。

(二)领导形象是领导活动成败的关键

领导者是领导活动的管理者和决策者，对领导活动的成败具有重大作用。领导形象如何，不仅关系到领导者个人的威信和号召力，而且关系到组织的整体形象和凝聚力，关系到领导活动能否顺利进行。领导者如果能够树立良好的形象，即以饱满的精神风貌、高尚的领导魅力、优良的领导作风和得体的领导仪表等赢得公众的好感和信赖，不仅有利于领导威信的建立，而且有利于领导的决策、指示、领导方法为群众所接受，并得到创造性的执行。相反，领导者如果不能在公众中树立良好的形象，就不能得到公众的理解、支持与认可，领导活动就难以顺利进行。

(三)领导形象是领导效能的直接影响力

领导形象的好坏直接影响到领导效能的发挥。领导形象对于实施领导活动一般会产生两种效能:一方面，良好的领导形象能产生积极的正效应，可以激励被领导者团结在领导者周围，支持领导者开展各项工作，充分调动被领导者的主动性和创造性，努力发挥他们的聪明才智，奋力去实现领导目标。另一方面，不良的领导形象会产生消极的负效应，使被领导者对领导者产生不信任感，相互间离心离德，甚至会出现被领导者抵制领导者的现象，这就无法发挥领导效能，阻碍领导活动的正常进行。

第二节　领导形象的建设过程

社会在发展，时代在前进，领导形象也须加强和完善，我们更希望看到由于领导形象的改善的辐射作用以及所带来的执政水平的提高和经济的快速发展。只要领导形象改善了，在政治和经济方面都会发生质和量的变化。自身形象的建设是领导者的重要任务，这个过程包括形象定位、形象塑造、形象推出与维护等环节。

一、领导形象的定位

这是指领导者依据价值准则和法律法规，以及自身素质条件和领导环境，确定现实领导活动中所应建设的形象。一般而言，领导者形象是建立在下属和公众认同的基础上的。领导者有什么样的素质条件，就有什么样的领导行为表现，也就有什么样的领导形象。实际上，只要领导者有较强的形象意识，注意到自己的形象设计，同样可以弥补素质上的不足，使自己的形象符合情境的要求。这反过来又是一个素质提高的过程。综上所言，领导者的形象定位实质上就是形象设计。领导者是自身形象和组织形象的设计师，这是领导者的一个重要任务。

二、领导形象的塑造

领导者的形象塑造过程也就是领导者行为的过程。有一句古老的格言:“最有利证明自己的方法不在于你怎么说，而在于你怎么做。”在领导者形象问题上，这是一个根本的法则。领导者形象是由一系列符号组成的一个复杂的符号系统。这些符号在领导行为中构成领导者的整体形象，同时也是人们识别领导者的路径。根据领导行为的特点，可以将整体形象分解为三个主要方面，并由此形成三大分支符号系统，即思想行为和价值形象、工作行为和岗位形象、生活行为和日常形象。

1. 思想行为和价值形象符号主要有：人生观、世界观、政治信念、理论形象、知识形象、服务意识、集体意识、大局意识、责任意识、合作意识、工作态度、律己自觉性等。

2. 工作行为和岗位形象符号主要有：决策形象、指挥形象、权威形象、监督形象、人际关系形象、政治形象、规制能力、专业能力、协调能力、效率与时间观念、演讲风格、会议作风等。

3. 生活行为和日常形象符号主要有：个性魅力、人格形象、家庭形象、交际形象、仪表风度、幽默感等。

以上仅是粗略地列举，其中每一个形象又由更加具体的符号构成。领导者无意中受到议论和赞誉常常是由看似微不足道的形象符号引起的。所以，领导行为中没有小事。看似无关紧要，无形中却会影响到领导者的形象。

可见，领导者要以良好的形象出现在下属和公众的面前，根本的一点是“练内功”，追求卓越的表现，为下属、公众所赞同拥护。党中央对领导干部提出了要求，要求他们自重、自省、自警、自励，在多方面以身作则，树立良好的形象。自重，就是尊重自我，尊重自己的人格，珍惜自己的名誉，谨言慎行，为人处事端庄持重。自省，就是拿起自我批评的武器，“吾日三省吾身”，反省和检查自己。自警，就是要提醒和反省自己，不许有错误的言论，明白应该怎么样做，不应该怎么样做。自励，就是鼓励和鞭策自己，坚定信心，勇于开拓，建立开拓创新的良好形象。

三、领导形象的推出

领导者在领导活动中，在与人打交道的过程中，自始至终都是在舞台上，一言一行、一举一动都在众人眼中，被他人评价着。在这个意义上，领导者时刻都在推出自己的形象，但从领导者形象建设着眼，又要注意推出时机和手段。

(一)注意推出时机

众人瞩目的“焦点时刻”，是领导者推出自身形象的绝好时机，如大型会议、庆典活动、施政演说、接受采访等。这时恰如电视台的“黄金时段”，会收到事半功倍甚至轰动效应。为此，要做充裕和精心的准备。

(二) 注意推出的方式

领导形象推出的方式很多，这要视领导者自身的特点、能力而言，扬长避短。领导者各有所长，如善言辞、善交际、善娱乐、善体育、善写作、善书法等，都要在适当时机“露一手”。与新闻媒体打交道是领导工作的一个重要方式，公共行政领导者必须借助新闻媒体的优势开展工作，迅速、真实、大范围地在公众中树立、传播良好形象。

四、领导形象的维护

“形象是易碎品”，经过精心塑造和推出之后，领导者的形象还要不断维护和创新，如果以为一劳永逸，那就错了。领导形象容易受到伤害，偶一疏忽，就可能“打碎”形象，自毁形象，而且人们往往把领导者在表现不当时的举动看做领导者的本来面目，而不会把领导者精心设计的形象当做真实、真正的领导者。所以，领导者要注意维护自己的形象，要像珍惜生命一样珍惜自己的形象，“时时勤拂拭，勿使着尘埃”。

形象维护可称为“形象管理”，它作为现代组织管理和政府管理的重要内容日益引起人们的高度重视。形象管理主要包括两部分，即组织内部的形象管理和组织外部也称为社会、公众的形象管理。二者具有不同的特点和表现形式。领导形象和组织形象管理的目的在于精心维护领导形象和组织形象的安全，充分利用和开发领导形象和组织形象资源，尽量避免组织内部形象和组织外部形象乖戾和扭曲现象的发生。

五、领导形象建设应注意的问题

1. 转变观念。领导观念上的与时俱进，是形成领导形象的基础条件。“管理就是服务，权力就是责任”，“做官就是做事，做事就要尽责，尽责就要见效”。人的思想观念的转变，会引起精神状态、思维方式的转变以及工作作风的转变。“领导就是榜样”、“正确领导是无声的力量”，这里的“领导”已经人格化了，他们的言行举止，无疑是代表一种信念和一种力量，足以使领导者产生敬重感。领导要以精神服人，以品德感人，自己要作风正派，平等待人。认识到这一点，才能解放思想，才能使树立领导形象成为可能。

2. 环境塑造。在一个领导集体里，如果人人都坚持好的领导形象标准，天长日久，某一个人或某几个人的领导形象就自然形成了。“凭实绩用干部，靠改革出活力”、“把创业有功的人用起来，把敬业有绩的人留下来，把无所作为的人调下来，把败业有余的人撤下来”，营造一个领导形象的“大气候”和大环境，促进了领导形象的形成。群众的眼睛是雪亮的，领导的一言一行、举手投足都被群众看到眼里，记在心里。他们心里有一杆秤，会时刻评论着领导的形象。

3. 竞争上岗。优胜劣汰是社会发展的必然趋势。竞争机制促进了优胜劣汰，是推动人类社会发展进步的有效杠杆。领导干部中引入竞争机制，促进了领导形象的改善。竞争上岗是实现干部人事制度改革目标的客观需要，改善领导干部工作作风的一项重大改革，目的是通过改革，逐步建立起一个公开、平等、竞争、择优，充满生机与活力的用人机制。竞争上岗工作的开展，为干部的合理晋升和领导的公平选拔找到了有效途径，为实现干部选拔任用工作的科学化、法制化和民主化打下了良好的基础。同时，把竞争上岗与干部交流、职务聘任等工作结合起来，有力地促进了领导队伍结构的改善，提高了领导队伍的整体素质。

4. 激励约束。一个政党能否高速度、高效率地运转以达到预期目标，在很大程度上取决于对领导干部的激励约束机制。对于领导干部客观上要求有相应的激励约束机制规范他们的言行。要关心、爱护、支持领导干部，为他们开展工作创造良好的条件和环境。对实绩突出、群众拥护的领导干部，要大力宣传、表彰，给予鼓励和奖励；对极个别的领导干部工作和生活上的困难，要予以关心和照顾。坚决制止和依法处理各种阻挠领导干部工作和打击报复领导干部的行为，领导干部的报酬，应随着经济的发展而逐步提高，并且对于工作中有突出贡献的领导干部，应该有相应的奖励措施。

5. 榜样示范。在加强领导干部形象过程中我们也要注意树立典型，发挥先进人物的先锋示范作用。首先，设计一个相对量化的指标体系，对现有领导干部的形象进行一次全面的测评，并注意收集各方面的意见以保证测评结果的公正科学；其次，根据测评结果的优劣对所有领导干部的形象状况进行排序，按一定比例分别从中选取一些特别优秀的和特别差的领导干部；再次，对选取的特别优秀的领导干部进行一定的物质奖励，并授予一定荣誉称号，而对那些特别差的领导干部进行一定的处罚，并限期整改，同时要及时将测评结果和处理结果向社会公示；第四，号召大家向形象优秀的领导干部学习，并请优秀者总结交流经验，同时要密切关注形象特别差的领导干部的整改进度。另外，还要注意及时对进步比较突出的领导干部进行褒奖，以保持大家加强领导形象建设的积极性。从领导做起、从一把手做起，给群众和广大干部作出表率和榜样，让群众和广大干部心服口服。

第三节　领导形象的设计

一个人的事业发展成功与否，犹如建筑一幢高楼大厦，也需要有一个整体设计。而领导形象是领导者在人民群众面前公开树立的一面旗帜，尤为重要。

领导者要强化形象意识，在实事求是地评价自己的基础上，科学设计出自己理想的形象目标 。自我形象设计不是主观任意的行为，而是要根据党和人民的要求，根据新时期的时代特点，根据自己岗位的层次、行业、具体职务等因素进行综合考虑的结果。新形象既要理想、优秀，又要切实可行；既要把握重点，又要注意全面。从领导观的校正，领导作风的选择，到知识结构的调整，甚至着装、言谈、仪态等都应该有所考虑。这样设计出来的形象才能丰满鲜活，既有努力实现的价值，又有实践中的可操作性。

领导个性形象，是领导者留给所在群体或社会的整体印象，是个体领导思想和领导行为的综合反映，可从不同侧面展现出来。如政治形象，以思想、政策、策略为特征；品德形象，以道德、修养、作风为特征；成就形象，以事迹、业绩、能力为特征。领导者的阅历不同，出身各异，他所表现的个性形象也就不同。明确自己的个性形象，在自己的优势上下功夫，树立起突出的形象来，这对扩大影响力是很有作用的。

领导者个性形象鲜明，不但是领导力量的客观表现，也是其魅力的核心部分。所以，作为领导者，真正提高个性的培育意识，逐渐建立起具有自己特点的个性形象，十分必要。

领导者个性形象的培养要考虑到自己的具体情况，不可强求自己很难获得的特质。实际上，个性就是差别，差别就是创造。所以，起点要建立在自己的心理特点、生活环境和个人实践上。同时还要注重表现形式。

独特的工作作风。成功的领导者都有自己特定的工作作风，形成鲜明的领导个性风格。有人迅速、果断，一往无前，办事干练利索；有人大刀阔斧，擅长于在艰难困苦的条件下开辟出新局面；有人以稳健的能力见长，稳扎稳打，干一件成一件。领导者应该有强化自己个性作风的意识，把自己的特点培育起来。

突出的能力优势。这是要求领导者发挥自己的特长，作出不同于他人的贡献。比如有的擅长策划、决策；有的擅长沟通、协调；有的擅长实施、操作。应该说，处在主要负责岗位上的领导，应该擅长策划、决策、沟通与协调；处在职能岗位上的领导应该擅长计划、实施与操作。

我们提倡在岗位要求的能力上下功夫，在具有自己特点的方向上寻求优势、致力成功。

较高的领导素质。领导人才素质大多体现为三种类型：品德型、能手型和开拓型。品德型的领导者，其特点是注重以人为本，作风民主，有很强的全局观念和长远意识，以具有高尚道德为主要特征。能手型的领导者，其特点是策划能力、驾驭能力、实施能力、操作能力强，有经验、讲效率，以有办事能力为主要特征。开拓型的领导者，其特点是自主、自立，个性突出、思维开放、与时俱进，以有开拓精神为主要特征。这三种素质类型的划分，不是绝对的，但无论哪一位领导者都应该具有其中一种较为突出的素质。现代领导者要以一种素质为主，同时辅以其他素质，这样才能形成自己的风格和特点，也才能更好地发挥自身的领导作用。

在理想目标的追求上，有两种情况需要正视：一是不务虚名；一是面向自己。盯住眼前利益的人，必然失去长远目标。正确的态度，应该是与荣誉、地位、金钱拉开一定距离。超脱一点，淡一点，冷一点，退后一点。这样，我们才能清醒地走自己的路，减少不必要的干扰，在实现大目标上获取成功。

面向自己 。人不能不与外界打交道，有了问题也不能不分析外在的原因。许多直接的外在条件我们无法改变，而改变自己却是可以做到的。有些人在矛盾出现时总是习惯于从别人身上找毛病，其实，这种做法有害无益。如果从自己身上着眼就大不一样了，找出自己的弱点和不足，发现自己原来没有感觉到的缺陷，深化原来还不够深刻的认识，自己就会找到进步的新起点。这对于自己的工作和人生，都是大有好处的。

要当好一个领导干部，特别是做一个成功的领导干部，必须具有一个共同点，那就是良好的形象。当然树立形象的方法、手段是不同的，各有各的招数，各有各的窍门。树立良好的形象不易，维护良好的形象则更难。这是一个领导干部须具备的两项基本功。

领导干部的形象就是威信。威信高，人民群众就信任、支持，就会形成强大的吸引力、凝聚力和感召力。领导形象的好坏不取决于他们职位的高低、权力的大小，而是思想品行、才能作风等综合素质的集中体现。作为新时期的领导形象，应从以下几个方面做起。

一、树立品德高尚的人格形象

一个领导干部的品德是树立良好形象、树立威信的核心。正如孔子所说："为政以德，譬如北辰，居其所而众星拱之。"①就是说，领导干部只有品德高尚，群众才能心服口服。思想品德包括政治品德、思想品德、职业道德。总之，领导要带头遵纪守法、严于律己；勤奋好学、坚定信念；大公无私、清正廉洁。要以德感人，以德服人。

胡锦涛同志在中纪委七次会议上强调指出，在工作中，各级领导干部要倡导"八个方面"的良好风气。基层领导干部常年生产、生活、工作在一线，始终与职工群众打交道，基层领导干部的思想作风、学风、工作作风、领导作风、生活作风建设的好坏直接关系到党和政府的形象，关系到和谐社会建设的大局。因此基层领导干部必须发挥"三个作用"，注重塑造人格形象，真正做到为民、务实、清廉，才能推动经济社会又好又快发展，才能形成共同构建社会主义和谐社会的强大力量。

① 《论语·为政》。

发挥凝聚作用，塑造为民形象。领导者作为职工群众的组织者和管理者，首先应该坚持立党为公、执政为民的理念，在感情上贴近群众，在生活上关心群众，在人格上尊重群众，和职工群众打成一片，成为党联系群众的桥梁和纽带。才能代表群众心声、反映群众意愿、获得群众支持，得到群众信赖，起到凝聚民心、共建和谐社会的目的。

发挥感染作用，塑造务实形象。感染作为相互影响的一种特殊方式，对于人际关系有着明显的整合作用。感染是通过某种感情的传播，一方对另一方在心理上产生一种无意识的不自觉的服务。孔繁森、牛玉儒、任长霞的感人事迹之所以使亿万人的心灵受到了强烈的震撼，感情上卷起了巨大的波澜，是因为他们一心想着群众，一切为了群众，全心全意为人民服务的伟大风格。他们的事迹产生这种催人泪下、撼人心弦、激人奋进的“轰动效应”，有力地印证了一个真正的共产党人的崇高人格和英雄群体对人民群众所产生的巨大感染力、号召力和凝聚力。领导者的人格是个“回力板”，你付出什么，便收回什么。你对群众付出真挚的爱，群众能给你依赖的情。养尊处优、与民争利、以权谋私所体现的低劣“德行”，不仅会吞噬职工群众的工作热情，消蚀群众的凝聚力，败坏党风、政风，而且还会严重地污染社会、干扰和谐社会建设。

发挥效仿作用，塑造清廉形象。所谓效仿就是人们在社会交往活动中相互影响、相互作用的一种机制和方式。可以说效仿在社会和个人的事体相互作用的机制中是普遍存在的。领导者在自身特征上拘谨自仰，职工群众就难以意气风发、与时俱进、开拓进取；领导者媚上凌下、嫉贤妒能，职工群众就将出现阿谀奉承、趋炎附势。古人云：“其身正，不令而行；其身不正，虽令不从。”领导者是一个单位事业的象征，职工群众的楷模，必须在人格上给职工群众树起可资效仿的榜样。这样才能使一个企业真正活起来、动起来、强起来。

二、树立顾全大局的团结形象

任何国家、任何一个单位，如果人民群众不团结、不和睦相处，是任何事都做不好的。因为团结才能产生凝聚力、战斗力、生产力。是否能顾全大局、全局，是否能团结共事，是衡量一个领导干部素质的尺子。因此，领导干部要特别珍惜团结，带头搞好团结。顾全大局，紧密团结，这是我们的事业必定要胜利的基本保证。改革开放以来，经济建设和社会发展取得了巨大成绩，就是在邓小平理论伟大旗帜的指引下，顾全大局，团结协作，共创伟业的结果。改革开放的实践表明，什么时候我们的大局意识强，团结搞得好，事业就进步得快；什么时候我们的大局意识弱，团结没搞好，事业就遭受挫折。

树立顾全大局，紧密团结的形象，要求我们把党和人民的事业放在第一位，把个人的、小团体的、局部的利益放在一边。当前，我们要通过深化改革来解决社会和经济发展中的许多矛盾和问题，尤其要通过深化改革，来突破影响生产力发展的体制性的障碍。例如，经济结构的战略性调整，加快转变企业经营机制，实行干部人事制度改革，政府职能改革，等等。深化改革，得到了广大干部、群众的支持。但是，也有一些同志，往往从局部的、眼前的、小团体的利益出发，来决定自己对上级决策的态度，合意的就积极执行，不合意的就持消极态度，甚至搞上有政策，下有对策。一些地方市场经济秩序混乱，区域性、规模性制假售假活动屡禁不止，就与那里的一些干部胸无大局，搞地方保护主义有关系。要自觉地服从大局，服务大局。凡是不利于大局的话不说，有损于大局的事不做。在共同顾全大局的基础上，班子成员紧密团结，形成感召力、凝聚力、战斗力，进而团结、组织周围的群众，同心同德，奋发进取。

三、树立意志坚强的品质形象

任何单位的工作都不是一帆风顺的，困难与矛盾总是不可避免的。只有披荆斩棘、顽强拼搏，才能求得事业的成功。俗话说，强将手下无弱兵。在困难、阻力、风险、危难面前，领导干部畏缩不前，那么集体士气自然也一落千丈，整个组织、单位就松松垮垮、不堪一击。因此，一项事业的成功，起作用的不仅是人的聪明才智，而且还在于从事这项事业的人是否具有坚强的意志。

在日常活动中，对一个身体健康的人来说，想抬腿就可以抬起腿，想举手就可以举起手。但我们却不能直接控制自己的心率快慢和瞳孔的放大与缩小。在心理学上，通常把可由人的主观意识直接支配的活动叫随意运动，把不受人的主观意识直接支配的活动叫不随意运动。人的随意运动又可以分为两种类型：一种是与克服困难没有什么关系的随意运动，如：随意在书本上面写下自己的姓名，顺手拾起掉在地上的东西等。这些活动对一个正常的人来说，都谈不到有什么困难需要克服。而另一种随意运动则与人们克服生活中的困难有着很大关系，如：攀登陡峭的山峰，攻克科技难关，掌握文化科学知识等。这些与克服困难相联系的随意运动就称为意志行动。支配人的意志行动的心理过程即为意志过程。由此可见，意志是一个人的心理活动所表现出来的内在品质。也是一个人为了达到一定的目的，自觉地组织自己的行动，并与克服某些困难相联系的一种心理过程。

坚强的意志品质，是人格构成不可缺少的要素之一，关系到一个人的成长与发展。在现代生活中，一个人是否具备克服内心障碍和排除外在环境制约的坚韧品质，有无抗挫折的能力和独立自主、奋发向上的精神，不仅关系到人格的形成与发展，也是一个人生存进取的基本条件。在我们生活的周围，许多走向成功之路的人都是凭借坚强的意志达到目的的。例如：在刚恢复高考时，有一个年仅 16 岁的学生考入了某大学化学系。由于那时全国高考制度刚刚恢复，录取时不考外语科目，他在入学后的第一堂外语课上，竟突然当着老师和同学们的面哭了起来，大家都很奇怪。原来，他家乡的中学从未开设过外语课，他对外语知识几乎一无所知，几个英文字母是他通过学习化学才认识的，因为听不懂外语课着急才哭了起来。大家了解这一情况后，都为他能否继续学习而担心。可是后来验证，大家的担心是多余的。从那天起，他擦干眼泪，下定了要学好外语的决心。三年之中，谁也说不出他吃了多少苦，下了多大的功夫。他学习外语简直都着了迷，甚至有时他在说梦话时都讲的是外语。毕业时，谁也没有想到，他竟以全班最优异的外语成绩通过了考试。事实证明，这个学生之所以能从全班外语成绩最差变为最好，凭借的就是他刻苦学习、永不退缩的坚强意志。可见，一个人无论做什么事情，要想在事业上取得成功，要想在科学上有所建树，都必须要具备坚强的意志品质。著名科学家贝佛里奇曾说："有所成就的科学家几乎都具有一种百折不挠的精神，因为大凡有价值的成就，在面临反复挫折的时候，都需要毅力和勇气。"不仅在科学事业上，在其他任何岗位上，在每一个创建业绩的成功者身上，都闪耀着坚强意志品质的光环。

在现代生活中，我们生活的每一个空间，时常都需要坚强的意志来支配自己去完成有意义的活动。如有的人虽然怀有远大的理想，但在平时学习的时候总是难以坚持，时常被一些琐事所干扰。或者遇到困难和挫折时丧失信心，逃避现实，这就是缺乏坚强意志的表现。在年轻朋友的身上，类似的现象是比较普遍的。那么，怎样才能培养坚强的意志品质呢？坚强的意志品质是从小通过对每件事的认识、分析、决策而一点一滴地培养积累而成的。积极参与体育活动是培养坚强意志的最好途径之一。在学习与生活中，要注意培养克服内心障碍和外在环境制约的坚韧性及抗挫折能力，富于独立自主、奋发向上的精神，而且坚定信念。能做到这些，才能说明你是一个具有坚强意志品质的人。一个人的意志品质主要表现在以下几方面：

自觉性。当一个人确立了崇高理想和具有正确动机的时候，他的意志行动就会具有高度的自觉性。只要你相信自己的行动目的对社会有利，你行动起来就会光明磊落，因而会更有信心、更有力量去完成预订的目标，实现最终的目的。自觉性通常表现为一个人为达到既定的目标而自觉自愿地去行动，不受外界的影响、干扰和诱惑。支持这种行动的精神力量则是他经过周密思考而产生的坚强的自信心和顽强的毅力。

果断性。在情况十分紧急的关头，能够当机立断，迅速作出行动的决定，这是一个人意志的果断性。它要求一个人在遇到紧急情况时，能够抓住时机，做出有利的行为判断并立刻实施。果断性最重要的一点是要求一个人善于抓住时机，当机立断。遇事既不能草率、盲从，也不能优柔寡断、顾虑重重而丧失良机。

自制力。在行动过程中能够有效地控制自己的情绪，约束自己的言论，克制自己的行动，这是自制力的基本表现。一个有自制力的人，当遇到挫折与失败的时候，善于控制自己的感情，能够正确面对现实，做到不灰心丧气，不怨天尤人；当取得成绩、获得荣誉的时候，也能够不被眼前的一时成功而冲昏头脑，骄傲自大，得意忘形。生活中有很多人做不到这一点。尤其是年轻一点的朋友，当遇到挫折与失败，或不顺心如意的时候，更难控制自己的情绪。例如：在学习上，有的人遇到困难和挫折时，不善于总结经验教训，鼓起勇气，以更大的毅力克服困难，争取胜利，而是精神不振，丧失信心和勇气。这些表现对年轻人的成长是很不利的。一个有自制力的人在事业上的成功机遇相对要大一些，这是因为他们能够有效地约束自己的行为，做任何事情都能善始善终，尤其是对集体或对他人有益的行动目标，更是坚决努力完成，不被任何不良环境或情绪所干扰。

坚韧性。如果说一个人的自制力是克服内心的障碍而产生的，那坚韧性则是针对外部的障碍而发生的。一个人在困难和逆境面前，对自己既定的行动目标是换而舍之还是不舍，这是考验一个人有没有坚韧性的分水岭。一般情况下，一个人对于忍受短暂的痛苦磨难是容易做到的，但是当痛苦磨难旷日持久地持续下去的时候，并不是每个人都能忍受而成为具有坚强意志的强者。在艰苦的人民解放事业中，我们的很多革命老前辈历经磨难，不畏艰险，有的人在敌人的牢狱受尽精神和肉体的折磨，可他们没有因此而放弃革命者的信念，终于以顽强的革命意志迎来了胜利。在现代生活中，坚强意志的坚韧性也是非常重要的。如有的人为了克服学习或工作中面临的困难，始终如一，志坚不移，为实现自己的奋斗目标，时常表现出顽强的坚韧性。

四、树立科学民主的决策形象

决策是领导干部的根本职务，是重要的职能。思路决定出路，任何领导干部在作出一项重大决策时都务必要调查研究，结合一个单位的实际情况，决不能仅凭主观臆断、拍脑袋、不讲民主、独断专行。否则，注定要失败。在实现国民经济规划发展目标中，政府宏观管理是否有效，关键在于决策是否正确，而决策正确与否又在很大程度上决定于是否具有科学合理的决策机制。我国六十多年经济建设正反两方面的经验教训表明，决策正确，就能避免经济大起大落，促进社会和谐发展；决策失误，就会引起经济波动和社会震荡，造成不可挽回的损失。

邓小平在谈到如何进行决策时曾明确指出："要同人民一起商量着办事，决心要坚定，步骤要稳妥，还要及时总结经验，改正不妥当的方案和步骤，不使小的错误发展成为大的错误。"实际上，"同人民一起商量"，问计于民，是科学决策、民主决策的重要环节，是减少决策失误的重要前提。"知屋漏者在宇下，知政失者在草野"。

实践证明，只有"同人民一起商量"，倾听群众心声，听取专家意见，才能了解老百姓想什么、盼什么、急什么，才能集思广益，使重大政策在出台前得到充分论证，避免盲目决策，使政策尽可能切合实际，符合规律，反映民意，真正体现最广大人民群众的根本利益，才能保证社会主义现代化建设少走弯路。

国务院发布的《全面推进依法行政实施纲要》则明确规定："涉及全国或者地区经济社会发展的重大决策事项以及专业性较强的决策事项，应当事先组织专家进行必要性和可行性论证。社会涉及面广、与人民群众利益密切相关的决策事项，应当向社会公布，或者通过举行座谈会、听证会、论证会等形式广泛听取意见。"通过集思广益，进一步提高决策透明度，逐步公开重大决策过程，使决策能获得广泛的社会认同和社会理解，真正达到预期目的和实现最大的社会效益。

近年来，党和政府就一系列事关全局，涉及群众利益的重大问题以各种形式问计于民，不断推进决策科学化、民主化。国家发改委则通过互联网广泛征集公众意见和建议，说明科学决策、民主决策正在向制度化方向演进，公众参与、专家论证和政府决定相结合的决策机制正在形成。

但是，不可否认，目前仍有不少掌握决策大权的领导干部缺乏科学思维、民主意识，群众观念淡薄，依然习惯于已有的决策方式方法，在决策时既不作深入细致的调查研究，也听不进专家和群众的不同意见；少有的决策论证和听证，也往往是做样子、走过场，甚至违反民主集中制原则，罔顾规定的决策程序，将个人意志凌驾于集体和群众意见之上，作出一些脱离实际、违背规律、不符合群众利益要求的错误决策；以"为官一任，造福一方"为旗号大搞劳民伤财的政绩工程、形象工程，以决策难免失误为借口推卸盲目决策的责任。

还有些领导干部往往以地方或部门利益为标准来行使决策权，分割和肢解了行政权力；或只为自己分管的"领地"说话，很少从全局考虑，导致决策的随意性和片面性，等等。可以说，这类违背科学民主精神的决策在各地并不鲜见。错误的重复在于认识不到位及缺乏制度或制度不落实。真正实现科学决策、民主决策，既需要统一认识，更需要制度约束。

一方面，我们必须充分认识到，在改革开放和社会主义市场经济条件下，经济运行过程越来越复杂，社会经济成分、组织形式、就业方式、利益关系和分配方式愈益多样化，新事物、新情况、新问题层出不穷，与此同时公众的民主意识逐步增强，民主参与的热情日益高涨。这些变化，都使决策的深度和广度不断拓展，决策的风险和难度不断加大，社会对党和政府决策科学化、民主化的要求不断提高。凭经验、靠"拍脑袋"决策，不仅不能适应形势的变化，而且从长远看会失去群众的信任，降低党的威信和政府的管治效率。所以，必须把决策科学化、民主化放到加强党的执政能力，巩固党的执政地位的高度来看待、来认识。

另一方面，健全和落实科学民主决策制度。没有制度，或有制度而不落实，科学决策只能是一句空话。关于决策科学化、民主化，中央已有明确要求和原则规定，但面对急剧变化、日趋复杂的经济社会现实，必须不断健全科学民主决策制度并落到实处，强化决策的制度约束，规范决策程序，对决策过程实施监督，建立决策失误责任追究制度，建立健全纠错改正机制，做到以科学的决策方法、民主化的决策程序来保证决策的正确性。

此外，各级领导干部必须适应时代要求，提高自身素质，不断增强民主决策的意识，掌握科学决策的方法，并注重发挥专家和研究咨询机构的作用，努力提高科学决策、民主决策的水平。

五、树立努力勤奋的敬业形象

有学者曾说："人生所缺的不是才干，而是志向，不是成功的能力而是勤奋的意志。"所以说，勤奋是成才的必经之路。勤奋，可以使人的才能得到充分发挥，也可以改善人的天资，弥补其不足。因此，领导干部必须和应该树立勤奋的敬业精神，实施有效的领导，应严格要求自己，忠于职守，尽心尽责地做好本职工作。

敬业是一种境界，一种信念。我们首先要尊重自己的工作，将工作当成自己的事，忠于职守，尽职尽责，认真负责，一丝不苟，一心一意，任劳任怨，精益求精，善始善终。一个敬业的人也许得不到领导的赏识，但至少可以获得社会的尊重。一个没有敬业精神的人即使有能力也不会得到人们的尊重和领导的重视。敬业首先要树立爱岗意识，要热爱自己的工作岗位，在工作中努力培养对自己所从事工作的幸福感、荣誉感。其次要树立敬业意识，就是要用一种严肃的态度对待自己。不论对自己所从事的工作是否感兴趣，都要从社会需要的角度出发，正确对待。不要把为人民服务看成是简单的服务，不重要的岗位。而要把它提高到做好人民的工作是党的组织工作、干部工作的重要组成部分，是社会主义和谐社会建设的一个重要方面，是一个光荣而艰巨的岗位。第三要树立责任意识。没有责任意识，就谈不上爱岗敬业。我们要弘扬求真务实敬业精神。

勤奋是一种追求，一种拼搏。勤奋是成功的基础，实现理想的基石。首先，我们要勤奋学习，只有勤奋好学，学以致用，才能坚持与时俱进，创造性地工作，那种认为不学习照样能够多干工作，不愿意用心学习的想法，那种满足于一知半解，浅尝辄止的态度，那种把学习当作装点门面而不是用来推动工作的现象，都是十分错误的。如果不认真、不勤奋地学习，政策就很难贯彻落实。我们要在实践中不断加强学习，不断增加新知识，不断丰富自己的理论水平。其次，我们要勤奋工作，就是要永远保持勤奋的工作态度。我们每个人都有自己的愿望和要求，都有对自身利益、自我价值的追求，只有通过自己勤奋工作，才能达到自己的目标，才能得到社会的尊重。我们在工作中，无论遇到什么样的困难，无论遇到什么样的任务，无论遇到什么样的伤害，我们都要直接面对，而且要努力去克服和征服它。

六、塑造有坚定的共产主义理想信念的形象

共产党员思想政治素质最核心的内容就是有坚定的共产主义理想信念，这是共产党员入党时的誓词，是共产党员与非共产党员的本质区别。中国共产党是以理想信念坚定而著称的。我们党的老一辈无产阶级革命家以他们艰苦卓绝的奋斗历程及他们的生命和鲜血，为我们树立了坚定不移、矢志不渝地为共产主义理想奋斗的榜样。他们的理想信念经历了生与死、公与私、胜利与失败、成功与挫折，以及执政地位、和平环境、重大政治风浪与复杂局面的种种考验。可以说，这种坚定的共产主义理想信念是中国共产党具有强大政治优势的精神力量源泉。

党的领导干部必须具有坚定的共产主义理想信念，这是我们党的性质、宗旨、根本任务所要求的。然而，不同的时代，我们党的领导干部的理想信念却面临着不同的考验。随着我国改革开放和社会主义市场经济的发展，经济成分和经济利益、社会组织形式和社会生活方式、就业岗位和就业方式的日益多样化，长期以来形成的利益格局、价值体系打破了，现实与传统的观念之间发生了矛盾，人们的思想变得活跃起来，同时又产生了种种迷惘、困惑，我们一些党员领导干部也同样会处于这一状况中，并且还会比其他人群体验更深。这说明，我们党的领导干部正面临着一场新的考验。要经受住这场考验，我们党的领导干部必须树立马克思主义的价值观，坚决捍卫共产党人的理想信念，坚决回击各种反马克思主义政治思潮对共产党人理想信念的挑战和攻击；同时，努力克服党在思想建设上存在的缺陷，进一步坚定全党的理想信念。

七、塑造体现时代精神的形象

面向新世纪的党员领导干部，要体现出时代精神或新时代的特征。作为“以实现共产主义社会制度为最终目的”的中国共产党的形象，直到党自然消亡之前是始终不会改变的。但是，不同历史发展阶段的党员的具体形象，必须具有时代的特点。因为，共产党人的最终目标，并不是一朝一夕就可以实现的。它需要经过一代又一代人的努力，才能逐步接近并最终达到这个目标。这就是说，每个党员领导干部必须有时代使命感，其形象应体现出时代的特征。比如，在革命战争年代，人们见到的共产党员的形象是勇猛冲锋、克敌制胜的一派英雄气概。在社会主义建设初期的共产党员则表现出艰苦奋斗，为祖国的建设事业有一分热发一分光的精神，等等。今天，我们国家正处在社会主义初级阶段，我们党要完成这一阶段的历史任务，就必须坚持党的建设有中国特色的社会主义的基本路线，这就要求党的各级领导干部全面提高自身素质。面向新世纪的变革和建设是一个充满新情况、新挑战的过程。适应新世纪要求的党员领导干部，要做到政治坚定，头脑清醒，面对我国改革开放和现代化建设中存在的大量的实际问题，面对世界政治格局多极化、经济全球化的趋势，要具有把握大局，驾驭复杂局面，抵御各种风险的能力。我们的党员领导干部也应具有丰富的知识。新世纪是知识加速发展的时代。科学发展的趋势，既高度分化，又高度综合，学科之间相互渗透、交叉。这就要求领导者要要努力钻研业务，要坚持不懈地学习社会主义市场经济知识、现代科学技术知识、法律知识和其他各方面的知识。从而使我们党的领导干部真正成为各种行业的行家里手，懂得事物运动的一般规律。我们党的领导干部要坚持发展和创新。事物处在不断运动变化中，人们的认识也不是一成不变的，任何停滞的观点，僵化不变的认识和思维方式，固

定不变的工作思路，都是与唯物辩证法的发展观背道而驰的。

八、塑造实践全心全意为人民服务宗旨的形象

全心全意为人民服务，为人民谋利益，是我们的立党之本，执政之本。为什么中国共产党能够由十几个人发展为具有八千万党员的大党？为什么共产党历经艰难曲折而经久不衰？为什么在世界社会主义低潮时期我国的社会主义却欣欣向荣？重要原因就是我们党始终坚持了全心全意为人民服务的宗旨，我们有一大批全心全意为人民服务的党员、干部，这是支撑社会主义事业大厦的中坚力量。实践证明，全心全意为人民服务，忠实代表广大人民的根本利益，是我们党有力量的根本原因。在今后的改革开放和现代化建设实践中，不论何时何地，我们都必须坚持为绝大多数人民谋利益，保证我们党的事业从胜利走向新的胜利。作为党的领导干部应当牢牢记住，不管形势和任务发生怎样的变化，党的工人阶级先锋队的性质永远不能变，全心全意为人民服务的宗旨永远不能变，密切联系群众的优良作风永远不能变，从群众中来、到群众中去的工作方法永远不能变。

探索和实践新时期如何树立领导干部的形象，是提高党的执政能力、巩固党的执政地位的需要。高尚的品德，是领导干部建树形象的主体素质和内在要求。德与才相比，任何时候德都是第一位的。德好才不好，干不成大事；才行德不好，小才干小坏事，大才干大坏事。一位名作家曾经说："好人不见得是好官，但好官必须是好人。没有一流的人品作底子，从政肯定要摔跤子。"提高领导者的道德素质，必须苦练内功。自觉运用先进的理论观点、科学的思维方式武装自己的头脑，努力树立正确的世界观、人生观、荣辱观、政绩观、价值观；敢于解剖自己，勇于超越自我，不断清除思想深处的错误观念；在各种诱惑面前时刻保持高度的警觉，不为钱财所动心，不为酒色所忘形，不为权势所丧志，严把"第一次"关口，筑牢反腐败的第一道防线。

如果说"德"决定形象值的方向，那么"才"就决定形象值的高低。具体到领导干部身上，"才"，主要是指发现问题、分析问题、解决问题的能力素质。发现问题就是水平，解决问题就是能力。如何尽快增长才干呢？首先，要善于学习，与时俱进。不停地用新理论代替旧理论，用新思维改造传统定式，用新观念置换旧观念，始终使自己的领导水平处于时代前卫的层面上。其次，要勇于实践，锐意进取。第三，要敢于碰硬，挑战困难。斗争中方显英雄本色，逆境里才出时代精英。那种见了矛盾绕道走、遇到困难就缩头的领导干部不会有大出息，更不值得部属敬重和群众拥护。

政绩是领导者品德、知识、才能、作风综合作用的结果，是领导者赢得群众拥护的有形力量。领导干部的政绩主要表现在哪些方面呢？人们普遍关注的是：经济发展的速度，经济运行的质量，生活水平的提高，基础设施的改善，精神文明的加强，社会稳定的巩固，分管工作的起色，干部职工的士气。这也都不错，但讲政绩，落实科学的发展观，端正指导思想是关键。我们讲的政绩不是形象工程，不是短期行为；而是近期效果和长远发展的统一，是坚持以人为本，让老百姓多得实惠的政绩。公道正派是领导干部综合素质的表现，是塑造自我形象的关键环节。如何才能做到公道正派呢？起码要把握三点：第一，用人要公正。干部问题是个敏感的问题，是群众普遍关注的热点问题。用什么样的人，怎样用人，集中体现着领导班子的导向，强烈影响着干部职工的情绪和行为取向。作为一名领导干部必须坚持公道正派

用人，用公道正派之人。一不能亲亲疏疏、拉拉扯扯，厚一伙、薄一伙；二不能武大郎开店，光用听话的、能力比自己差的；三不能在经济上与企业经营负责人纠缠不清，甚至到了发现问题也不敢调整的地步。第二，处事要公道。对重大问题的拍板定夺，对疑难问题的答复处理，要得到上级的肯定，得到群众的赞许，经得起历史的验证，关键在客观公正。要做到“公正为准”，关键要坚持“公心为本”。凡事首先要想到事业的发展，要始终把党和人民的利益放在首要位置上，绝不能因小团体的利益而动摇了自己的科学决断，更不能因个人一己之私利而干扰了自己的正确决策和公正处置。第三，作风要正派。公正体现在作风上就是一身正气，刚直不阿，敢于坚持真理，勇于主持公道。

第四节 树立领导形象的技巧

领导者要想树立良好形象，肯定要借助公关手段和方法。领导者的各种公关手段主要有言词语言公关、态势语言公关和素养公关。领导者在公关时，还应掌握一些公关技巧。

一、语言公关

语言公关是领导者公关的第一选择。有人说：“眼睛可以容纳一个美丽的世界，而嘴巴则能描绘一个精彩的世界。”法国大作家雨果也说：“语言就是力量。”的确，精妙、高超的语言艺术魅力非凡，世界上欧美等发达国家把“舌头、金钱、电脑”并列为三大法宝，口才被公认为现代领导者必备素质之一。可以想像，领导者上任伊始，一次充满激情的就职演说，将会在员工中留下多么深刻而良好的印象，而第一印象又往往是员工认识自己的起点。

语言是一门综合艺术，有着丰富的内涵。一个语言艺术造诣很深的领导者需要多方面素质，如具有较高的理论水平，广博的知识和扎实的语言功底。那么，作为领导者，其成功的公关语言特征是什么？怎样讲话才具有艺术性？

1. 情感丰富。情感除了通过语言表达之外，还可以通过语音表达。语调的高低、语速的快慢、语音的轻重、音量的大小、语气的徐疾都能使人感受到情感冲击。领导者应注意通过声音的高昂、呼吸的急促、音调的低沉、节奏的缓慢甚至调动喉音以制造气氛，或慷慨激昂、激情振奋，或悲痛深沉、压抑窒息等等，充分体现其情感。

2. 言辞激励。领导者公关语言的激励性是指在讲话过程中产生的一股内在激发员工进取心的动力。在管理心理学中，激励是指激发人的工作动机的心理过程，具有激励力量是领导者公关语言的魅力所在。

两千多年前，马其顿国王亚历山大率领军队出征印度，途中断水，全军将士干渴难忍。于是，国王命令士兵四处找水，但士兵找回来的却只有一杯水，便把它献给国王。这时，国王下令把部队集合起来，端起这仅有的一杯水，充满信心地对全军战士发表演说：“水源已经找到了，我们只有前进，就一定能够找到水！”话音刚落，国王便把那杯水泼在地上，将士们精神顿时为之一振，不顾难忍的干渴，跟着国王继续前进。一杯水的激励作用如此之大，并不是通过滔滔不绝的长篇大论来鼓动，而是短短的两三句话，便使将士们在绝望中看到了希望。

3. 因人而异。领导面对的下属和民众是千差万别的。有风俗习惯、民族心理、宗教信仰等等社会性差异；也有知识水平、年龄结构、职业等方面的不同；因此，领导者应根据对象来选择恰当的语言。

二、公关语言艺术

1. 幽默法。幽默是领导者整体素质的重要组成部分，是既受之于天又谋自于心的特有秉性，它是生活中不可缺少的调味品、润滑剂。心理学家凯瑟琳说过："如果您能使一个人对你有好感，那么也就可能使你周围的每一个人甚至是全世界的人，都对你有好感。只要你不是到处与人握手，而是以你的友善、机智、幽默去传播你的信息，那么时空距离就会消失。"

2. 委婉法。委婉法是运用迂回曲折的语言含蓄地表达本意的方法，故意说些与本意相关或相似的话语，以烘托本来要直说的意思。这是语言交际中的"缓冲"法，它能使本来困难的交往变得顺利，让听者（或观众）在比较舒适的氛围中领悟本意。

3. 模糊法。语言的含义往往是比较模糊的。领导者有时运用不确定或不精确的语言进行交际、公关，常常可以收到精确语言难以达到的效果。

三、态势语言公关

态势语言是指信息发送者把要发送的信息，通过仪表、姿态、神情、动作输送到信息接受者的视觉器官，再通过信息接收者的视觉神经作用于大脑，从而实现信息发送者的目的。

领导者的态势语言，是领导活动的信息载体，也是领导语言的组成部分。许多信息都可以通过态势语言表达。罗曼·罗兰说过："面部表情是多少世纪培养成功的语言，是比嘴里讲的更复杂到千百倍的语言。"心理学家阿尔·伯特梅拉毕安曾发现了这样一个公式：信息的总效果 =7% 的书面语 +38% 的音调 +55% 的面部表情。由此可见，态势语言在信息表达中占有绝对重要的地位。

态势语言有助于形成第一印象。社会心理学中有一个理论叫"晕轮效应"，这一理论认为，人们给予他人的"第一印象"，往往成为他人对其做出判断的心理依据。领导者常用的态势语言主要有以下几种：

1. 手势语。手势语是通过手和手指活动传递信息，是态势语言的重要表达方式。手势变化形态多，表达内容丰富，具有极强的表现力和吸引力。

2. 目光语。目光语是通过眼睛来反映心理，表达情感。有的心理学家认为，人的视线活动概括了 70% 的态势语言表达领域。芬兰的心理学家曾作过这样的实验：把表现演员不同表情结果的目光照片，裁成只保留眼神部分的细条，然后让人分辨他们所表现的情感，结果准确率很高，这说明人们大都能理解目光语言。

3. 身势语。身势语包括坐势语、立势语和卧势语，颇为重要的是坐势语。男性伸开腿而坐，意为"自信"、"豁达"；女性并腿而坐，意为"庄重"、"矜持"。领导者要善于从下属的坐姿中体会其心理。以开会为例，坐在前面的人往往对会议抱有期望，而坐在后面或角落的人则对会议比较消极。

此外，领导者要注意"陌生人禁区"，禁区以伸直自己的手臂，指尖刚刚触到对方臂膀距离为宜。一旦进入这个禁区，对方便会感到不舒服或不安全，甚至试图马上离开。

4. 面部语。面部语是指通过面部肌肉姿态的变化来表达思想感情。面部表情是人的心理活动、情绪变化的寒暑表。领导者一方面要准确、贴切地运用自己的面部表情，表达自己的意图；另一方面要善于"察颜观色"，通过下属的面部语言，把握其心理、情绪。

5. 服饰语。服饰具有信息传播功能，能显示出人的职业、爱好、社会地位、文化修养等等。服饰语言有诸多构成因素，其中"色彩"居于第一位。服饰语必须符合目前公认的 TPO 衣着原则。"T"(Time)指时间；"P"(Place)代表地方、场所、位置、职位；"O"(Object)代表目的、目标、对象。

四、素养公关

这是最重要的公关手段。领导者想要树立良好的形象，除了要注意"硬件"之外，还得重视自身素养。

1. 进取精神。领导者必须具备进取精神。进取精神是一面旗帜，有旗帜的引导，下属和民众便会奋勇前进；若没有旗帜引导的话，很可能出现群龙无首的现象，下属和民众就会松懈、懒散。

2. 自信。有自信才能奋勇前进，奋勇前进才能力挽狂澜。领导者充满自信，无形中会感染下属，让他们也会变得信心十足。

3. 毅力。毅力就是指意志的坚韧性及其产生的百折不挠的力量。

4. 尊重他人。心理学家认为：自尊心理是一种由自我所引起的自爱、自我尊重，并期望受到他人或社会尊重的情感，通常的规律是：尊之则悦，贬之则悲。当人的自尊心得到满足时，便会产生一种成功的情绪体验，对领导产生好感，在工作中会积极努力；否则，就会相反。

五、异彩纷呈的公关技巧

领导者想要树立形象，可以通过各种手段和方式。

1. 借助新闻媒介。传播学认为，大众传播到达和影响公众的途径是分两步走的：首先是传播内容被"意见领袖"接纳，然后再通过"意见领袖"传播出去。这里的"意见领袖"是指专家学者、社会名流、新闻记者等有影响力的重要人物，其中新闻记者的作用尤为重要。因为任何专家学者、社会名流的意见最终都必须由新闻记者通过新闻媒介传播出去，故领导者要善于利用新闻媒介，新闻媒介可以迅速、真实、大范围地在公众中树立、传播良好的形象。

利用新闻媒介，应从以下几个方面入手：公开事实，真诚对待新闻媒介；与媒介、记者、编辑保持经常的接触，提供多方面的服务；尊重新闻界人士以及他们的工作；领导者要仔细研究各种新闻媒介的特点，了解新闻报道的方针、原则，了解新闻制作的有关技术。

2. 自办刊物。领导者如果单靠新闻媒介与公众沟通，往往容易在时机、版面以及内容上处于被动，而自办刊物由领导亲自控制，可以根据需要专门针对某一类特定公众进行经常性、有计划、有步骤的宣传。自办刊物主要包括杂志、报纸、网站等。

3. 以行动树立形象。通过实际行动来公关，虽然在影响面上不是很广，但影响力却旷日持久。

4. 公关广告。领导者公关广告是一种设法增进公众对组织的总体了解，提高组织的知名度和荣誉度，从而使组织活动得到公众信任与合作的广告。

领导者想要利用公关广告，就必须对公关广告的设计要求有所了解。公关广告第一要真实、客观；第二，主题明确、突出，不可含糊其辞；第三，构思新颖、独特；第四，标题醒目、鲜明；第五，语言简练、易记；第六，妙用插图、色彩；第七，选择适当的发布媒介，适当时机，同时还要加强效果检测，与其他传播方式配合使用。